Lehrstuhl für
Betriebswissenschaften und Montagetechnik
der Technischen Universität München

Gestaltung und Planung leistungsorientierter manueller Fließmontagen

Ulrich Willnecker

Vollständiger Abdruck der von der Fakultät für Maschinenwesen
der Technischen Universität München
zur Erlangung des akademischen Grades eines

Doktor-Ingenieurs (Dr.-Ing.)

genehmigten Dissertation.

Vorsitzender: Univ.-Prof. Dr.-Ing. K. Bender

Prüfer der Dissertation:

1. Univ.-Prof. Dr.-Ing. G. Reinhart
2. Univ.-Prof. Dr. rer.nat. H. Bubb
3. Hon.-Prof. Dr.-Ing., Dr. h.c., Dr.-Ing. E.h. J. Milberg

Die Dissertation wurde am 22.05.2000 bei der Technischen Universität
München eingereicht und durch die
Fakultät für Maschinenwesen am 26.11.2000 angenommen.

Ulrich Willnecker

Gestaltung und Planung leistungsorientierter manueller Fließmontagen

2., unveränderte Auflage

UTZ

Herbert Utz Verlag · München

Forschungsberichte IWB

Band 146

Zugl.: Diss., 2000

Bibliografische Information der Deutschen Nationalbibliothek:
Die Deutsche Nationalbibliothek verzeichnet diese Publikation in der Deutschen Nationalbibliografie; detaillierte bibliografische Daten sind im Internet über http://dnb.d-nb.de abrufbar.

frühere Ausgabe: ISBN 978-3-89675-891-0

ISBN 978-3-8316-8038-2

Printed in EU
Herbert Utz Verlag GmbH, München
www.utzverlag.de

Geleitwort des Herausgebers

Die Produktionstechnik ist für die Weiterentwicklung unserer Industriegesellschaft von zentraler Bedeutung. Denn die Leistungsfähigkeit eines Industriebetriebes hängt entscheidend von den eingesetzten Produktionsmitteln, den angewandten Produktionsverfahren und der eingeführten Produktionsorganisation ab. Erst das optimale Zusammenspiel von Mensch, Organisation und Technik erlaubt es, alle Potentiale für den Unternehmenserfolg auszuschöpfen.

Um in dem Spannungsfeld Komplexität, Kosten, Zeit und Qualität bestehen zu können, müssen Produktionsstrukturen ständig neu überdacht und weiterentwickelt werden. Dabei ist es notwendig, die Komplexität von Produkten, Produktionsabläufen und –systemen einerseits zu verringern und andererseits besser zu beherrschen.

Ziel der Forschungsarbeiten des *iwb* ist die ständige Verbesserung von Produktentwicklungs- und Planungssystemen, von Herstellverfahren und Produktionsanlagen. Betriebsorganisation, Produktions- und Arbeitsstrukturen sowie Systeme zur Auftragsabwicklung werden unter besonderer Berücksichtigung mitarbeiterorientierter Anforderungen entwikkelt. Die dabei notwendige Steigerung des Automatisierungsgrades darf jedoch nicht zu einer Verfestigung arbeitsteiliger Strukturen führen. Fragen der optimalen Einbindung des Menschen in den Produktentstehungsprozeß spielen deshalb eine sehr wichtige Rolle.

Die im Rahmen dieser Buchreihe erscheinenden Bände stammen thematisch aus den Forschungsbereichen des *iwb*. Diese reichen von der Produktentwicklung über die Planung von Produktionssystemen hin zu den Bereichen Fertigung und Montage. Steuerung und Betrieb von Produktionssystemen, Qualitätssicherung, Verfügbarkeit und Autonomie sind Querschnittsthemen hierfür. In den *iwb*-Forschungsberichten werden neue Ergebnisse und Erkenntnisse aus der praxisnahen Forschung des *iwb* veröffentlicht. Diese Buchreihe soll dazu beitragen, den Wissenstransfer zwischen dem Hochschulbereich und dem Anwender in der Praxis zu verbessern.

Gunther Reinhart

Vorwort

Die vorliegende Dissertation entstand neben meiner Tätigkeit am Institut für Produktionstechnik GmbH (ifp).

Besonders danken möchte ich Herrn Prof. Dr.-Ing. Gunther Reinhart, dem Leiter des Lehrstuhls für Werkzeugmaschinen und Betriebswissenschaften (iwb) an der Technischen Universität München, sowie Herrn Prof. Dr.-Ing. Dr. h.c. Dr.-Ing E.h. Joachim Milberg, dem ehemaligen Leiter des Lehrstuhls, für die wohlwollende Unterstützung und großzügige Förderung, die entscheidend zur erfolgreichen Durchführung dieser Arbeit beigetragen hat.

Bei Herrn Prof. Dr. rer.nat. Heiner Bubb, dem Leiter des Lehrstuhls für Ergonomie der Technischen Universität München, möchte ich mich für die Übernahme des Koreferats und die aufmerksame Durchsicht der Arbeit sehr herzlich bedanken.

Des weiteren danke ich den Herren Prof. Dr.-Ing. Christoph Maier und Dipl.-Ing. Ulrich Kohler, den Geschäftsführern des Instituts für Produktionstechnik (ifp), für die stete Unterstützung und berufliche Förderung sowie die langjährige gute Zusammenarbeit.

Besonderer Dank gilt weiterhin Herrn Dr.-Ing. Michael Debuschewitz, meinem ehemaligen Kollegen, dessen wertvolle Anregungen meine Arbeit wesentlich unterstützt haben.

Darüber hinaus bedanke ich mich bei allen Mitarbeiterinnen und Mitarbeitern des ifp sowie allen Studenten, die mich bei der Erstellung meiner Arbeit unterstützt haben recht herzlich.

München, im Dezember 2000 *Ulrich Willnecker*

Für meine Eltern und Gaby

Inhaltsverzeichnis

Abbildungsverzeichnis

Abkürzungsverzeichnis

a	Jahr
AP	Arbeitsplatz
AS	Arbeitsstation
BLUME	Bestücken, Löten und Montieren als Einheit
EDV	Elektronische Datenverarbeitung
h	Stunde
HdA	Humanisierung des Arbeitslebens
IAB	Institut für Arbeitsmarkt- und Berufsbildung
IPK	Institut Produktionsanlagen und Konstruktionstechnik
MA	Mitarbeiter
OWAS	Ovako working posture analysing system
REFA	Verband für Arbeitsstudien und Betriebsorganisation
RWTH	Rheinisch-Westfälische Technische Hochschule
St.	Stück
T	Tätigkeit
t_{AZ}	Ausführungszeit
t_{Af}	Arbeitsfolgezeit
t_{VAR}	Ausführungszeit einer Variante
VDI	Verein Deutscher Ingenieure e.V.
WITNESS	Produktname für ein Simulationsprogramm

1 Einleitung

Die Wirtschaftszahlen lassen erkennen, daß Deutschland an der Erholung der Wirtschaft Kontinentaleuropas partizipiert hat und die Konjunktur weitgehend vom Export getragen wird. Vor allem die Automobilindustrie „jagt" von einem Rekord zum nächsten. In Westdeutschland investieren die Unternehmen wieder und die Beschäftigung nimmt zu. Die Suche nach Fachkräften erweist sich dabei in einigen Branchen als äußerst schwierig.

Tatsache ist, daß die deutsche Industrie wesentlich wettbewerbsfähiger geworden ist. Zum einen haben die veränderten Währungsverhältnisse, die stabilen Wechselkurse zu den Euroteilnehmern seit Einführung einer gemeinsamen Währung und das seitdem sehr günstige Verhältnis der D-Mark zum Dollarkurs zu einer Erleichterung der Ausfuhren deutscher Waren geführt. Zum anderen haben die Unternehmen deutliche Anstrengungen in Bezug auf Rationalisierungen unternommen und eine Vielzahl neuer Produkte auf den Markt gebracht. Außerdem ist die Arbeit in Deutschland auch durch die maßvolle Lohnpolitik der Gewerkschaften billiger geworden, wie die Entwicklung der Lohnstückkosten, der auf die Produktivität bezogenen Löhne, zeigt (*Piper 1998*).

Die erhöhte Wettbewerbsfähigkeit zeigt sich unter anderem in einer Untersuchung des Instituts für Arbeitsmarkt- und Berufsbildung (IAB). Das IAB hat das Bruttoinlandprodukt verschiedener Industrieländer über einen Zeitraum von 1983 bis 1995 in seine Arbeitsmarktkomponenten zerlegt. Das Wachstum des Bruttoinlandprodukts lag in Deutschland real bei 35 Prozent, in den Niederlanden bei 38 und in den USA bei 41 Prozent. Die Stundenproduktivität, die Ergiebigkeit der menschlichen Arbeit, ist in dem Zwölfjahreszeitraum in Deutschland-West um 36 Prozent gestiegen, in den Niederlanden um 25 und in den Vereinigten Staaten lediglich um 10 Prozent. Gleichzeitig wurde die Jahresarbeitszeit in Deutschland und in den Niederlanden um 10 Prozent gesenkt, wohingegen sie in den USA um 4 Prozent gestiegen ist. Allerdings stieg die Erwerbstätigkeit in Deutschland in dem Zeitraum nur geringfügig um acht Prozent, in den Niederlanden und den USA dagegen zwischen 20 und 25 Prozent (*IAB 1998*).

Daran zeigt sich, daß das Wachstum der deutschen Wirtschaft durch Produktivitätssteigerungen weit überkompensiert wurde. Die Gründe für die Rationalisierungsbemühungen der Unternehmen liegen vor allem in den hohen Lohnkosten und noch schneller steigenden Sozialabgaben. Dadurch wurde die menschliche Arbeitskraft in Deutschland schneller verteuert als in den Ländern, mit denen die deutschen Unternehmen in Konkurrenz stehen. So mußte die Produktivität stark gesteigert werden und führte dazu, daß menschliche Arbeit in erheblichem Umfang eingespart wurde (*Maier 1998*).

Dabei ist es in verschiedenen Unternehmen aus den unterschiedlichsten Gründen nur bedingt möglich, den Menschen durch Maschinen zu ersetzen. Für diese Firmen müssen Mittel und Wege gefunden werden, die menschliche Arbeitskraft effektiver einzusetzen.

1.1 Aufgabenstellung

Um im Wettbewerb bestehen zu können, müssen produzierende Unternehmen den Entwicklungen des Marktes mit einer inneren Weiterentwicklung begegnen. Häufig wird diese Forderung mit Maßnahmen zur Produktivitätssteigerung beantwortet, die sich ausschließlich auf eine fortlaufende Rationalisierung und Technisierung beziehen. Steigende Anforderungen an die Arbeitssysteme erfordern aber auch neue Arbeitsorganisationen in den produzierenden Unternehmen, in denen das Potential der personellen Leistungssteigerung stärker berücksichtigt werden muß. Dynamische betriebliche Arbeitsorganisationen, die flexibel auf das bestehende Personal- bzw. Qualifikationsangebot reagieren und somit eine optimale Leistungsentfaltung der Mitarbeiter fördern, sind die Antwort auf eine weitere Steigerung der Produktivität. Dabei müssen betriebliche Flexibilitätskriterien eingehalten werden, die sich auch auf die in den Unternehmen installierten Organisationsformen beziehen. Arbeitsteilig ausgerichtete Organisationsformen genügen diesen Anforderungen nur unzureichend.

Im Bereich der Serienproduktion bietet die kombinierte Fließmontage eine Arbeitsform mit erweiterten Arbeitsinhalten. Dabei ist die kombinierte Fließmontage vorwiegend als eine in der Automobilindustrie eingesetzte kooperative Arbeitsform bekannt. Die Gestaltungsmöglichkeiten als konsekutive Arbeitsform finden dagegen sowohl in der Literatur als auch in der Praxis noch keine ausreichende Berücksichtigung.

Die Einführung von flexiblen und dynamischen Arbeitsformen ergeben komplexe Problemstellungen, aus denen neue Anforderungen und veränderte Gestaltungsprinzipien bei der Planung von flexiblen Montagesystemen abzuleiten sind. Dabei muß eine Abkehr von einer bisher stark statisch geprägten Denkweise stattfinden, da herkömmliche Planungsmethoden nur bedingt die Anforderungen an zeitgemäße Montagesysteme erfüllen können. Eine Vielzahl an Methoden beschäftigten sich mit der Planung automatisierter Gesamtmontagen bzw. mit einzelnen sehr spezifischen Prozessen eines Teilsystems. Ganzheitliche Methoden für die Planung effektiver manueller Gesamtsysteme finden dagegen eine zu geringe Beachtung. Solche Methoden müssen mit einem integrierten Projektmanagement verstärkt in der Lage sein, differenzierte Strukturen abzubilden und dabei die verschiedenen Systemhierarchien bzw. Teilsysteme so miteinander verknüpfen, daß die einzelnen Systeme zeitoptimiert von verschiedenen Teams simultan zu bearbeiten sind.

Außerdem ist in einem fortlaufenden Prozeß eine „Beobachtung“ des Gesamtsystems Montage erforderlich, um frühzeitig Störungen oder Zielabweichungen mit korrigierenden Maßnahmen entgegentreten zu können. Dabei muß die Methode die beiden Planungstypen, die Neuplanung und die Umplanung von Montagesystemen unterstützen.

1.2 Zielsetzung

Die Steigerung der Produktivität im Bereich der manuellen Montage erfordert die Optimierung der personellen Arbeitsleistung in Verbindung mit dem zur Verfügung stehenden Montagepersonal und den entsprechenden Organisations- und Strukturierungsformen. Durch die optimierte Arbeitsgestaltung soll in erster Linie eine flexiblere Anpassung der Arbeitsorganisation an das vorhandene Personalangebot und deren Qualifikationsstruktur erreicht werden.

Ziel ist es, ein Konzept zu entwickeln, das eine Unterstützung bei der Entwicklung betrieblicher Arbeitsorganisationen im Bereich der Fließmontage anbietet. Die Organisationsformen müssen zudem in einem stärkeren Maße in der Lage sein, die geforderten betrieblichen Flexibilitätskriterien zu erfüllen. Anhand der entworfenen Gestaltungsleitlinie soll gezeigt werden, wie sowohl eine (Weiter-) Entwicklung von Fließmontagen als auch eine Erhöhung der Leistungsbereitschaft durch zusätzliche Motivationsanreize für die Mitarbeiter geschaffen werden kann. Die gesteigerte Bereitschaft der Mitarbeiter zur Qualifizierung ermöglicht die Abkehr von arbeitsteiligen Strukturen, wodurch ein ganzheitlicher Beitrag zur leistungsoptimierten Gestaltung von dynamischen Arbeitsorganisationen geschaffen wird.

Des weiteren ergeben sich durch die flexiblen leistungsorientierten Fließmontagen veränderte Anforderungen und Gestaltungsprinzipien für die Planung von Montagesystemen. Die Planungsmethode muß durch eine geeignete Strukturierung des Planungsablaufs und der Planungsinhalte eine schnelle Reaktion auf Veränderungen und sowohl eine Unterstützung als auch eine Entlastung für die Montageplanung bieten.

1.3 Vorgehensweise

Die Zielsetzung soll mit folgender Vorgehensweise erreicht werden.

Zunächst erfolgt eine Einordnung der Montage in das übergeordnete Produktionssystem und eine erste Abgrenzung des Themenbereichs der manuellen Montage. In einer anschließenden Situationsanalyse werden die inneren und äußeren Einflußfaktoren produzierender Unternehmen untersucht. Hierbei soll eine Konzentration auf die Faktoren stattfinden, die von den Unternehmen beeinflußt werden können. Unter dem

Aspekt der manuellen Montage werden die bestimmenden Faktoren der menschlichen Arbeitsleistung ermittelt (vgl. Kapitel 2).

In einem zweiten Schritt wird der Stand der Technik in der leistungsorientierten Arbeitsgestaltung und Planung von Montagesystemen aufgezeigt. Die aus den traditionellen Arbeitsformen hervorgegangenen arbeitsorganisatorischen Gestaltungsmaßnahmen und die in der Folgezeit neu entwickelten differentiellen Formen liefern die Ansätze für die zu optimierenden Leistungsfaktoren. Anschließend werden in einer Bestandsaufnahme die Grenzen bisheriger Planungsmethoden für die Entwicklung und Umsetzung von Montagesystemen aufgezeigt (vgl. Kapitel 3).

Im Anschluß erfolgt eine detaillierte Analyse der leistungsbestimmenden Faktoren. Daraus ergeben sich als Grundlagen der Leistungsoptimierung die organisatorischen und strukturierenden Gestaltungsmöglichkeiten, die Einflüsse von Qualifikation bzw. Qualifizierung des Personals und die motivationalen Auswirkungen von Gestaltungsmaßnahmen. Aus der wechselseitigen Beeinflussung der Faktoren zeigen sich die Zusammenhänge bzw. die dominante Stellung einzelner Faktoren. Dabei ist die Bedeutung und Wirkung der Flexibilitätskriterien hervorzuheben, die in den für leistungsorientierte Fließmontagen abzuleitenden Anforderungen berücksichtigt werden müssen (vgl. Kapitel 4 bzw. 5).

Daraus werden letztendlich die Gestaltungsgrundsätze für leistungsorientierte Strukturen in der Serienmontage formuliert. Die Umsetzung kombinierter Arbeitsformen nach dem Fließprinzip erfordert eine gezielte Unterstützung bei der Qualifizierung des Montagepersonals, um deren Leistungspotentiale freizusetzen. In einem Stufenmodell erfolgt die dynamische Entwicklung der Tätigkeitsstrukturen und damit die Umgestaltung von arbeitsteiligen zu kombinierten Organisationsformen (vgl. Kapitel 6).

In einem weiteren Schritt werden Anforderungen für die Planung von Montagesystemen erarbeitet, denen eine neu zu entwickelnde, prozeßorientierte Methode genügen muß. Dazu wird ein detailliertes Planungsmodell vorgestellt, daß sowohl im Aufbau als auch in der Vorgehensweise den Hierarchien und Strukturierungen der Montagesysteme entspricht. Zusätzliche Steuerungsinstrumente und definierte Abläufe zur Unterstützung der Problemlösung werden integriert, so daß neben einer effektiven auch eine effiziente Arbeitsweise der beteiligten Planungsmitarbeiter ermöglicht wird. Dabei werden Möglichkeiten aufgezeigt, die bei der Gestaltung kombinierter Fließmontagen zu einer Reduzierung der Planungsaufwände führen und damit eine Entlastung zentraler Planungsabteilungen bewirken (vgl. Kapitel 7).

Im Anschluß an die theoretischen Ergebnisse wird anhand eines Praxisbeispiels gezeigt, wie mit konkreten Planungsschritten firmenspezifische Strukturen überarbeitet werden, die leistungsorientierten und dynamischen Anforderungen genügen (vgl. Kapitel 8).

2 Rahmenbedingungen der manuellen Montage

2.1 Bedeutung und Funktion der Montage als Teilbereich des Produktionssystems

Die Produktion ist durch zwei verschiedene Arten sich gegenseitig bedingender Transformationsprozesse geprägt: einem Informationsverarbeitungsprozeß und einem Materialverarbeitungsprozeß (Abb. 2.1-1). Dabei umfaßt das Produktionssystem nach *Bunz* (1988) zwei Teilsysteme, das Entscheidungssystem und das Realisationssystem. Das Entscheidungssystem beinhaltet die Gesamtheit aller Entscheidungsprozesse zur Planung und Steuerung des Realisationssystems. Das Realisationssystem ist gekennzeichnet durch die Gesamtheit der Leistungsprozesse zur Umsetzung der Entscheidungen in Aktionen. Dabei sind Funktionen wie z.B. die Konstruktion, die Arbeitsvorbereitung und die Produktion involviert. Die gegenseitigen Abhängigkeiten kommen dadurch zum Ausdruck, daß Veränderungen in einem Teilbereich Reaktionen in anderen Teilbereichen auslösen. Die enge Verflechtung der Unternehmensbereiche läßt sich nur durch eine optimale Gestaltung des gesamten Produktionsablaufs erreichen. Dies wird erreicht, indem die Zusammenhänge zwischen den Zielen und Aufgaben der einzelnen Teilbereiche berücksichtigt werden (*Warnecke 1993*).

Die Produktion als Oberbegriff läßt sich in die Teilbereiche Teilefertigung und Montage untergliedern, wobei, in Anlehnung an die Begriffsdefinition in der Norm VDI-Richtlinie 2815, in der Teilefertigung die Einzelteile hergestellt werden und in der Montage der Zusammenbau der Einzelteile zu Baugruppen oder Produkten vorgenommen wird. Demzufolge geht der Montage immer die Teilefertigung voraus (*VDI-Richtlinie 2815*). Die Montage umfaßt die Funktionskomplexe „Lagern", „Transportieren" und das eigentliche „Montieren". Dabei kann das Montieren wiederum in die in Abb. 2.1-1 dargestellten Teilfunktionen aufgeteilt werden. Während mit dem Begriff „Montage" die Gesamtheit aller zum Zusammenbau erforderlichen Tätigkeiten bezeichnet wird, versteht man unter dem Begriff „Montageprozeß" den nach bestimmten Gesetzmäßigkeiten ablaufenden Fortgang dieser Aktivitäten. Dabei werden neben der Art und Reihenfolge der Montagetätigkeiten, die Arbeitsumgebung erfaßt (*Bader 1986, Miese 1973*).

„Die Montage ist das Sammelbecken aller im Vorfeld gemachten technischen und organisatorischen Fehler" (*Lotter 1986, Milberg 1992*). Wenn die Anforderungen an die Montage nicht frühzeitig berücksichtigt werden, können die Reaktionen darauf nur mit einem entsprechend hohen zeitlichen und finanziellen Aufwand ermöglicht werden.

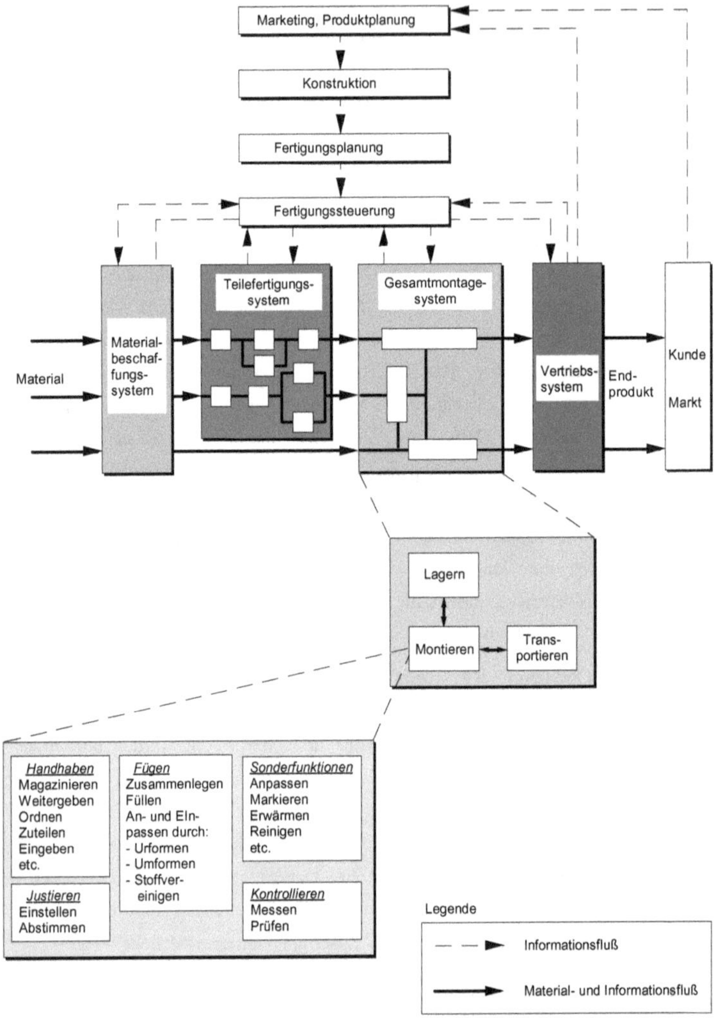

Abb. 2.1-1: Die Montage als Subsystem des Produktionssystems (Bick 1992, Bunz 1988, Warnecke 1975)

Das Gesamtmontagesystem umfaßt alle Unternehmensbereiche, in denen Montageaufgaben stattfinden. Das Gesamtsystem Montage gliedert sich im allgemeinen in mehrere Bereiche, in denen Baugruppen oder Endprodukte zusammengefügt werden. Die Gliederung bzw. die Gliederungstiefe ist abhängig von der Möglichkeit, die

Produktpalette in verschiedene Produktbereiche und die Produkte in sinnvolle Baugruppen aufzuteilen (*Eversheim 1989*).

Integrale Bestandteile innerhalb der Gesamtmontage sind Teilsysteme, die sich ihrerseits wiederum aus einzelnen Teilsystemen zusammensetzen. Durch eine gezielte schrittweise und hierarchische Strukturierung des Gesamtmontagesystems in einzelne Teilsysteme kann eine Reduzierung der Komplexität der Gesamtmontage, die sich letztendlich aus der Summe aller zu berücksichtigender Anforderungen ergibt, erreicht werden.

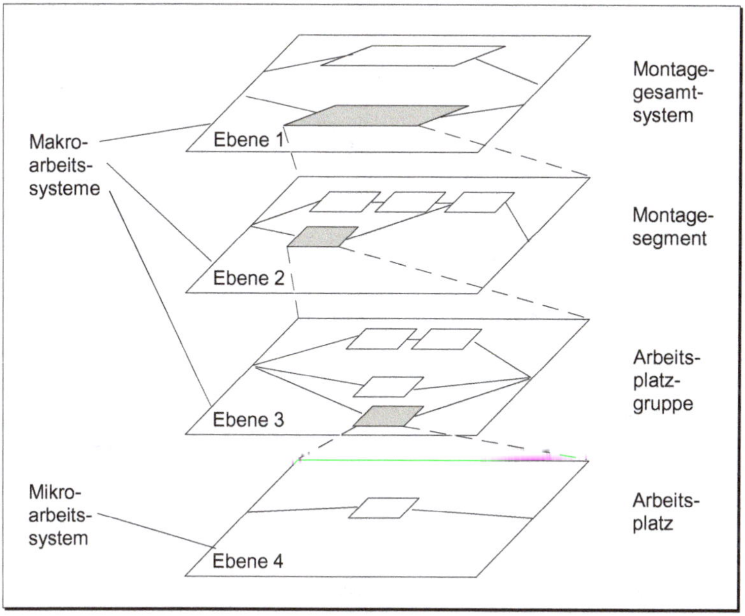

Abb. 2.1-2: Hierarchische und problemorientierte Strukturierung von Montagesystemen (Ochs 1989, REFA 1985b)

Die Teilsysteme lassen sich dabei systematisch in einzelne Ebenen untergliedern: In der untersten Ebene ist das Mikrosystem Arbeitsplatz als kleinste Einheit angeordnet, aus denen alle Makro-Systeme der darüberliegenden Ebenen (Arbeitsplatzgruppe, Segment) aufgebaut sind (Abb. 2.1-2). Das Mikro-System Arbeitsplatz kann dabei aus einer Reihe von Teilverrichtungen bestehen.

2.2 Bereich der manuellen Montage

Mit der Differenzierung der Montage nach dem Mechanisierungsgrad wird der Begriff der „manuellen Montage“ eingeführt. Im Bereich der manuellen Montage werden entweder ausschließlich oder überwiegend die Montageverrichtungen vom Menschen vollzogen (Abb. 2.2-1). Der Einsatz von Arbeitsmitteln (z.B. Pneumatikschrauber) dient ausschließlich der Produktivitätssteigerung, der Verringerung der Arbeitsbeanspruchung der Arbeitsperson oder der Beseitigung von Unfallgefahren (*Bader 1986*).

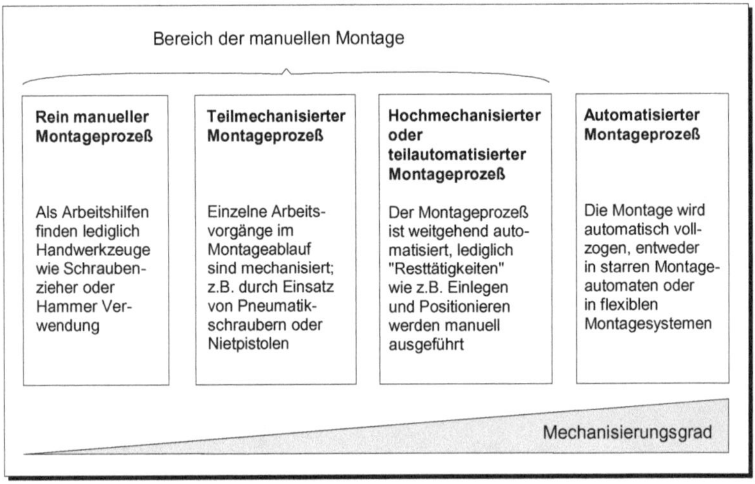

Abb. 2.2-1: Einordnung manueller Montagesysteme (Beuche 1981)

Die Anforderungen an Montagetoleranzen und -geschwindigkeit, die kürzer werdende „Produktlebensdauer“ der Produkte, die kleineren Losgrößen – und den damit verbundenen häufigeren Umrüstvorgängen – bedeuten einen sehr hohen kapitalintensiven technischen Aufwand für automatisierte Montageeinrichtungen und verlangen einerseits eine hohe Flexibilität von Montageeinrichtungen, verhindern jedoch in vielen Fällen den wirtschaftlichen Einsatz von flexibel automatisierten Montagesystemen. „Auch im Jahre 2000 wird auf dem Sektor der Montage die Hand unentbehrlich sein“ (*VDI 1983*). So wird auch in naher Zukunft der Mensch im Montagebereich eine bedeutende Rolle spielen und es werden deshalb die Eigengesetzlichkeiten des Menschen, die Möglichkeiten und Grenzen der Gestaltung manueller Montagesysteme bestimmen (*Bader 1986*).

„Weiterhin kann festgestellt werden, daß ein manueller Arbeitsplatz, der nach arbeitswissenschaftlichen rationellen Gesichtspunkten gestaltet [...] wurde, sehr schwer wirtschaftlich durch Automation ersetzt werden kann“ (*Schott 1995*).

2.3 Situationsanalyse der Montage

Die Erzeugung eines Gutes basiert auf der Transformation von Informationen in ein dreidimensionales Produkt und auf einer Ver- und Bearbeitung von Materialien durch die Kombination verschiedener Einsatzfaktoren (Mensch, Betriebsmittel) (*Bunz 1988*).

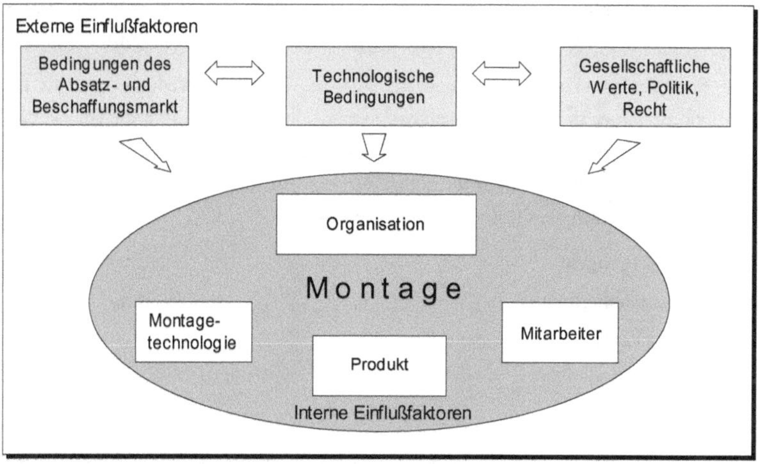

Abb. 2.3-1: Einflußfaktoren der Montage

Die Produktionsfaktoren Mitarbeiter, Technologie und Produkt stehen als interne Einflußfaktoren bei der Gestaltung eines Gesamtunternehmens und damit auch der Montage zur Verfügung (Abb. 2.3-1). Diese elementaren Faktoren werden durch den koordinierenden Faktor Organisation in Einsatz gebracht. Das politische, soziale und wirtschaftliche Umfeld eines Unternehmensstandortes bildet dessen Rahmenbedingungen und beeinflusst damit die Entwicklung des Unternehmenszielsystems. Dazu zählen im wesentlichen der Absatz- und Beschaffungsmarkt, die gesellschaftlichen Werte, Politik und Recht, sowie die zur Verfügung stehende Technologie als externe Faktoren.

Eine gezielte Analyse der internen Einflüsse aus den Bereichen Produkt, Technologie und Mitarbeiter sowie der externen Einflüsse, aufgrund der vorliegenden

Marktbedingungen, zeigt die Rahmenbedingungen und mögliche Potentiale der Montage auf.

2.3.1 Untersuchung externer Einflüsse

Aufgrund einer weitreichenden Marktsättigung wird der Trend zu einer verstärkten Kundenorientierung bestimmt. Der Markt beeinflußt die Produktvielfalt, deren Änderungsgeschwindigkeit und nicht zuletzt die Preisgestaltung. Mit den damit verbundenen kleineren Losgrößen leiten sich aus wirtschaftlichen Gesichtspunkten die Auflagehäufigkeit und neben der Fertigungstiefe damit das gesamte Produktionsprogramm ab. Durch die zunehmende Internationalisierung der Märkte können die Unternehmen auf diese Faktoren nur einen unwesentlichen Einfluß nehmen.

Mit dem Produktionsprogramm und der Art der Leistungswiederholung wird der Fertigungstyp, der in einem Unternehmen vorherrscht, bestimmt. Je nachdem, ob eine breite Palette verschiedener Produkte oder nur einige wenige Typen gefertigt werden, ob man sich jeweils an einem speziellen Auftrag orientiert oder in großen Mengen erzeugt, ergeben sich die folgende Fertigungstypen:

- Einmalfertigung
- Wiederholfertigung
- Variantenfertigung
- Serienfertigung
- Massenfertigung

Die einzelnen Fertigungstypen werden neben der Stückzahl durch eine Vielzahl von Merkmalen charakterisiert (Abb. 2.3-2). Dabei tritt in den Unternehmen nicht nur ein einziger Typ, sondern oftmals Einzel- und Mehrfachfertigung nebeneinander auf. Die Angaben quantitativer Werte zur Klassifizierung sind der Literatur (*Dilling 1975*) bzw. dem Kapitel 6.1 zu entnehmen.

Vor allem durch die verstärkte Kundenorientierung der Unternehmen werden wesentlich höhere Anforderungen an die Montage verursacht. Im Gegensatz zum bisherigen Mengenwachstum kann darauf nicht mit einer Rationalisierung ausschließlich durch die Automatisierung der Montageprozesse reagiert werden.

Stückzahl-charakter	Fertigungstyp	Kennzeichen
Einzelfertigung	Einmal-fertigung	• Erzeugnisse werden nur einmal hergestellt • Auftragsproduktion, d.h. Fertigung nach Kundenwunsch • Hoher Kosten- und Zeitanteil entfällt auf Vorbereitungsaufgaben (Projektierung)
	Wiederhol-fertigung	• Erzeugnisse werden in größeren, unregelmäßigen Abständen hergestellt • Bei Auftragswiederholung verminderter Vorbereitungsaufwand
Mehrfachfertigung	Varianten-fertigung	• Ähnliche Erzeugnisse desselben Grundtyps • Im allgemeinen gleicher Fertigungsablauf für alle Varianten
	Serienfertigung	• Begrenzte Stückzahl • Bildung von Fertigungslosen • Meist Auftragsproduktion standardisierter Erzeugnisse • Klein-, Mittel-, Großserien
	Massenfertigung	• Große Stückzahlen • Häufige Prozeßwiederholung • Fertigung für anonymen Markt (Anpassung an Kundenwünsche nur im Rahmen geplanter Erzeugnistypen) • Sehr hoher einmaliger, bezogen auf das Einzel-produkt, aber geringer Aufwand

Abb. 2.3-2: Charakterisierung der Fertigungstypen (Warnecke 1993)

2.3.2 Untersuchung interner Einflüsse

2.3.2.1 Einflußelement Produkt

Die wesentlichen Einflußfaktoren auf die Gestaltung der Montage leiten sich direkt aus dem Produkt ab. Die Makrostruktur eines Montagesystems wird insbesondere durch das Variantenspektrum eines Produktes festgelegt, während die Betriebsmitteltechnologie und die Transportfähigkeit vorwiegend durch das Gewicht und die Größe beeinflußt werden. Die Anzahl der Einzelteile beeinflußt die Zahl der herzustellenden Fügeverbindungen und bestimmt damit die Komplexität des Montagesystems.

Die Entwicklungen zusätzlicher neuer Produktvarianten entstehen, um den Kunden zusätzliche Funktionen oder die Substitution von vorhandenen Funktionen bzw. Funktionsträger mit geänderten Eigenschaften bei gleichbleibender Funktion anzubieten. Dabei treten folgende Auswirkungen auf das Produkt und letztendlich auch auf die Montage der Produkte auf (*Bernhardt 1993*):

- Wegfall von Einzelteilen oder Baugruppen
- Verwendung zusätzlicher Einzelteile oder Baugruppen
- Änderung des Montageablaufs aufgrund einer Änderung des Produktaufbaus
- Wegfall, Änderung und zusätzliche Verbindungsverfahren
- Änderung von Einzelteilabmessung und den Toleranzen.

Insbesondere in den Planungsabteilungen wird ein zunehmender Aufwand durch die Einplanung immer neuer Produkte in be- bzw. entstehende Montagesysteme erzeugt.

Dabei kann eine Produktinnovations-Strategie durch die Verbesserung und Neueinführung von Produkten den Kundennutzen bei konstanten Herstellkosten erhöhen (*Seliger 1992*). Qualitative Anforderungen an das Produkt erfordern ebenso qualitative Anforderungen an die Montage, wobei in der Regel höhere Personal- und Betriebsmittelkosten entstehen (*VDI 1992*). Der in Form von höherer Qualität sowie Reparatur- und Umweltfreundlichkeit erweiterte Kundennutzen kann dabei trotz einer geringen Erhöhung der Herstellkosten zur Stärkung der Wettbewerbsfähigkeit von Unternehmen beitragen.

2.3.2.2 Einflußelement Technologie

Die Produktlebenszyklen werden immer kürzer. Die Anzahl der Typen und Varianten nimmt stetig zu. Aufgrund einer überproportionalen Zunahme der Variantenanzahl gegenüber dem Marktzuwachs sowie der Tendenz einer geringeren Lagerhaltung nehmen die Losgrößen ab (*Seliger 1988*). Damit ist ein häufiges Umrüsten der Montageeinrichtungen verbunden. Der Produktivitätserfolg der Montage hängt damit entscheidend von einer hohen Flexibilität der Betriebsmittel ab, verhindert aber andererseits in vielen Fällen einen wirtschaftlichen Einsatz von automatisierten Montagesystemen.

2.3.2.3 Einflußelement Personal

Aufgrund der hohen Arbeitskosten in Mitteleuropa ergibt sich ein stetiger Zwang zur Verbesserung der Produktivität in der Montage. Durch flexible Montagesysteme kann die Montage den Marktanforderungen nach schneller Lieferfähigkeit in kleineren

Stückzahlen bei höherer Variantenvielfalt besser entsprechen. Die hohe Variantenvielfalt und die geforderte Flexibilität sind nicht immer mit flexiblen Montageautomatisierungen zu beherrschen. Dabei hat eine optimal gestaltete manuelle Montage gegenüber einer Automation die besseren Voraussetzungen, die Marktanforderungen wirtschaftlich zu erfüllen. Dies erfordert die Schaffung qualifizierter, manuell auszuführender Arbeitsstationen. Da es keine Tradition eines Montagefacharbeiters gibt, muß die Rolle menschlicher Arbeitsleistung neu bestimmt werden (*VDI 1992*).

Die internen Produktionsfaktoren weisen eine starke gegenseitige Beeinflussung und eine enge Verflechtung mit den externen Faktoren auf. Die internen Produktionsfaktoren werden durch die in den Unternehmen produzierten Erzeugnisse, die darin beschäftigten Mitarbeiter und die zur Produktion eingesetzten Betriebsmittel bestimmt. Im Gegensatz zu den externen Faktoren können die internen Faktoren von den Unternehmen beeinflusst werden. Um den wandelnden Herausforderungen des Marktes gerecht zu werden, müssen die Unternehmen diese internen Faktoren optimal gestalten.

2.3.3 Innovationsstrategie

Die Einführung neuer technischer und organisatorischer Montagemethoden führte bisher durch eine sogenannte Prozeßinnovation zu einer Reduzierung der Herstellkosten bei gleichbleibendem Kundennutzen (Abb. 2.3-3). Das Ziel für eine wettbewerbsfähige Montage muß jedoch künftig eine Innovationsstrategie aus einer koordinierten Anwendung der Produktinnovation und der Prozeßinnovation darstellen (*Seliger 1992*). Die Linie strategischer Positionen wettbewerbsfähiger Unternehmen steigt mit erhöhter Produktfunktionalität bzw. Kundennutzen an und damit jedoch entsprechend die Herstellkosten. Das Ziel von Unternehmensstrategien muß es deshalb sein, den Kundennutzen (relativ) stärker zu erhöhen als die Herstellungskosten.

Nachdem ausgewählte Einflußgrößen analysiert wurden, sind nun die Strategien für eine Neuorientierung bzgl. dieser Einflußgrößen definiert worden. Dabei ist festzuhalten, daß die Anforderungen an ein Montagesystem situationsspezifisch, d.h. auf die Montageaufgabe des Unternehmens und insbesondere auf das Produkt bezogen sind.

Damit Unternehmen mit einem variantenreichen Produktspektrum den Marktanforderungen genügen können, müssen sie mit einer dafür geeigneten betrieblichen Technologie von ausreichender Flexibilität, unabhängig vom Produkt, ausgestattet sein. Insbesondere im Bereich der manuellen Montage liegt der Schlüssel für ein leistungsstarkes Montagesystem in der optimalen Gestaltung der menschlichen Arbeitsleistung.

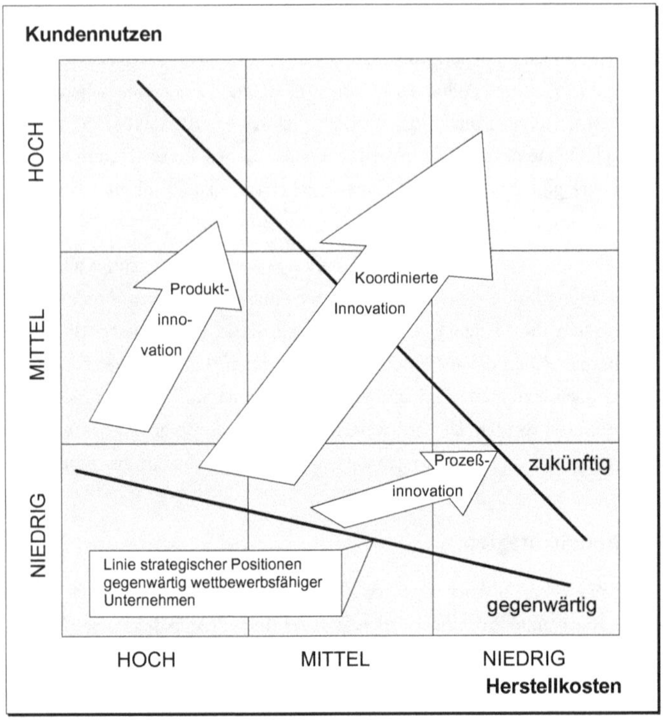

Abb. 2.3-3: Kundennutzen-Herstellkosten-Portfolio (vgl. Albach 1989)

2.4 Arbeitsgestaltung als Gestaltung der Leistung

Die Arbeitsgestaltung wird nach *REFA* (1985a) als das „Schaffen eines aufgabengerechten, optimalen Zusammenwirkens von arbeitenden Menschen, Betriebsmitteln und Arbeitsgegenständen durch zweckmäßige Organisation von Arbeitssystemen unter Beachtung der menschlichen Leistungsfähigkeit und Bedürfnisse“ definiert. Dabei bietet die Arbeitsgestaltung die Methoden, um mit einer optimalen Gestaltung der Leistungsdeterminanten einen Einfluß auf die menschliche Arbeitsleistung zu ermöglichen.

Die Arbeitsgestaltung untergliedert sich in die beiden Bereiche „Gestaltung des Arbeitsplatzes“ und „Gestaltung der Arbeitsorganisation“ (Abb. 2.4-1). Hierbei sind die Unterschiede in der punktuellen Gestaltung des Arbeitsplatzes und dem strukturierenden Eingriff durch eine organisatorische Gestaltung zu erkennen. Dabei hängt die Gestaltung der Arbeitsumgebung, der Arbeitsmethode und der Betriebsmittel wesentlich von dem einzelnen Arbeitsplatz ab (*Deutschle 1995*).

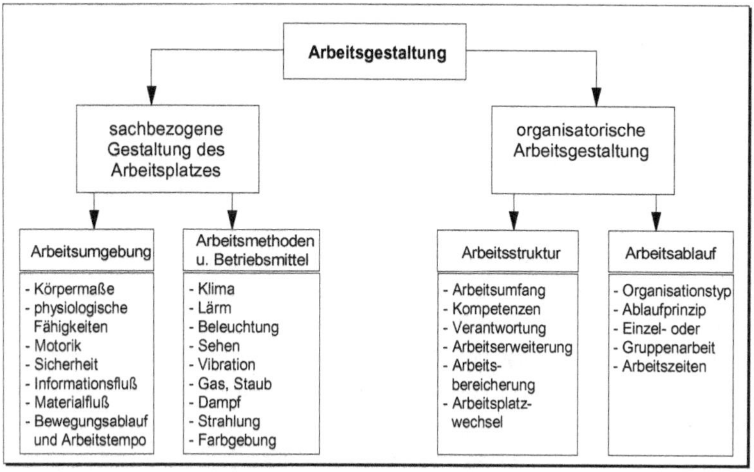

Abb. 2.4-1: Arbeitsgestaltungsbereiche (Wildemann 1992)

Die Gestaltung der Arbeitsstruktur und des Arbeitsablaufes orientiert sich wiederum an den Anforderungen und Zielsetzungen des Unternehmens.

Um eine Bewertung von Gestaltungsmaßnahmen vorzunehmen, sind Grundkenntnisse über den Zusammenhang von menschlicher Arbeitsleistung und den Eingriffen durch Gestaltungsmaßnahmen erforderlich. Somit ist die Arbeitsgestaltung als die Basis einer leistungsorientierten Gestaltung von manuellen Montagesystemen anzusehen. Dieser Einfluß soll mit einer Untersuchung der entscheidenden Leistungsparameter deutlich gemacht werden. Aus diesen Betrachtungen sind in einem ersten Schritt bisher existierende arbeitsorganisatorische Gestaltungsmaßnahmen und deren Grundlagen zu untersuchen. Daraus werden Ansätze für leistungsorientierte Montageorganisationen entwickelt.

2.5 Bestimmungsfaktoren personeller Arbeitsleistung

Im wirtschaftlichen Bereich wird das in einer Zeiteinheit oder Zeitperiode erzielte Ergebnis der Arbeitskraft als Leistung bezeichnet. Es ist das quantitative und qualitative Ergebnis von Arbeitskräften in einer Zeitperiode (*Wagner 1975*).

In engem Zusammenhang mit dem Begriff Leistung steht bei REFA die Leistungsbeurteilung. Die Leistungsbeurteilung wird durch das Verhältnis von beeinflußbarer Ist-Leistung zu beeinflußbarer Bezugsleistung ausgedrückt. Die Höhe des Leistungsgrades wird vom Faktor „Intensität", d.h. von der Bewegungsgeschwindigkeit und der Kraftanspannung des arbeitenden Menschen bestimmt und vom Faktor „Wirksamkeit", der sich durch die Güte der Arbeitsweise eines Mitarbeiters ausdrückt (*REFA 1984*). Die Intensität ergibt sich aus den inneren Antrieben, die das Interesse an der Arbeit und das Streben nach Verdienst widerspiegeln (*Fuhrmann 1983*). Die Faktoren sind bei jedem Menschen in unterschiedlicher Ausprägung vorhanden; sie bestimmen die grundsätzliche Eignung eines Mitarbeiters zur Verrichtung einer Arbeit und können durch Ausbildung, Training und Weiterbildung ausgebaut werden (*Segner 1984, Koehrer 1998*). Die Leistungsgradbeurteilung nach REFA erfordert dabei die Berücksichtigung ergonomischer Zusammenhänge und leistungsbeeinflussender Randbedingungen (Alter, Lärm, etc.). Zur Festlegung der Bezugsleistung ist die Vorgabezeit eines Arbeitsablaufs zu ermitteln. Dabei stehen verschiedene Methoden einer Ist-Zeitmessung bzw. Soll-Zeitzusammensetzung zur Verfügung, auf die jedoch nicht näher eingegangen wird (*Grob 1982*).

Wagner entwickelte ein System für die Determinanten der Arbeitsleistung, das die Leistung der Arbeitskräfte unter dem Gesichtspunkt der Erfüllung von Unternehmenszielen berücksichtigt (Abb. 2.5-1). Das menschliche Leistungsvermögen und der Leistungswille sind demnach Voraussetzungen für eine leistungsorientierte Gestaltung manueller Montagesysteme. Deshalb wird auf dessen Bestimmungsfaktoren eingegangen.

Das Leistungsvermögen ist sowohl von der Leistungsfähigkeit als auch von der Leistungsdisposition abhängig. Die Leistungsfähigkeit ist die Maximalkapazität der psychologischen Energie aus der Arbeitskraft. Sie ist abhängig von den Anlagen und der Entwicklung durch Wachstum, Ausbildung und Übung. Die Leistungsdisposition bestimmt den abgegebenen Anteil der Leistungsfähigkeit bzw. den Anteil, der für die Leistungsreserve und Regeneration zurückbehalten wird. Die Disposition beeinflußt damit sowohl Wirksamkeit als auch Intensität der Arbeitsausführungen. Der Leistungswille wirkt auf die Höhe des Leistungsangebotes ein, das vom Ausmaß seiner Motivation und die wiederum von der Art der Bedürfnisse und dem Grad ihrer Befriedigung abhängig ist. Der Leistungswille ergibt sich aus den inneren Antrieben und übt dadurch eine Steuerungsfunktion aus. Das Erscheinungsbild der Arbeitsausführungen, als

Ergebnis aus Leistungsvermögen und Leistungswille, läßt sich mit Bezeichnungen wie hohe oder niedrige Leistung umschreiben (*Segner 1984, Fuhrmann 1983*).

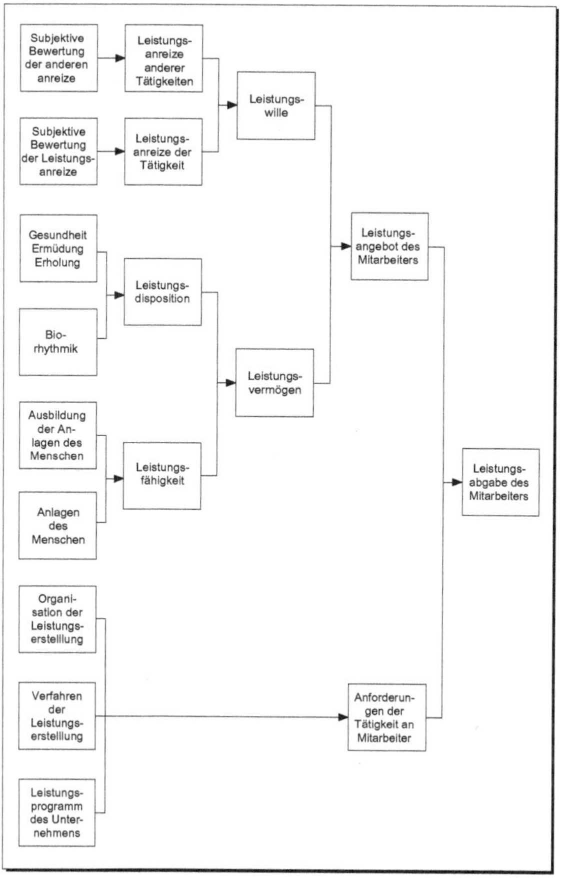

Abb. 2.5-1: System der personellen Leistungsdeterminanten (Wagner 1975)

In seiner Untersuchung der verschiedenen Komponenten der Leistungsbereitschaft berücksichtigt *Schulte* (1981) die gegenseitigen Wechselwirkungen von physischer Bereitschaft – als Leistungsdisposition und psychischer Bereitschaft – als Leistungsmotivation. Diese werden jeweils von positiven und negativen „Wirkungen" beeinflußt. So basiert z.B. die psychische Leistungsbereitschaft auf der positiven Wirkung von Lob oder Lohnanreiz und der negativen Wirkung von seelischen Konflikten. Die Leistungsbereitschaft ist damit nicht konstant, sondern unterliegt intraindividuellen Schwankungen (*Segner 1984*).

Neben der Arbeitsphysiologie und der Arbeitspsychologie ist die Arbeitssoziologie als eine weitere Teildisziplin der Arbeitswissenschaft zu berücksichtigen (*Heeg 1991*), um eine hohe Leistungsbereitschaft bei den Mitarbeitern zu erreichen. Die Arbeitssoziologie liefert Erkenntnisse über die Bildung und Bedeutung von funktionalen und sozialen Beziehungen am Arbeitsplatz. So versuchen Mitarbeiter durch eine Reduktion der Leistungsbereitschaft eine Angleichung der „individuell erlebten Arbeitsmühen" bzw. durch einen motivierten Arbeitseinsatz eine „überhöht erlebte Angemessenheit der Arbeit an soziale Zumutbarkeitsnormen" herbeizuführen (*Bullinger 1993*).

Der Mensch verfügt also aufgrund einer Vielzahl an Leistungsdeterminanten über ein sehr spezifisches Leistungsspektrum und Leistungsgrenze, die durch äußere (Arbeitsgestaltung) und innere Einflüsse (Motivation, Qualifikation) bestimmt werden. Die menschliche Leistung ist im Gegensatz zu Maschinen beeinflußbar und durch gezielte Maßnahmen zu fördern (*Buck 1999*), ihre Leistungsgrenze kann jedoch nicht exakt bestimmt werden.

Die Ergonomie – als die Lehre von der menschlichen Arbeit – verfolgt neben einer belastungs- und beanspruchungsgerechten Gestaltung der Arbeit auch das Ziel der Minimierung störender Umgebungseinflüsse (*REFA 1990*). Die Einhaltung der ergonomischen Richtlinien wird durch die Anwendung von Haltungs- und Kraftanalysen gewährleistet, die jedoch bereits in einer Vielzahl rechnergestützter Systeme zur Arbeitsplatzgestaltung Einzug gefunden haben und im Bereich manueller Montagetätigkeiten einen Ansatz zur Ausschöpfung des menschlichen Leistungspotentials darstellen (*Hechl 1995*).

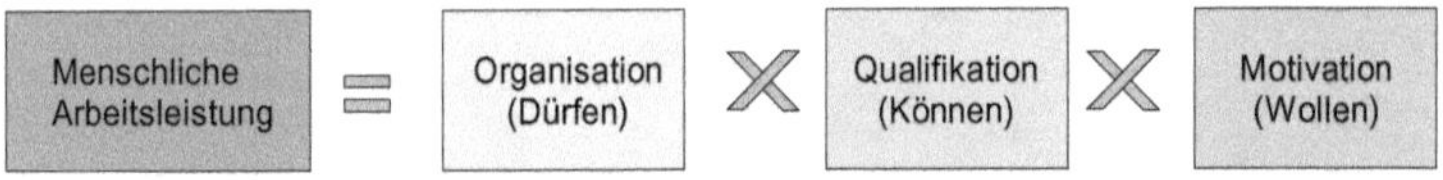

Abb. 2.5-2: Faktoren der menschlichen Arbeitsleistung (Huber 1995, Deutschle 1995)

Deshalb werden in Kapitel 4 die Grundlagen für das „Wollen", das „Können" und das „Dürfen" in Bezug auf eine optimale Leistungsentfaltung der Mitarbeiter ermittelt (Abb. 2.5-2). Die Betrachtung neuerer Arbeitsformen zeigt auf, in welcher Form eine Leistungsorientierung in der Arbeitsgestaltung berücksichtigt wird. Dabei wird untersucht, inwieweit Defizite bei der bisherigen arbeitsorganisatorischen Gestaltung von Montagesystemen vorherrschen.

3 Stand der Technik in der Gestaltung und Planung von Montagesystemen

Im vorhergehenden Kapitel wurden das Personal und das Produkt als wesentliche innere Einflußgrößen bzw. der Markt als äußere Determinante der Unternehmen aufgezeigt. Dabei wird vor allem die Stellung der Montage mit ihrer ablaufbedingten Nähe zum Markt hervorgehoben. Im Gegensatz dazu trägt die Gestaltung des formalen Aufbaus und der Abläufe in der Montage nicht umfassend zur leistungsorientierten Gestaltung von Arbeitssystemen bei. Deshalb werden zunächst bisherige Ansätze arbeitsorganisatorischer Maßnahmen aufgezeigt und analysiert.

Allgemein ist dabei zu erkennen, daß traditionelle Arbeitsorganisationen verstärkt einer funktionalen Arbeitsteilung unterliegen und ein zügiger Arbeitsablauf durch eine Vielzahl an Schnittstellen und der damit verbundenen Abstimmung bei niedriger Informationsqualität behindert wird. Zur Beschleunigung der Abläufe erfahren neuere, prozeßorientierte Arbeitsformen eine Ausrichtung nach den betrieblichen Abläufen bzw. den Produkten (*Eversheim 1996, Warnecke 1996*). Neben dem Aspekt Gestaltung wird in Kapitel 3.2 die Planung von Montagesystemen mit bisherigen Methoden untersucht.

3.1 Existierende arbeitsorganisatorische Gestaltungsansätze

Ausgehend von den Einflußgrößen produzierender Unternehmen (vgl. Kapitel 2.1) und der weiterführenden Diskussion der Faktoren menschlicher Arbeitsleistung, soll eine Bestandsaufnahme traditioneller und neuerer arbeitsorganisatorischer Gestaltungsmaßnahmen dazu beitragen, die Anforderungen an moderne Organisationsprinzipien, insbesondere im Bereich der manuellen Montage, zu erstellen.

3.1.1 Traditionelle Arbeitsorganisation

In traditionellen Arbeitsorganisationen werden die Prinzipien tayloristischer Betriebsführung mit folgender Überzeugung angewendet:

„Der Fertigungsprozeß wird systematisch studiert und in möglichst einfache, kurze Operationen zerlegt. Mit dem Ziel, eine maximale Auslastung der Arbeitskräfte zu erreichen, werden Operationsfolge, Typenfolge und Arbeitsplatzaufteilung von der Arbeitsvorbereitung festgelegt und dem Arbeiter als Datum vorgegeben. Eine genaue Leistungskalkulation und eine leistungsabhängige Entlohnung sollen schließlich sicherstellen, daß der Arbeiter seine Arbeitskraft voll betätigt" (*Kern 1985, S. 177*).

Der Inhalt der Arbeitsaufgaben wird nach folgenden Prinzipien festgelegt:

- eine Spezialisierung der Fertigkeiten, deren Inhalt sich häufig wiederholt
- eine Minimierung der Fertigkeitsanforderungen
- eine Minimierung der Anlernzeit
- eine hohe Auslastung.

Unter Wahrung des Tarifrechts wurde die Höhe der Lohnkosten beschränkt, um den Vorstellungen von Wirtschaftlichkeit gerecht zu werden (*Klein 1975*). Für eine derartige Ausrichtung der Arbeitsorganisation, die auf den Prinzipien einer strengen Arbeitsteilung, der Massenproduktion und der Mechanisierung beruht, hat sich der Terminus „Tayloristische Arbeitsorganisation" eingebürgert (*Hackstein 1977, S. 412 ff*). Als Folge dieser restriktiven Arbeitsorganisation sind folgende Kritikpunkte aufzuführen (*Heeg 1991*):

- hohe Fluktuationsraten
- hoher Krankenstand
- sinkende Produktqualität
- mangelnde Flexibilität traditioneller Organisationsformen.

Aus den aufgezeigten Arbeitsbedingungen ergeben sich vor allem eine mangelnde Flexibilität und Effizienz der traditionellen Arbeitsorganisation.

3.1.2 Arbeitsorganisatorische Gestaltungsmaßnahmen

Um die negativen Folgen der traditionellen Arbeitsformen zu beseitigen, führten die ersten Maßnahmen zu einer (*Heeg 1991, Ruhnau 1997*):

1. Verringerung von Zeitzwängen
2. systematischer Arbeitsplatzwechsel (job rotation)
3. Arbeitserweiterung (job enlargement)
4. Arbeitsbereicherung (job enrichement) und
5. (teil-)autonome Arbeitsgruppen.

Die Maßnahmen zweitens bis fünftens werden in der Literatur übereinstimmend als Elemente der Arbeitsstrukturierung aufgeführt und haben sich in den Unternehmen eingebürgert. Sie stellen jedoch lediglich elementare Grundprinzipien zur Gestaltung der Arbeit und seiner einzelnen Leistungsdeterminanten dar. Die Anforderungen zeitgemäßer leistungsorientierter Montagesysteme können damit nur im Ansatz erfüllt werden.

3.1.3 Neuere Formen der Arbeitsorganisation

Bei der Gestaltung von Montagesystemen sind neben äußeren Einflüssen vor allem auch innere Einflüsse zu berücksichtigen. In dem Zusammenhang wird den Fähigkeiten und Bereitschaften der Arbeitspersonen hinsichtlich ihrer Leistung, Kooperation und Qualifikation entsprochen. Diese stellen sich als zeitabhängige Größen dar (*Hackstein 1977*).

Im Rahmen der Diskussion um die Arbeitsgestaltung gewinnt der Gedanke an Bedeutung, nicht mehr universelle, sondern differenzierte Lösungen anzustreben. Die Ausgangslage ist dabei die Erkenntnis, daß nicht alle Mitarbeiter bzw. Mitarbeiter nicht umgehend in der Lage sind, in Montagesystemen mit erweiterten und bereicherten Tätigkeiten arbeiten zu können oder zu wollen. Aufgrund bestehender Qualifikationsstrukturen in den Unternehmen sind auch Arbeitsplätze mit einfachen Routinetätigkeiten und geringen Arbeitsinhalten anzubieten. Deshalb muß es das Ziel sein, der Qualifikation und den individuellen Neigungen der Mitarbeiter entsprechend, unterschiedliche Montagesysteme zur Verfügung zu stellen (*Heeg 1991*).

In den folgenden Kapiteln werden zuerst neuere arbeitsorganisatorische Gestaltungsmaßnahmen vorgestellt, die eine differenzierte Betrachtungsweise beim Einsatz von Mitarbeitern erlauben. Im weiteren Verlauf sollen darauf aufbauend die Anforderungen in Bezug auf eine Veränderbarkeit von Mensch und System entwickelt werden.

3.1.3.1 Fix-Vario-Methode

Die Fix-Vario-Methode wurde bei der Bosch-Siemens-Geräte GmbH entwickelt. Die Montage in dem Unternehmen zeichnet sich durch eine große Variantenvielfalt aus. Dennoch gibt es innerhalb der Grundtypen einen hohen Anteil gleicher Einzelteile und Baugruppen. Hieraus resultieren viele ähnliche Montagetätigkeiten.

Das Fix-Vario-Prinzip bietet den Mitarbeitern die Möglichkeit an, entweder fixe oder variable Montagetätigkeiten auszuüben. Hierbei können Mitarbeiter an dem Arbeitsplatz eingesetzt werden, der ihren Fähigkeiten und auch ihrer Neigung soweit als möglich entspricht. Für fixe und variable Tätigkeiten wurden jeweils sowohl Gruppenarbeitsplätze als auch Einzelarbeitsplätze eingerichtet. Die fixen Tätigkeiten, die nach Art, Umfang und Anforderung gleich bleiben, werden in der Regel innerhalb des Arbeitssystems am gleichen Arbeitsplatz ausgeführt. Dagegen werden „Vario-Tätigkeiten“ als variantenbedingte wechselnde Tätigkeiten entweder am gleichen Arbeitsplatz oder an einem anderen Arbeitsplatz innerhalb des Arbeitssystems verrichtet. Hierbei wechseln Art, Umfang und Anforderung der Tätigkeit. Die Möglichkeit eines variantenbedingten Arbeits- und Tätigkeitswechsels zwischen Arbeitssystem und Vormontage wurde von den Mitarbeitern nicht akzeptiert, da mit dem Arbeitsplatzwechsel der Verlust des sozialen Umfeldes verbunden war. Als Alternative wurden fortan sogenannte „personalgleiche Pläne“ eingeführt, bei der sich in Abhängigkeit von der Variante die Fertigungsstückzahlen pro Schicht und die entsprechenden Arbeitsinhalte veränderten (*HdA 1984, S. 101ff*).

Bei dem Fix-Vario-Prinzip mit unterschiedlichen Anforderungsprofilen ergibt sich durch eine Aufgabenerweiterung und einer Übernahme von Prüf- bzw. Materialdispositionstätigkeiten eine Erweiterung des Handlungsspielraumes und somit eine gezielte Unterstützung zur Höherqualifizierung von Mitarbeitern. Dem Prinzip der Übertragung ganzheitlicher Aufgaben wurde aufgrund noch relativ kurzzyklischer Taktgrundzeiten (1,6–2,7 Minuten), abhängig von der gefertigten Variante, nur bedingt Folge geleistet. Die allgemein im Fließprinzip eingesetzten Mitarbeiter nahmen die angebotenen Möglichkeiten zum Arbeitsplatzwechsel und der damit verbundenen Höherqualifizierung aber nur unzureichend an. Der variantenbedingte erforderliche Arbeitsplatzwechsel wurde letztendlich durch höhere Lohngruppen erreicht.

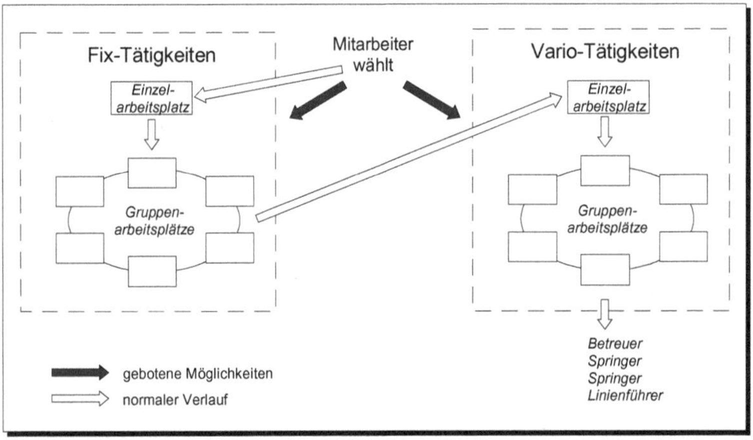

Abb. 3.1-1: Tätigkeiten bei der Fix-Vario-Methode (HdA 1984)

Trotz der aufgezeigten Maßnahmen betrug der Anteil der stationär an einem Arbeitsplatz eingesetzten Mitarbeiter ca. 80 Prozent. Nur ein geringer Anteil war mit einem variantenbedingten Wechsel der Arbeitstätigkeit am Arbeitsplatz verbunden. Aufgrund der gewählten baugruppenorientierten Systemstrukturierung und trotz der Entkopplung der Montagesubsysteme durch Pufferzonen war durch die relativ unflexible Gesamtsystemauslegung der Einsatz von Springern und Betreuern erforderlich (Abb. 3.1-1).

3.1.3.2 BLUME-Gruppen – eine differentielle Arbeitsgestaltung

Das Prinzip der differentiellen Arbeitsgestaltung soll gestatten, daß gleichzeitig verschiedene Arbeitssysteme angeboten werden, zwischen denen die Mitarbeiter wählen können (*Heeg 1991, Ruhnau 1997*). Die differentielle Arbeitsgestaltung wird nach *Zülch* und *Starringer* (*1984*) als die Gestaltung eines Makro-Systems betrachtet, die gleichzeitig folgendes anbieten kann:

- unterschiedlich geeignete und motivierte Mitarbeiter
- mehrere Formen der Arbeitsorganisation
- mit verschieden ausgeprägten Arbeitsinhalten.

Diese Methode der differentiellen Arbeitsgestaltung wurde in der Fertigung elektronischer Flachbaugruppen der Fa. Siemens AG mit Hilfe sogenannter BLUME-Gruppen (Bestücken, Löten, und Montieren als Einheit) realisiert (*Zülch 1984, Grob1986, Heeg 1991*). Durch die Schaffung von Arbeitsplätzen, die sowohl mit einfachen als auch komplexen Arbeitsinhalten ausgestattet sind, sollten die bisherigen organisatorischen und personellen und damit auch kostenmäßigen Schwachstellen des bis dahin vorherrschenden Verrichtungsprinzips beseitigt werden. Eine Gruppe besteht aus fünf Mitarbeitern, denen sieben Arbeitsplätze zur Verfügung stehen. Jede Gruppe ist in der Lage, alle anfallenden Tätigkeiten auszuführen und damit einen Auftrag komplett zu bearbeiten. Die Aufteilung der Arbeitstätigkeiten wird von der Gruppe selbst übernommen. Die einzelnen Gruppen sind nach verschiedenen arbeitsorganisatorischen Prinzipien gestaltet. Es gibt neben technologisch voneinander getrennten Einzelarbeitsplätzen auch sogenannte Fertigungsnester, in denen jedes Gruppenmitglied alle erforderlichen Tätigkeiten beherrscht. Aufgrund unterschiedlicher Qualifizierung und Neigung der Mitarbeiter sind die verschiedenen Gruppen auf unterschiedlichen Stufen der Entwicklung vorzufinden. Ein Drei-Stufen-Plan soll die Höherqualifizierung und stufenweise Realisierung der BLUME-Gruppen fördern. Auf der ersten Stufe beherrscht jeder Mitarbeiter einer Gruppe eine Tätigkeit des gesamten Arbeitsablaufs und stellt somit den Ausgangszustand der bisherigen Arbeitsorganisation dar. Auf der zweiten Stufe sollten einige Mitarbeiter mehr als eine Tätigkeit beherrschen. Auf Engpaßsituationen, die durch unterschiedliche Bearbeitungszeiten auftreten, kann aufgrund einer gewissen Teilautonomie selbststeuernd reagiert werden. In der dritten Stufe beherrscht jeder Mitarbeiter alle Tätigkeiten, die in der Gruppe anfallen. Die Mitarbeiter können sich gegenseitig unterstützen und die Arbeit eines abwesenden Mitarbeiters übernehmen. Die gesamte Entwicklung der einzelnen Stufen ist nicht fest vorgeschrieben; sie kann sich dabei dynamisch entwickeln.

Eine Qualifizierung der Mitarbeiter erfolgt durch stufenweises Anlernen. Aufgrund des jeweiligen Potentials und Neigung erreicht ein Teil der Mitarbeiter die Stufe drei, ein weiterer Anteil verbleibt auf Stufe zwei bzw. eins. Neue Mitarbeiter werden in Stufe eins eingesetzt und können sich für die Stufen zwei und drei qualifizieren. Dadurch wird neben der differentiellen auch eine dynamische Arbeitsgestaltung, entsprechend der Entwicklung der Mitarbeiter, berücksichtigt. Die Zusammensetzung der Teams wird mittels Eignungstests und der Befragung des Werkstattführungspersonals bestimmt.

Die gesamte Aufgabenverteilung der Gruppe ist aufgrund dieser Arbeitssystemgestaltung optional verteilt. Da kein zwangsgeführter Arbeitsablauf gegeben ist, können insbesondere bei Aufnahme neuer Gruppenmitglieder Koordinationsprobleme auftreten. Des weiteren wird die Aufgabenverteilung bzw. die Zusammenarbeit erschwert, wenn nur ein geringer Teil der Gruppe die Stufe drei erreicht und somit aus Mitarbeitern mit stark unterschiedlichen Qualifizierungsstufen besteht. Da eine Arbeitsplatzrotation nur auf freiwilliger Basis stattfindet, wird die Mitarbeiterqualifizierung nicht ausreichend gefördert bzw. gefordert. Die Erfahrung zeigt außerdem, daß die Zusammenarbeit in inhomogenen Gruppen zu Konflikten und sozialen Spannungen führen kann.

Eine systematische Unterstützung des Qualifizierungsprozesses kann diesen Probleme entgegenwirken. Dazu bietet sich z.B. eine gezielte Visualisierung an, die Auskunft über das derzeitige Qualifizierungsniveau der Gruppe liefert und zugleich den einzelnen Gruppenmitgliedern ein Ziel bezüglich einer Höherqualifizierung vorgibt. Entsprechende Motivationsanreize zur Höherqualifizierung fördern dabei den Entwicklungsprozeß.

3.1.3.3 Gruppenarbeit

Der Auslöser für eine attraktivere Gestaltung der Arbeit waren vornehmlich ökonomische Gründe. Extrem hohe Fehlzeiten und Fluktuation bewegten Volvo bereits 1974 in Schweden dazu, als erstes Unternehmen das Konzept der Gruppenarbeit einzuführen. In Deutschland wurde in den 70er Jahren die Idee der Gruppenarbeit zunächst abgelehnt, da bei der Einführung sehr stark der ergonomische Aspekt in den Vordergrund gestellt wurde. Erst eine sich verschärfende wirtschaftliche Konkurrenzsituation führte bei den Automobilherstellern zu einer Übernahme japanischer Produktionsphilosophien. Die Gruppenarbeit spielte dabei eine wesentliche Rolle (*Hauertmann 1998, Hechl 1995, Wahren 1994, Zink 1995*).

Ein Hauptmerkmal der Gruppenarbeit ist die Existenz einer Kernaufgabe, die durch einen flexiblen Einsatz mehrerer Mitarbeiter in einem abgegrenzten Gruppenbereich gemeinsam erledigt wird. Das Aufgabenspektrum wird durch die Integration von indirekt produktiven Aufgaben bereichert. Innerhalb definierter Grenzen sollen sich diese Organisationseinheiten selbständig regulieren und dabei auch eigenständig Maßnahmen zur Problembeseitigung ergreifen (*Ruhnau 1997*). Neben einer Erhöhung der Selbstorganisation und einer Selbstoptimierung der Gruppen ist die Höherqualifizierung im Arbeitsprozeß ein wesentliches Gestaltungsprinzip der Gruppenarbeit. Dabei ist eine einarbeitungsgerechte Arbeitsstruktur zu berücksichtigen (*Zink 1995*).

Bei der Gruppenarbeit lassen sich verschiedene Formen hinsichtlich Qualifikation und Autonomiegrad unterscheiden. Die Umgestaltung von arbeitsteiligen Organisationsstrukturen zu dezentralen Formen der Arbeitsorganisation wird häufig über Vorstufen in einem mittel- bis langfristigen Prozeß erreicht. Fremdgesteuerte Vorstufen, wie z.B. Werkerselbstprüfung oder Segmentierung fördern die Veränderungsakzeptanz durch Formen der Beteiligung und Dezentralisierungskonzepte (*Breisig 1990, Fisher 1993, Ruhnau 1997*).

Bei teilautonomer Gruppenarbeit werden neben der fachlichen Aufgabendelegation auch Organisations-, Führungs- und Personalaufgaben in die Gruppen übertragen, wodurch eine Selbststeuerung und in letzter Konsequenz eine Entscheidungsdezentralisierung stattfinden kann. Durch die Übernahme von Verantwortung wird in den Gruppen die Motivation der Mitarbeiter gestärkt. Gleichzeitig ergeben sich durch die Abgabe von Zuweisung und Kontrolle von Aufgaben an die Gruppen neue Aufgaben für das Werkstattführungspersonal (*Bartölke 1992, Deutschle 1995, Fisher 1993, Ruhnau 1997*). Diese intrinsische Arbeitsmotivation läßt sich durch extrinsische Faktoren aus einem veränderten Entgeltsystem erweitern (*Porter 1968, Ruhnau 1997*).

Bei der Einführung arbeitsorganisatorischer Konzepte ist neben den oben genannten Erkenntnissen und einer unternehmensneutralen Vorgehensweise jeweils ein unternehmensspezifisches Einführungskonzept zu entwickeln, das auf Vorgeschichte, Produkt, Markt und Unternehmensstrategie basiert (*Klinger 1993, Ruhnau 1997*).

3.2 Stand der Technik in der Montageplanung

Bisherige Planungsmethoden ergeben eine Vielzahl an Lösungen durch eine kombinatorische Explosion der Teillösungen. Dabei ist es während der Planung nicht unbedeutend, ob zuerst Prinzipien erarbeitet und zu einer Gesamtlösung integriert werden oder ob zunächst für Teilprobleme prinzipielle Lösungen entwickelt und in eine Gesamtlösung einbezogen werden. Die vielfältigen Lösungsmöglichkeiten lassen es zumeist nicht zu, alle Wege zu untersuchen. Letztendlich ist festzustellen, daß das Endergebnis der Planung wegabhängig ist (*Müller 1994a*).

Ein Planungsablauf kann nach einer synthetischen oder analytischen Vorgehensweise unterschieden werden. Der Vorteil des analytischen Prinzips einer schrittweisen Detaillierung kann letztendlich im Detail zu unbefriedigenden Lösungen führen, die bei einem synthetischen Ablauf, der ausgehend von Detaillösungen ein Gesamtkonzept hervorbringt, vermieden werden.

In der Realität wird der Planer keinen der beiden Abläufe geradlinig verfolgen, sondern durch ein iteratives Vorgehen während seiner Planung zwangsläufig beide Verfahren miteinander kombinieren. Bei der Montageplanung muß jedoch beachtet werden, daß eine Differenzierung zwischen den beiden Möglichkeiten vorgesehen wird. Zunächst erfolgt eine analytische Planung der gesamten Montageabläufe und anschließend wird die Planung der einzelnen physikalischen Komponenten (Hallenlayout, Betriebsmittelaufstellung) vorgenommen (*Bissel 1997*). *Bick* (1992) spricht bei diesem Planungsvorgehen von einer „bottom-up"-Strategie.

Zunächst werden verschiedene Planungsverfahren skizziert, die für einzelne Planungsschritte einer neuen Methodik relevant sind; ebenso wird auf die Defizite dieser Verfahren hingewiesen, um daraus die Anforderungen an das zu entwickelnde Planungsmodell zu erarbeiten.

3.2.1 Überblick über bekannte Planungsmethoden und -ansätze

In der Literatur werden verschiedene Vorgehensweisen vorgeschlagen, die zu einer erfolgreichen Montageplanung führen sollen. Dabei ist zu überprüfen, welchen Randbedingungen und Aufgabenschwerpunkten die jeweilige Methode unterliegt und inwieweit die Anforderungen an die Gestaltung personalintensiver und flexibler Montagesysteme berücksichtigt werden. Zugleich muß mit der Vorgehensweise der vorgeschlagenen Methode die Zielerfüllung der Leistungsorientierung gewährleistet werden.

Zur Lösung eines allgemeinen Planungsproblems komplexer Systeme bieten sich die Methoden der Systemtechnik an (*Daenzer 1983, Ganghoff 1993*). Das Hauptanliegen der Systemtechnik ist die Bereitstellung eines methodischen Vorgehensmodells mit einer ganzheitlichen Denkweise in Systemen. Den Kern der Methode bildet ein Problemlösungsprozeß, der aus der Komponente Systemgestaltung, d.h. dem „eigentlichen Arbeitsprozeß am zu gestaltenden Objekt" und der Komponente „Projektmanagement mit seinen organisatorischen und regelnden Maßnahmen" besteht. Damit wird eine zielgerichtete und zweckmäßige Problemlösung unterstützt. Der zeitliche Bearbeitungsprozeß orientiert sich an den Lebensphasen des Systems, das zu überschaubaren und stufenweisen Planungsetappen führt. Innerhalb einer jeden Lebensphase kommt ein Problemlösungszyklus aus den Schrittfolgen Zielsuche, Lösungssuche und Auswahl zur Anwendung. Das abstrakte Modell der Systemtechnik, das aus einer Überlagerung des Lebensphasenmodells und des Problemlösungszyklus entsteht, bildet einen formalen Rahmen, der jeweils für konkrete Aufgabenstellungen angepaßt werden muß (*Jäger 1990*).

Eine klassische Methode zur Planung und Gestaltung komplexer Produktionssysteme, die in der Literatur häufig aufgeführt wird, stellt die Sechs-Stufen-Methode der Systemgestaltung nach REFA dar. Die darin vorgesehenen Schritte und Entscheidungen finden sich in einer modifizierten Form in vielen Planungsmethoden wieder. Ausgehend von einem Planungsanstoß werden Ziele definiert und konkrete Aufgabengebiete abgegrenzt bzw. konkretisiert, um in einem nächsten Schritt prinzipielle Lösungen zu erarbeiten. Nach einer Detaillierungsphase werden die optimalen Teillösungen realisiert und einer Erfolgskontrolle unterzogen (*REFA 1990*). Mit dieser systemorientierten Planung, deren Ablauf sich in Phasen mit zunehmender Genauigkeit abzeichnet, können komplexe Aufgabenstellungen durch ein strukturiertes Vorgehen zielgerichtet und zeitoptimiert gelöst werden (*Hechl 1995, Jäger 1990*). Sie weist jedoch einen recht universellen Charakter auf und ist durch eine rückkopplungsfreie Vorgehensweise nur bei quasi statischen Aufgabenstellungen einzusetzen.

Bullinger (1986) stellt ein System zur methodischen Montageplanung vor, das die Teilaufgaben der Montagesystementwicklung und des Projektmanagement vereinigt. In seinem an der VDI 2222 (*VDI 1977, VDI 1982*) orientierten Ablauf werden die Ablauforganisation und die Konzeption zur integrierten Projektplanung zusammengefaßt. Zugleich erfolgt eine Trennung der Problemlösungsprozesse von der Aufgabenbearbeitung. Das ermöglicht eine effiziente Projektbearbeitung (*Müller 1994a*). Rückkopplungen erfolgen in dem Modell lediglich auf der Basis von Entscheidungen durch die Geschäftsführung, die Änderungen der Konstruktion zur Folge haben können. Änderungen nach der Konzeptionsphase, die auch eine Änderung des Pflichtenhefts hervorrufen, werden in dem Modell nicht berücksichtigt.

Hechl (1995) weist auf die Notwendigkeit einer integrierten Betrachtung mehrerer Einflußfaktoren für die Gestaltung und Anordnung von personalintensiven Vormontagen in der Automobilindustrie und auf die daraus folgenden Auswirkungen auf die Montageplanung hin. Dabei stellt er die dynamische Ablaufsimulation als ein geeignetes Planungshilfsmittel vor, um die gesteigerte Planungskomplexität zu beherrschen.

Schmidt (1990) zeigt für Fließmontagen in der Automobilindustrie mögliche Gruppenformen hinsichtlich den Kriterien Struktur, Mitarbeiteranzahl und räumlicher Ausprägung. Mit Hilfe eines Simulationswerkzeuges werden die Auswirkungen einer geänderten Modellreihenfolge, der Integration von Vormontagetätigkeiten und die Veränderungen der horizontalen Montagesystemstruktur je Gruppe auf die Arbeitsproduktivität gezeigt. Zur Bewertung der Lösungsmöglichkeiten analysiert Schmidt die Taktausgleichszeiten, die Modell-Mix-Verluste sowie die Zeitanteile für Gehwege.

Braun (1995) liefert in seiner Arbeit ein Gestaltungswerkzeug, welches im Bereich der manuellen Montage – nach dem herkömmlichen arbeitsteiligen Fließprinzip organisiert – zur Festlegung der optimalen Arbeitsteilung hinsichtlich eines multikriteriellen Zielsystems eingesetzt wird. Durch die Abgrenzung der Planungsaufgabe wird bei dem Modell der manuellen Montage bei Braun jedoch von idealisierten Zuständen ausgegangen, die sich vor allem durch die Annahme zeigen, daß das Montagepersonal keinerlei Qualifizierungsmaßnahmen aufgrund einer gestellten Arbeitsaufgabe bedarf.

Lotter (1994) weist auf die Bedeutung und die Gestaltungsregeln einer montagegerechten Produktgestaltung hin. Zugleich stellt er eine Methode zur Ermittlung des wirtschaftlichen Wirkungsgrades von Montagekonzepten vor, um Rationalisierungsmöglichkeiten auf der Basis von Grundbewegungen zu ermitteln. Neben Lösungsansätzen und praxisbezogenen Beispielen zeigt Lotter Abläufe einer produktorientierten Montageplanung und die mögliche Unterstützung durch einen Rechnereinsatz.

Eine Reihe weiterer Arbeiten beschäftigen sich mit der Planung einzelner Montageprozesse (*Diess 1988, Gebauer 1992*). Neben den allgemeinen Methoden existiert damit eine Vielzahl an spezielleren und folglich auch eingeschränkten Systematiken zur Montageplanung. Neben einer Differenzierung nach dem Grad der Systemspezialisierung läßt sich innerhalb dieser Verfahren eine Unterscheidung in automatisierte und manuelle Montagesysteme vornehmen (Abb. 3.2-1).

So ist die strukturierte Montageplanung für flächige Bauteile (*Götz 1991*) oder auch die Strukturplanung automatisierter Montagesysteme (*Merz 1987*) als ein sehr problemspezifisches Verfahren innerhalb dieses Fachgebiets anzusehen. Weitere Arbeiten haben flexibel automatisierte Montagesysteme (*Schmidt 1992*) und die Montagesystemplanung mit Robotereinsatz (*Schuster 1992*) zum Thema. *Bick* (1992) stellt in seiner Arbeit ein Verfahren zur Ermittlung des optimalen Automatisierungsgrads in hybriden Montagesystemen – eine Mischform aus manuellen, mechanisierten und automatisierten Teilsystemen – vor.

Die kostenorientierte Entwicklung von Produkt und Montagesystem mit Hilfe eines rechnergestützten Hilfsmittels bei *Bernhart* (1993), sowie die Rationalisierungs- und

Gestaltungsansätze für flexible, hybride Montagearbeitsplätze bei *Fichtmüller* (1995) berücksichtigen nur in geringem Maß eine leistungsorientierte Montagegestaltung.

Eine Vielzahl weiterer Arbeiten befassen sich mit der Planung in der Einzel- und Kleinserienproduktion (*Ungeheuer 1986, Eversheim 1987, Kosmas 1988*), sowie mit der Serienmontage im weiteren oder engeren Sinn (*Warnecke 1993, Aggteleky 1990*).

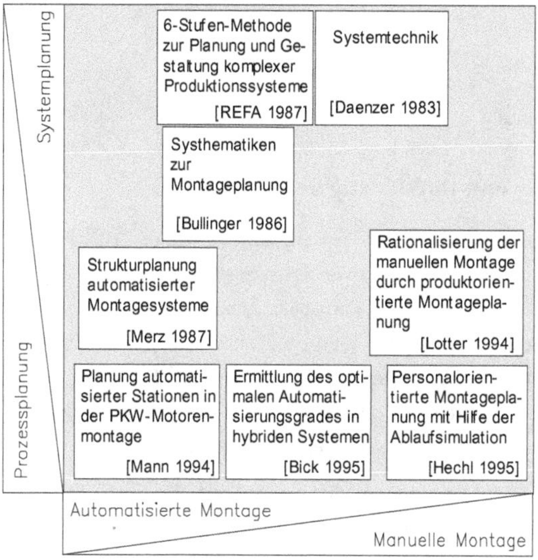

Abb. 3.2-1: Zusammenfassung der Vorgehensweisen zur Planung und Systemgestaltung (Ganghoff 1993)

3.2.2 Organisation und Durchführung von Projekten

Wie bereits bei der Systemtechnik nach Daenzer und bei der integrierten Projektplanung nach Bullinger angedeutet, beschäftigen sich die beiden Modelle mit der Planung des Problemlösungsprozesses, d.h. mit der Definition und Organisation der durchzuführenden Aufgaben und Tätigkeiten (*Müller 1994a, Jäger1990*).

Als Projektmanagement werden alle organisatorischen und regelnden Maßnahmen bezeichnet, die bei der Gestaltung von Systemen erforderlich sind. Das Projektmanagement orientiert sich an den folgenden drei Grundprinzipien (*Daenzer 1983, Ochs 1989, Aggteleky 1990, Jäger 1990*):

- strukturierte Vorgehensweise
- Trennung des Problemlösungszyklus von der Aufgabenbearbeitung
- Simultaneität einzelner Teilaufgaben zur Reduzierung der Planungszeiten und damit zur schnellstmöglichen Umsetzung der Planungsziele.

Aus den Grundprinzipien lassen sich problemunabhängig unterschiedliche Projektphasen definieren (*Grochla 1978, REFA 1985b, Aggteleky 1990, Jäger 1990*):

1. Zieldefinition
2. Analyse
3. Ablaufplanung
4. Realisierung und Einführung.

3.2.3 Schlußfolgerung und Darstellung der Grenzen

Bei der Systemtechnik überwiegt statisches Denken, d.h. der Faktor Zeit tritt nicht in den Vordergrund und dynamische Elemente werden vernachlässigt. Da sie nur in der Lage ist, Sachverhalte bzw. das Ziel eines Vorhabens darzustellen, jedoch aber keine Teilzielbildung ermöglicht, weist sie keinen Weg zur Zielerreichung auf (*Mann 1984*). Bei der leistungsorientierten Arbeitsgestaltung ist aber ein Ziel-Zustand nur über mehrere Zwischenstadien zu erreichen. Dabei ist eine Vielzahl an Prozessen zu bearbeiten, bei denen zeitveränderliche Zustände eine Rolle spielen.

In der Systemtechnik wird der Mensch als Systemelement wie eine Sache verplant. Es findet keine Berücksichtigung der unterschiedlichen Fähigkeiten und Bereitschaften der Mitarbeiter statt. Um eine optimale Leistungsentfaltung in differenzierten Organisationsformen bzw. Montagesystemen zu realisieren, muß entsprechend der Hinweise aus den jeweiligen Systemen reagiert werden. Mit darauf abgestimmten Maßnahmen können Potentiale effektiv genutzt werden.

Für jeden Leistungserstellungsprozeß bzw. jede wertschöpfende Tätigkeit ist eine nicht wertschöpfende Tätigkeit erforderlich. Es sollten allerdings nicht nur direkt wertschöpfende Prozesse, sondern auch indirekte Bereiche und Funktionen berücksichtigt werden, da diese noch ein erhebliches Rationalisierungspotential bergen (*Ahrend 1994*). Nur dann ist die Voraussetzung geschaffen, daß die Funktionalität und Effizienz der gesamten Leistungserstellung sichergestellt ist. Die Planungsarbeiten sollten sich zunächst an den betrieblichen Abläufen orientieren, um darauf aufbauend betriebliche Strukturen zu schaffen (*Deutschle 1995*).

Bei den bisher aufgezeigten Planungsmethoden wurde deutlich, daß von den Experten jeweils unterschiedliche Schwerpunkte gesetzt werden. Von den untersuchten Methoden wird entweder eine systematische Strukturierung der Montage, die auf den betrieblichen

Abläufen basiert oder ein gesamtheitlicher Planungsablauf – von der Konzeptentwicklung bis hin zur Detaillierung einzelner Montagefunktionen – nicht konsequent unterstützt. Bei der Mehrzahl der Ansätze wird eine Trennung nach einem Einfluß- oder Gestaltungskriterium (Organisation, Materialfluß, Gestaltung der Arbeitsumgebung) vorgenommen. Durchgängige Methoden zur konzeptionellen Entwicklung von Montagesystemen fehlen. Es muß erreicht werden, daß nicht nur einzelne Kriterien ausgeplant werden, um anschließend weitere Festlegungen zu treffen, sondern daß die Planung in einem Zusammenspiel der Größen stattfindet (*Grob 1982, Bullinger 1986, Hechl 1995*). Der Planer wird bislang im Verlauf seiner Tätigkeiten gezwungen, auf unterschiedliche Planungsmethoden zurückzugreifen, ohne daß konkrete Schnittstellen im Ablauf vorgesehen sind. Dabei kann nicht ausgeschlossen werden, daß höhere Aufwände bei zugleich verringerter Qualität bestehen.

Im Rahmen der Planung sind nicht nur Projektmanagementansätze und integrierte Modelle zur Zeitverkürzung bzw. Effizienzsteigerung gefragt, sondern auch Methoden, die gezielt Mitarbeiter aus produktionsnahen Bereichen in die Planung der Montagesysteme – d.h. dezentrale Bereiche in die Planungshierarchie – integrieren. Ein Problem ist, daß bisweilen Wissen und Daten mit teilweise hohem Erhebungsaufwand ermittelt und aufgrund fehlender Kenntnisse auch unvollständig erfaßt werden. Im Bereich der operativen Planungs- und Steuerungsaufgaben ergeben sich durch die Nutzung des Wissens produktionsnaher Mitarbeiter bereits deutliche Vorteile. In den Methoden zur Montagesystemplanung wird bisher außer acht gelassen, dieses Wissen um Details und Probleme aus dem Montagebereich einzubringen.

Bei Systemplanungen mit mehreren Teilsystemen wird es zunehmend schwieriger, Anforderungen und Rückkopplungen aus Subsystemen als Anforderungen für die weiteren Subsysteme bereitzuhalten, je komplexer und zeitintensiver sich die Projekte darstellen (*Müller 1994a*). Auch nach Projektbeendigung fallen fortlaufend Produkt- oder Systemoptimierungen an, die wiederum in das Montagesystem einfließen müssen, um weitere Störungen zu vermeiden oder Ratiopotentiale freizusetzen. Zugleich sind Maßnahmen erforderlich, die gewonnenen Erfahrungen in allen weiteren Systemen bereitzustellen.

4 Analyse der personellen Arbeitsleistung

Im folgenden Kapitel sollen zunächst die Grundlagen untersucht werden, die die menschliche Leistungsabgabe primär beeinflussen bzw. eine Leistungssteigerung hervorrufen. Mit Hilfe der organisatorischen Möglichkeiten der Arbeitsgestaltung werden die ungenutzten Potentiale personeller Arbeitsleistung freigesetzt. Die Leistung setzt sich aus den Faktoren „Dürfen", „Können" und „Wollen" zusammen (vgl. Kapitel 2.5). Eine detaillierte Analyse der Faktoren menschlicher Arbeitsleistung soll es ermöglichen, die Anforderungen und Gestaltungsaspekte einer leistungsorientierten Fließmontage zu erfassen. Ein darauf aufgebauter Lern- und Entwicklungsprozeß bildet die Grundlage für eine langfristig geplante und kontinuierliche Vorgehensweise.

4.1 Gestaltung der Arbeitsorganisation „Dürfen"

Die Gestaltungsmöglichkeiten durch unterschiedliche Formen des Arbeitsablaufs sowie die Strukturierungsprinzipien und die Entkopplungsmöglichkeiten menschlicher Arbeit spielen eine wesentliche Rolle bei der leistungsoptimierten Arbeitsorganisation.

4.1.1 Formen des Arbeitsablaufs

Die verschiedenen Organisationsformen in der Montage bestimmen die Leistungsdeterminante „Dürfen", d.h. den Arbeitsablauf bzw. das Ablaufprinzip. Unter dem Begriff Organisationsform versteht man die Form der räumlichen und zeitlichen Zusammenfassung von Arbeitskräften und Betriebsmitteln zu organisatorischen Einheiten (*Bullinger 1986, Bick 1992*). Aufgrund der Bewegung der Montageobjekte kann nach zwei grundsätzlichen Prinzipien der Organisationsform unterschieden werden (*Bader 1986*):

- das Verrichtungsprinzip mit stationären Montageobjekten
- das Fließprinzip mit bewegten Montageobjekten.

Nach jedem der beiden Prinzipien lassen sich mehrere Organisationsformen nach dem Ort der Montage, dem Bewegungsablauf bzw. -art des Fördermittels, sowie der zeitlichen Bindung und dem Bewegungszustand des Montageobjekts während der Montage unterscheiden (Abb. 4.1-1).

Die Baustellen- und die Gruppenmontage sind durch ein ortsfestes Montageobjekt gekennzeichnet. Sie unterscheiden sich hinsichtlich des Bewegungszustandes der Arbeitsplätze, die bei der Baustellenmontage stationär und bei der Gruppenmontage bewegt sind (*Bick 1991, Hoeschen 1978, Eversheim 1989*).

Montage-Organisations-formen	Baustellen-montage	Gruppen-montage	Einzel-platz-montage	Reihen-montage	Stationäre Fließ-montage	Takt-straßen-montage	kontinuier-liche Fließ-montage	kombinierte Fließ-montage
Bewegung des Montage-objekts	stationäres Montageobjekt			bewegtes Montageobjekt				
Ort der Montage	am ortsfesten Arbeitsplatz			am ortsfesten Arbeitsplatz			am bewegten Arbeitsplatz	
Bewegungs-ablauf, -art	—	periodisch u. aperiodisch		aperio-disch	periodisch u. kontinuierlich	periodisch, getaktet	periodisch u. kontinuierlich	
Bewegungs-zustand des Montageobjekts während der Montage	stationär						stetig bewegt	stationär
Zeitliche Bindung des Materialflusses	—			Ohne zeitliche Bindung	Mit zeitlicher Bindung			

Abb. 4.1-1: Organisationsformen der Montage (Eversheim 1989)

Die Arbeitsplätze werden entweder periodisch nach einem bestimmten Takt oder aperiodisch bei unterschiedlichem Arbeitsumfang gewechselt. Bei einem aperiodischen Wechsel erfolgt eine ungerichtete Bewegung, da die Arbeitsstationen in unterschiedlicher Folge abgearbeitet werden (*Bader 1986*). Diese beiden Organisationsformen finden ihren Einsatz im Bereich der Einzel- und Kleinserienmontage.

Bei der Einzelplatzmontage ist der Montageort durch einen ortsfesten Arbeitsplatz vorgegeben. Hierbei wird jedoch im Vergleich zur Baustellenmontage ein Produkt von einem Werker komplett montiert. Dagegen werden Montageformen, die nach dem Flußprinzip organisiert sind, nach der Reihen- und der Fließmontage differenziert.

Bei der Reihenmontage bewegt sich das Montageobjekt ohne Taktzwang von Arbeitsstation zu Arbeitsstation. Die Gesamtmontage wird grob auf die einzelnen Arbeitsstationen aufgeteilt. Diese Organisationsform ermöglicht gegenüber der Einzelplatzmontage eine Spezialisierung der Mitarbeiter auf bestimmte Tätigkeiten und wird zumeist im Bereich der Klein- und Mittelserienmontage eingesetzt (*Bullinger 1993, Bick 1991, Spur 1986*). Bei der Fließmontage sind die Arbeitsstationen so angeordnet, daß die Reihenfolge der Stationen mit der Montagevorgangsfolge übereinstimmt und eine zeitliche Abhängigkeit zwischen den Stationen durch laufend ankommende, zu bearbeitende und weiterzugebende Werkstücke vorliegt (*Bullinger 1993, Sandner 1994*). Hinsichtlich des Bewegungszustandes der Montageobjekte während der Montage kann nach einer stationären und einer kontinuierlichen Fließmontage unterschieden werden.

Bei der kontinuierlichen Fließmontage wird der Montageprozeß am stetig bewegten Montageobjekt ausgeführt. Durch die zeitliche Bindung des Materialflusses können Störungen an einzelnen Arbeitsstationen einen Stillstand des gesamten Montagesystems verursachen. Diese Instabilität ist ein spezifischer Nachteil dieser Organisationsform. Diese sogenannte Fließbandarbeit wird häufig als kooperative Arbeitsform in der Automobilindustrie eingesetzt.

Stationäre Fließmontagen und Taktstraßenmontagen sind wie die Reihenmontage durch bewegte Montageobjekte und stationäre Arbeitsplätze gekennzeichnet. Sie weisen jedoch im Gegensatz dazu einen definierten Arbeitsinhalt auf und unterscheiden sich ausschließlich in der Taktbindung des Weitertransports der Montageobjekte. Bei der stationären Fließmontage erfolgt der Weitertransport eines Montageobjektes nach Beendigung des Montageprozesses, unabhängig vom Gesamtsystem, da die einzelnen Stationen voneinander entkoppelt sind. Im Gegensatz dazu ist die Taktstraßenmontage meistens automatisiert und für ein bestimmtes Produkt ausgelegt. Die Montageobjekte können erst weitertransportiert werden, wenn die Montageprozesse in allen Stationen ausgeführt sind. Damit ist es die starrste Form der Fließmontage (*Bick 1991, Bader 1986*).

Bei der kombinierten Fließmontage sind die einzelnen Stationen wie in der stationären Fließmontage voneinander entkoppelt. Die Montage erfolgt am stationären Montageobjekt. Sowohl die Montageobjekte als auch das Montagepersonal bewegen sich jedoch periodisch von Arbeitsstation zu Arbeitsstation. Die Verbreitung dieser Organisationsform, insbesondere als konsekutive Arbeitsform, ist aus der vorliegenden Literatur nicht zu entnehmen.

Demnach lassen sich Fließmontagen nach einem weiterem Gliederungsmerkmal, nämlich der Art der Förderung des Montageobjektes, unterscheiden. Die Förderung des Montageobjektes ist für die Sicherstellung des Arbeitsablaufs erforderlich und kann manuell, manuell-mechanisch oder mechanisch erfolgen. Sie wird von technischen Einrichtungen, den Verkettungsmitteln übernommen. Mit der Verkettung ist der Begriff Entkopplung, der in Kapitel 4.1.2 näher beschrieben werden wird, eng verbunden. Die Verkettung von Montagearbeitsplätzen kann dabei nach:

- fester und flexibler Verkettung sowie nach
- starrer, elastischer und loser Verkettung

unterschieden werden.

Eine feste Verkettung hat einen Zwangsablauf bei der Durchführung der Montageaufgabe zur Folge; bei einer flexiblen Verkettung hingegen kann die Reihenfolge der einzelnen Montagetätigkeiten verändert werden.

Je nachdem wie abhängig aufeinanderfolgende Montagestationen voneinander sind, wird zwischen starrer, elastischer und loser Verkettung unterschieden (*Janisch 1979, Warnecke 1984*). Bei einer starren Verkettung der einzelnen Montagearbeitsplätze führt jede Störung einer Station zum Stillstand des gesamten Montagesystems. Bei einer elastischen Verkettung sind die einzelnen Montagearbeitsplätze so voneinander entkoppelt, daß ein kurzfristiger Stationsausfall nicht sofort zum Blockieren der vorgelagerten bzw. zu Folgestillständen bei nachgeordneten Stationen führt. Als lose verkettet werden Montagesysteme bezeichnet, wenn sich der Ausfall einer Montagestation nicht auf die übrigen Stationen im System auswirkt (*Bullinger 1993*).

4.1.2 Strukturierung der Arbeit und Entkopplung der Mitarbeiter

Die traditionelle Organisationslehre der Ingenieurwissenschaft baut auf dem Prinzip der Arbeitsteilung auf (*Hilf 1976, Mann 1984*). Die konsequente Anwendung der Arbeitsteilung führte bei der Serienfertigung zur Fließbandarbeit. Im Zuge der Mechanisierung wurden immer mehr Arbeitsstationen der Fließbänder automatisiert, wobei sich die Anzahl der manuellen Arbeitsstationen stetig verringerte. Diese Entwicklung hatte zur Folge, daß Arbeitspersonen an vereinzelt noch vorhandenen manuellen Arbeitsstationen arbeiten und dabei kurzzyklische, taktgebundene Arbeiten bei verstärkter sozialer Isolation ausführen (*Mann 1976*).

Als sich Sozialwissenschaftler in stärkerem Maße der Industrie annahmen, kamen Alternativen zu dieser Arbeitsorganisation und der Aufgabengestaltung ins Gespräch. Psychologen regten die Gestaltung ganzheitlicher Aufgabenstellungen und das Schaffen eines Handlungsspielraums an (*Ulich 1973*). Die Infragestellung der herkömmlichen Arbeitsorganisation durch Sozialwissenschaftler und die neu entwickelten Organisationsformen wurden von Ingenieuren aufgegriffen (*Rühl 1973*). Es zeigte sich, daß sich die Alternativen zum Fließband durch eine hohe betriebliche Flexibilität auszeichneten (*Mann 1976*). Ferner wurde erkannt, daß durch die Anwendung weiterentwickelter Organisationsprinzipien zusätzliche Produktivitätsreserven erschlossen werden können. Differenzierende Wirtschaftlichkeitsbetrachtungen und Nutzwertanalysen wiesen die Vorteile neuer Arbeitsorganisationen nach (*Metzger 1977*).

Dazu werden im folgenden die Strukturierungsprinzipien der Aufgabengestaltung, die Arbeitsteiligkeit und der Handlungsspielraum, sowie die Entkopplung als einer der Voraussetzungen näher untersucht.

4.1.2.1 Arbeitsteiligkeit

Die arbeitsteilige Ausführung von Vorhaben ist die Grundlage eines jeden Leistungserstellungsprozesses in der Gesellschaft, sobald das Vorhaben die quantitative und qualitative Kapazität eines einzelnen überschreitet. Die Arbeitsteilung ermöglicht die Entwicklung der industriellen Produktion von Gütern und bedeutet die Verteilung eines Arbeitsvolumens nach Menge und/oder Art auf mehrere Arbeitspersonen und/oder Arbeitsstationen (Abb. 4.1-2).

Bei der Mengenteilung muß der einzelne Mitarbeiter große Arbeitsumfänge beherrschen, die ihm zugleich eine individuelle Leistungsentfaltung ermöglichen. Dadurch ist eine hohe Flexibilität in Bezug auf Mengen- und Personalkapazitätsschwankungen sowie die zu produzierenden Varianten gegeben. Im Gegensatz dazu kann durch Artteilung unter Arbeitspersonen eine Spezialisierung und damit ein höherer Wirkungsgrad erreicht werden. Eine zunehmende Artteilung kann jedoch auch zu Nachteilen führen. Im Einzelfall ist zum einen ein Kompromiß durch Mischformen aus art- und mengenteiligen Kapazitätseinheiten und zum anderen eine situationsbedingte Anpassung zwischen arbeitsteiliger und ganzheitlicher Arbeitsausführung zu suchen.

Mengenteilung	Artteilung

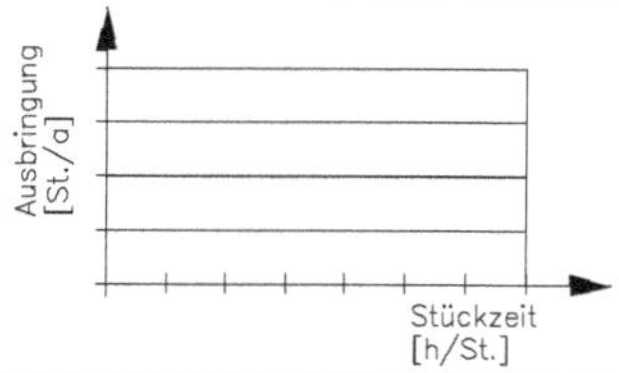

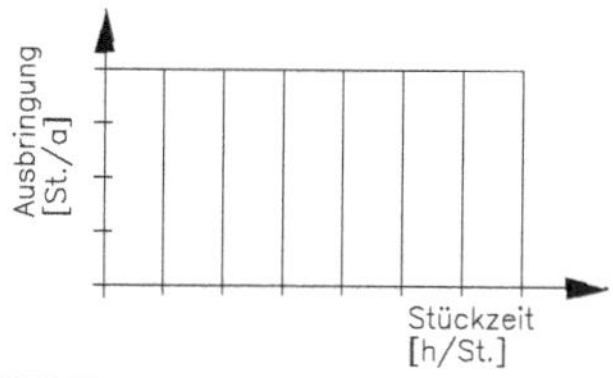

Merkmale	**Merkmale**
- Große Arbeitsumfänge (Tätigkeits- und Handlungsspielraum)	- Kleine Arbeitsumfänge (schnelle Einarbeitung, große Einübung)
- Möglichkeiten zur individuellen Leistungsentfaltung und Belastungswechsel	- Einseitige Belastung und Gefahr der Monotonie
- Geringe Störungsauswirkungen	- Hohe Störungsauswirkungen bei fehlender Personalkapazität
- Kurze Durchlaufzeiten	- Ungünstiges Verhältnis von Haupt- zu Nebentätigkeitszeiten
- Hohe Flexibilität bezüglich - Mengen- und Personalkapazitätsschwankungen - Varianten und Typen - Geringe Umrüst- und Umtaktungsaufwände	- Geringe Flexibilität bezüglich Varianten und Typen
- Hohe Investitionen für Vorrichtungen	- Hohe Auslastung der Betriebsmittel und damit die Möglichkeit zur Mechanisierung

Abb. 4.1-2: Charakteristische Merkmale von Art- und Mengenteilung (Bullinger 1993)

4.1.2.2 Handlungsspielraum

Untersuchungen zeigen, daß Arbeitspersonen, die durch das Einbringen ihrer spezifischen Kenntnisse und Fähigkeiten in den Leistungserstellungsprozeß einen größeren Handlungsspielraum erhalten, eine höhere Produktivität aufweisen (*Ellinger 1970*); d.h. durch die differenzierende Tätigkeits-, Entscheidungs- und Kontrollspielräume können Leistungsressourcen erschlossen werden. Nach *Ulich* (1973) entsteht Handlungsspielraum als Resultat von Tätigkeits-, Entscheidungs- und Kontrollpotentialen.

Der Tätigkeitsspielraum bezieht sich auf den Umfang der Tätigkeiten, wobei durch das Zusammenstellen gleichartiger Tätigkeiten ein größerer Arbeitsumfang, also eine Arbeitserweiterung erreicht wird (Abb. 4.1-3). Der Entscheidungsspielraum bezieht sich auf den Umfang der bei einer Arbeitstätigkeit möglichen Entscheidungen. Eine

Zusammenstellung von Aufgaben mit unterschiedlichen Anforderungen stellt eine Bereicherung der Arbeit dar.

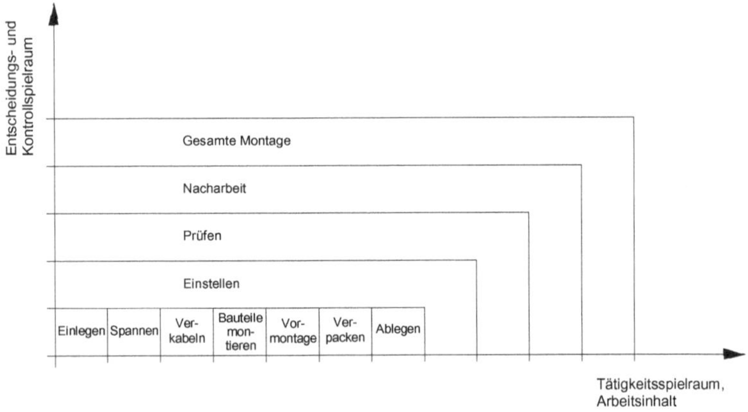

Abb. 4.1-3: Entstehung von Handlungsspielraum

Wenn der Umfang der Arbeit in der Art und Weise festgelegt wird, daß ein ganzheitliches Erzeugnis oder ein Produktionsauftrag vorgegeben ist, liegt eine komplexe Arbeitsstruktur vor (*Mann 1984*). Die Bestimmung des Handlungsspielraums bleibt jedoch unvollständig, wenn nicht eine grundsätzliche Problemstellung der menschlichen Arbeit, nämlich die hierzu erforderlichen Qualifikationen, berücksichtigt werden (siehe Kapitel 4.2). Die konkrete Ausgestaltung des Dispositionsspielraumes stellt somit jeweils das Ergebnis des Entwicklungsstands einer Arbeitsstruktur dar (*Bullinger 1993*).

4.1.2.3 Entkopplung

Das Prinzip der Entkopplung stellt ein elementares Prinzip moderner Arbeitsorganisationen dar. Sowohl *Reger* (1976) als auch *Knoll* (1976) stellen sie als Maßnahme zur Weiterentwicklung bisheriger Arbeitsorganisation in den Vordergrund, wobei sie besonders die Kombination mit vorhandenen Lösungsmöglichkeiten berücksichtigen. Deshalb soll nachfolgend der Begriff „Entkopplung" näher betrachtet werden.

Maßnahmen zur Entkopplung sind als eine wesentliche Voraussetzung für eine Bereicherung und Erweiterung der Arbeitsstruktur zu verstehen. Durch sie entstehen Handlungsspielräume in beiden Dimensionen. Das Ziel der Entkopplung ist, den Mitarbeiter von der Bindung an technische Abläufe oder die Arbeitsgeschwindigkeit von Kollegen zu lösen. Entkopplungsmaßnahmen können dabei nicht nur zeitlich sondern auch räumlich wirken (*Bullinger 1993*). Eine Entkopplung empfiehlt sich aus zeitwirtschaftlicher, ablauftechnischer, arbeitsphysiologischer und arbeitspsychologischer Sicht. Das Prinzip der Entkopplung lenkt den Blick auf die Reihenfertigung, die keine zeitliche Bindung der Arbeitsstationen aufweist, wobei entkoppelnde Puffer zwischen den Arbeitsstationen dennoch das Fließprinzip gewährleisten.

In Hinsicht auf den zeitwirtschaftlichen Aspekt ist zu erwähnen, daß Arbeitsstationen zeitlich aufeinander abgestimmt werden müssen. Da einerseits die Arbeitsumfänge und die Betriebsmittel an den Arbeitsstationen und andererseits die Prozeßzeiten der Betriebsmittel abgestimmt werden müssen, ist die Planungsphase bereits mit Aufwand verbunden. Nach der Inbetriebnahme der Montagelinie beginnt die Abstimmung von neuem, indem sich z.B. unvorhergesehene Änderungen am Produkt als notwendig erweisen. Erfolgt die Abtaktung nicht konsequent, entstehen hohe Verlustzeiten als Taktausgleichszeiten (vgl. Kapitel 7.5.2.3).

Bedingt durch die Vielzahl an Einflußfaktoren treten in unregelmäßigen Abständen Störungen im Betriebsgeschehen auf. Die Störungen betreffen sowohl das Produkt als auch das Arbeitspersonal, wobei die Wartezeiten bei der Fließproduktion nicht nur an der gestörten, sondern auch an allen weiteren Arbeitsstationen hervorgerufen werden. Bei der entkoppelten Fließform treten diese erst dann auf, wenn der Füllstand der Puffer zwischen der gestörten Arbeitsstation und der vor- bzw. nachgelagerten Arbeitsstation die Störzeit nicht überbrücken kann. Deshalb ist aus ablauftechnischer Sicht eine Entkopplung vorzunehmen.

Die Kurve der physiologischen Leistungsbereitschaft zeigt, daß die Leistung jeder Arbeitsperson über den Arbeitstag hinweg starken Schwankungen unterliegt und die Leistung intra- wie auch intervidueller Streuungen aufweisen kann. Aufgrund dieses arbeitsphysiologischen Sachverhaltes muß eine Entkopplung der einzelnen Mitarbeiter stattfinden. So wird die Erschließung der personellen Gesamtproduktivität des Systems als Gesamtergebnis der einzelnen Mitarbeiterproduktivität gewährleistet (*Mann 1984*).

Aus arbeitspsychologischen Gründen weist *Euler* (1977) auf die Notwendigkeit hin, die ablauftechnischen Bindungen der Arbeitspersonen aufzuheben, wenn initiatives Verhalten der Mitarbeiter erwartet wird. Die Entkopplung von technischen Abläufen schafft darüber hinaus die Voraussetzungen, um Arbeitspersonen neben direkt produktiven auch indirekt produktive Tätigkeiten und damit – falls es die betrieblichen und die personalen Gegebenheiten ermöglichen – individualisierte Arbeitsaufgaben zu übertragen. Ferner ist auf diese Weise die Voraussetzung geschaffen, eine höhere psychische Leistungsbereitschaft – sei es temporär oder von Dauer – in höhere Leistung umzusetzen.

Eine Entkopplung läßt sich je nach Zielsetzung mit unterschiedlichen Gestaltungslösungen durchführen. Grundsätzlich kann dabei nach *strukturellen, organisatorischen und technischen* Lösungen unterschieden werden. Konkrete Lösungen für den Praxiseinsatz entstehen dabei durch die Kombination verschiedener Lösungsprinzipien (*Bullinger 1993*).

Bei der *strukturellen Lösung* wird durch das Schaffen paralleler Montageplätze bzw. -abschnitte versucht, eine Reduzierung der Arbeitsteilung zu erreichen (Abb. 4.1-4). Ein indirekter Vorteil der Mengenteilung gegenüber der Artteilung besteht in den zwangsläufig längeren Arbeitsinhalten bei gleichem Gesamtarbeitsumfang (*Wucherpfennig 1978*).

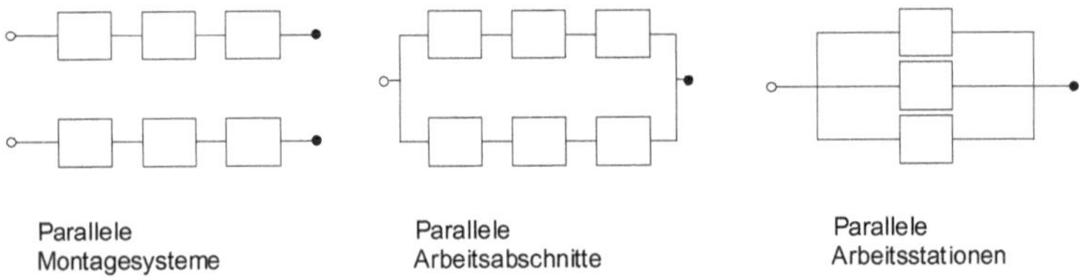

Abb. 4.1-4: Strukturelle Lösungen zur Entkopplung (Bullinger 1993)

Eine *organisatorische* Möglichkeit der *Entkopplung* stellt der Einsatz eines Springers dar. Ein Springer übernimmt den Montagearbeitsplatz eines Mitarbeiters, dessen Arbeitsplatz direkt an einen nachfolgenden Arbeitsplatz gekoppelt ist. Damit kann dieser seine persönlichen Verteilzeiten in Anspruch nehmen oder aber sein Arbeitstempo in dieser Zeitdauer senken. Diese Entkopplung kann nur über den bestimmten Zeitraum der Ablösung aufrechterhalten werden. Außerdem ist ein Springer zumeist für mehrere Arbeitsplätze gleichzeitig zuständig. Eine tatsächliche Entkopplung der Arbeitsplätze kann nur eingeschränkt erfolgen, da der Springer den Mitarbeiter nur kurzfristig aus dem Montageprozeß herauslöst. Als nachteilhaft erweisen sich die Lohnkosten für einen Springer, der – aufgrund der Beherrschung großer Arbeitsumfänge – einen höheren Lohn erhält. Darüber hinaus kann er trotz niedriger Auslastung nur bedingt dispositive Aufgaben übernehmen. Eine weitere organisatorische Form der Entkopplung ist die Montage mit variablem Arbeitsumfang. Dabei wird der Gesamtumfang der Montageaufgabe eines Produkts in eine ungerade Zahl von Teiltätigkeiten zerlegt. Die Tätigkeiten mit gerader Nummer werden für jeweils zwei benachbarte Arbeitsplätze vorgesehen. Abhängig vom momentanen Leistungsgrad eines Mitarbeiters kann eine Variation des Arbeitsumfanges im Verlauf der Montage durchgeführt werden, indem wechselweise die Aufgaben der Tätigkeiten mit ungerader

Nummer abgearbeitet werden (*Bullinger 1993*). Eine Voraussetzung zum Einsatz dieses Prinzips ist die Schaffung entsprechend umfangreicher und separater Teilvorgänge. Nach einer erforderlichen Einarbeitungsphase können die separaten Teilvorgänge von den Mitarbeitern selbständig ausgetauscht werden und erhalten dadurch einen kleinen Freiraum. Diese kurzfristigen Entkopplungen setzen eine hohe Kooperationsbereitschaft der Mitarbeiter voraus und stellen somit erhöhte Anforderungen an die Organisation.

Als technische Lösung ist eine Entkopplung durch den Einsatz von Puffern zu bezeichnen. Puffer sind ein wesentliches Gestaltungselement zur materialflußtechnischen Entkopplung von Montagestationen. Die Puffer können dabei vor, zwischen oder nach den Stationen angeordnet sein und übernehmen außerdem eine Speicherfunktion (*Bullinger 1993*). Hierbei nimmt der Puffer Material auf und gibt es wieder ab, wobei sowohl die zu- und abfließenden Mengen als auch die Intervalle der Materialflußströme sich kurzfristig unterscheiden können. Über einen größeren Zeitraum hinweg müssen jedoch Zu- und Abflußmenge gleich sein. Mit der entsprechenden Aufnahmekapazität eines Puffers ergibt sich ein Maß für die Zeitdauer der Entkopplung.

Entsprechend der unterschiedlichen Prozeß- und Organisationsformen in der Montage, lassen sich verschiedene Möglichkeiten zur Untergliederung von Pufferfunktionen vornehmen. In Abb. 4.1-5 wird der Zusammenhang zwischen der Pufferfunktion und den Organisationsformen verdeutlicht.

In Montagesystemen mit manuellen Montagearbeitsplätzen und geringem Mechanisierungsgrad müssen insbesondere schwankende Bearbeitungszeiten sowie unterschiedliche persönliche Verteilzeiten – bedingt durch unterschiedliches Pausenverhalten der Mitarbeiter ausgeglichen werden. Hierbei ermöglichen Verkettungspuffer eine weitgehend freie Leistungsentfaltung der Mitarbeiter. Dabei werden auch inter- und intravidueIle Leistungsschwankungen ausgeglichen. Sortierpuffer können sowohl zur Reihenfolgesteuerung lohnintensiver Modellmixmontage als auch bei der Zielsteuerung variantenspezifischer Teile in verzweigten Systemen eingesetzt werden (*Bader 1986*).

Bei kapitalintensiven Fließmontagen sind zur Erhöhung des Nutzungsgrades Störungspuffer zwischen den einzelnen miteinander verketteten Automatikstationen einzusetzen. Dabei nimmt der vorgelagerte Puffer die ankommenden Werkstücke während der Ausfallzeit auf, der nachgelagerte Puffer gibt währenddessen Werkstücke ab.

Alle aufgezeigten Aspekte heben auf Flexibilität und Produktionszuwachs ab. Das Entkopplungsprinzip durch den Einsatz von Puffern stellt aus dieser Sicht jedoch eine konsequente Fortsetzung bzw. Weiterführung der Arbeitsteiligkeit dar. Die Arbeitspersonen können entsprechend ihrer spezifischen Eigengesetzlichkeiten besser zur Wirkung kommen und eine höhere Produktivität hervorbringen. Sie können sich jedoch durch eine lediglich relative Unabhängigkeit von technischen Abläufen nur bedingt in ihrer Leistung entfalten. Durch die endliche Speicherkapazität der Pufferlösungen entsteht nur bedingt Handlungsraum (*Mann 1984*).

	Reihen-montage	Fließ-montage (lohnintensiv)	Fließ-montage (kapitalintensiv)	Montageinsel
Vorratspuffer	●			●
Verkettungspuffer		●		
Sortierpuffer		●		
Störungspuffer			●	

Abb. 4.1-5: Zusammenhang Organisationsform–Pufferfunktion (Bullinger 1993)

4.1.2.4 Kopplung

Bei der Diskussion der Organisationsformen wurde festgestellt, daß eine zeitliche Bindung des Materialflusses die Störanfälligkeit beeinflusst. Deshalb müssen bestehende Abhängigkeiten zwischen einzelnen Arbeitsstationen und Montagemitarbeitern durch entsprechende Kopplungsbeziehungen berücksichtigt werden. Die Kopplungsbeziehungen können sowohl bezüglich Kopplungsart als auch Kopplungstyp unterschieden werden.

Hinsichtlich der Kopplungsart kann abhängig vom Charakter und Arbeitsteilung der Montageaufgabe nach kooperativer und nach konsekutiver Kopplung differenziert werden. Die kooperative Kopplung erfordert das gleichzeitige Zusammenwirken mehrerer Mitarbeiter bei der Aufgabenerfüllung. Bei einer konsekutiven Kopplung können die in einem Montagesystem arbeitenden Personen die Teilaufgaben prinzipiell unabhängig voneinander ausführen. Aufgrund prozeßtechnischer Notwendigkeiten können jedoch weiterhin zwei aufeinanderfolgende Montagetätigkeiten gekoppelt sein.

Eine weitere Differenzierung kann im Hinblick auf den Kopplungstyp getroffen werden. Dabei lassen sich folgende Typen gegeneinander abgrenzen:

- Mensch-Mensch-Kopplung
- Mensch-Maschine-Kopplung
- Maschine-Maschine-Kopplung.

4.1.2.5 Getrennte Dimensionierung der technischen und personellen Kapazität

Arbeitssysteme, bei denen keine ablauftechnische Bindung von Mensch und Betriebsmittel besteht, können mit weniger Arbeitspersonen betrieben werden als Arbeitsstationen installiert sind. Solche Systeme sind mehrfach dimensioniert: zum einen für die technische, maximale Kapazität zur Festlegung der Zahl der Arbeitsstationen, zum anderen bei der Festlegung der personellen, aktuell erforderlichen Kapazität. Die Unabhängigkeit der personellen von der technischen Kapazität ermöglicht eine variable Belegung der Arbeitssysteme – entweder nach der Verfügbarkeit des Personals oder nach dem Bedarf an zu produzierenden Erzeugnissen. Dies ist z.B. durch die Schaffung von Parallelarbeitsplätzen und dem Einsatz entsprechender Organisationsformen (vgl. Kapitel 4.1.1) mit ganzheitlichen Aufgabenstellungen realisierbar.

Weiterführende Leistungsfaktoren, die in einem verstärkten Zusammenhang mit der Arbeitsperson selbst stehen, d.h. mit ihrer Qualifikation und ihrem Leistungswillen, werden in den nachfolgenden Kapiteln betrachtet.

4.2 Qualifikation und Qualifizierung „Können"

Neben dem „Dürfen", als Gestaltung der Arbeitsorganisation, stellt das „Können", als Qualifikation des eingesetzten Personals, eine weitere zentrale Komponente des personellen Leistungsgedankens dar. Qualifizierte Mitarbeiter spielen eine entscheidende Rolle bei der Produktivität und Flexibilität in der Montage. Deshalb müssen Maßnahmen ergriffen werden, die zum einen die Mitarbeiter höher qualifizieren und zum anderen diese qualifizierten Mitarbeiter in der Montage halten (*Bullinger 1993*). Dazu sollen zunächst die Einflußfaktoren und die Anforderungen an die Qualifikation der Mitarbeiter näher untersucht werden, um in einem zweiten Schritt geeignete Qualifizierungsstrategien zu entwickeln.

4.2.1 Qualifikationsanforderungen

Qualifikation in einem Unternehmen wird durch folgende Punkte bestimmt:

- das gegebene Qualifikationsangebot der vorhandenen Mitarbeiter
- die Qualifikationsanforderungen aufgrund bestehender Arbeitsorganisationsformen
- die Qualifikationsanforderungen aufgrund der eingesetzten Technik.

Durch den Abgleich von Qualifikationsanforderungen und dem Qualifikationsangebot in einem Unternehmen entsteht ein entsprechender Qualifikationsbedarf (Abb. 4.2-1).

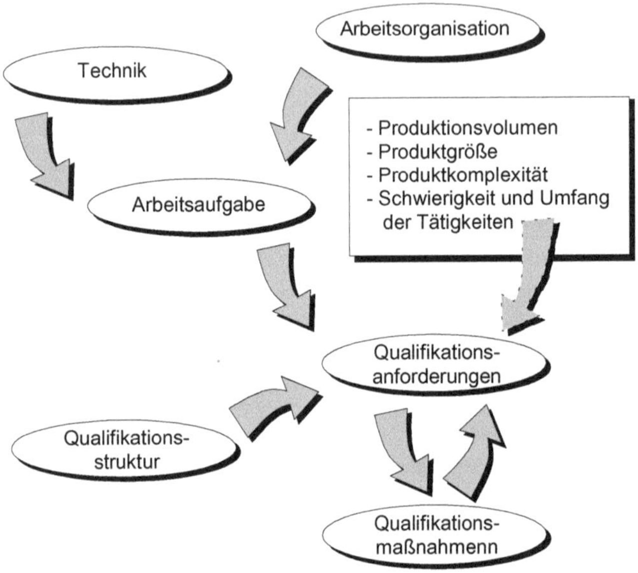

Abb. 4.2-1: Qualifizierungsbedarf aus Abgleich von Qualifikationsanforderungen und -angebot (Hauptmanns 1995)

Die Qualifikationsanforderungen aufgrund einer eingesetzten Arbeitsorganisation werden vor allem durch die Einflußfaktoren der Organisation festgelegt. Anhand des Produktionsvolumen wird festgelegt, ob das Unternehmen ein Massenfertiger oder aber ein Kleinserienfertiger ist. Das Produktionsvolumen bietet Ansätze zur Rationalisierung und bestimmt somit den Anteil manueller Tätigkeiten. Die Wahl der entsprechenden Organisationsform wird sowohl von der Produktgröße als auch von der Komplexität eines Produkts bestimmt (*Schmidt 1990*). In Verbindung von Produktionsvolumen, der Produktgröße, der Produktkomplexität, der Schwierigkeit und dem Umfang der Tätigkeiten ergibt sich die geforderte Arbeitsaufgabe eines einzelnen Mitarbeiters. Der Einsatz einer bestimmten Arbeitsorganisation kann daher mit unterschiedlichen Formen von Arbeitsteilung, Kontrolle und auch unterschiedlichen Qualifikationsstrukturen verbunden sein (*Lutz 1987*). Die verschiedenen Einflußgrößen bestimmen in direkter Weise die Organisationsform und damit die jeweiligen Qualifikationsanforderungen.

Aus der Einflußgröße „Umfang und die Schwierigkeit der Montagetätigkeiten“ ergeben sich auch direkte Anforderungen an die Qualifikation der Mitarbeiter.

Die Arbeitsaufgabe wird von der Arbeitsorganisation und von der Wahl der eingesetzten Technik bestimmt. Die Art der Technik ist jedoch davon abhängig, inwieweit eine automatisierungsgerechte Produktgestaltung vorliegt (*Seitz 1992*).

Die Herausforderungen und der Wandel der Markteinflüsse erfordern Managemententscheidungen, die sowohl auf eine Veränderung technischer als auch arbeitsorganisatorischer Strukturmerkmale ausgerichtet sein können. Beide Typen von Innovationen führen über veränderte Arbeitsaufgaben zu einem Wandel der Qualifikationsanforderungen. Dabei sind Innovation und Qualifikation interdependent, d.h. einerseits führen technische und arbeitsorganisatorische Innovationen zu veränderten Qualifikationsanforderungen, andererseits stellen höhere Qualifikationspotentiale eine günstige Voraussetzung für die Einführung technischer und arbeitsorganisatorischer Innovationen dar (*Bauerdick 1993*). Diese Interdependenzrelation ist allerdings nicht gleichzusetzen mit einem Determinismus zwischen Technik, Arbeitsorganisation und Qualifikation (*Hauptmanns 1995*).

Die steigende Variantenvielfalt bei den Produkten kann eine Automatisierung ausschließen, so daß der Schwerpunkt auf weitgehend manuelle Arbeitstätigkeiten zu setzen ist. Dies muß bei den Anforderungen an geeignete Qualifizierungsmaßnahmen für die personalintensive Montage berücksichtigt werden.

4.2.2 Qualifikationsstruktur

Das Qualifikationsangebot ergibt sich aus der Qualifikationsstruktur, d.h. aus der Qualifikation aller Mitarbeiter des Gesamtsystems Montage bezüglich deren ausgeübten Tätigkeiten bzw. deren Einsatzgebieten.

In der Personalausstattung der Montage ergibt sich ein Anteil gelernter zu angelernter Mitarbeiter (Abb. 4.2-2). Diese Facharbeiterquote ist ein geeignetes Maß nicht nur zur Identifikation der dominanten Mitarbeitergruppe in Betrieben, sondern auch generell als Indikator für die Höhe des Qualifikationsniveaus (*Hauptmanns 1995*). Durch Fluktuation unterliegt das Qualifikationsniveau ständig Veränderungen. Dadurch kristallisiert sich eine Kernmannschaft aus längerfristigen und ein sogenannter Randbereich aus kürzerfristigen Arbeitsverhältnissen heraus. Letztere dienen primär zur Überbrückung hoher Kapazitätsbedürfnisse.

Sowohl die Qualifizierungsstruktur als auch das Qualifizierungshandeln eines Betriebs sind als Resultate von Entscheidungsprozessen zu betrachten. Allerdings gibt es für den Bereich der Qualifikationsstruktur keine betrieblichen Zielvorgaben, wie z.B. X Prozent

Facharbeiter in einem Unternehmensbereich zu beschäftigen (*Bauerdick 1993*). Selbst wenn Zielvorgaben für eine hohe Prozentzahl an Facharbeitern gegeben wären, erscheint es trotz der momentan hohen Arbeitslosenzahlen unrealistisch, den Bedarf an bereits entsprechend qualifiziertem Personal auf dem Arbeitsmarkt rekrutieren zu können.

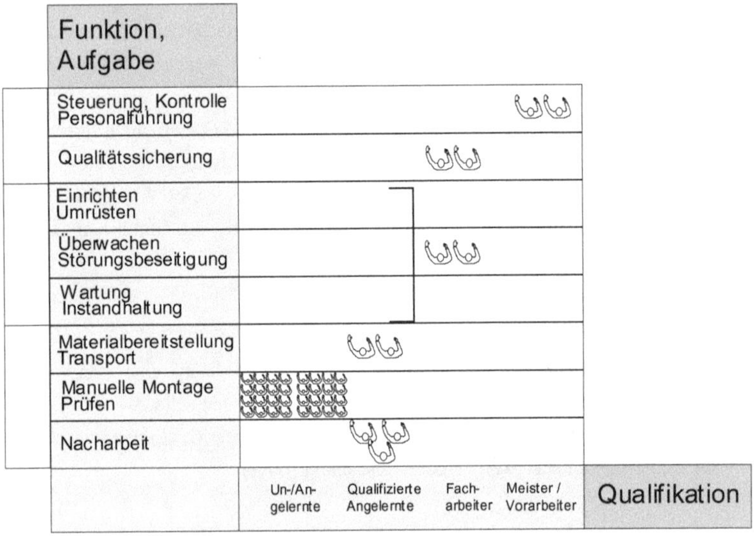

Abb. 4.2-2: Darstellung der Qualifikationsstruktur eines tayloristischen Fallbeispiels (Seitz 1992)

Die bestehende Qualifikationsstruktur ist als ein wesentlicher Faktor bei der Gestaltung moderner Arbeitsformen anzusehen. „Ob nämlich ein Betrieb in der Lage ist, eine Personalstruktur und eine Arbeitsorganisation der qualifizierten Produktionsarbeit zu realisieren, hängt in erheblichem Umfang von Einflußgrößen ab, die nichttechnischer Natur sind und die überwiegend außerhalb der kurzfristigen Beeinflußbarkeit des einzelnen Betriebes liegen" (*Lutz 1990*, S. 81ff). Die bestehende Qualifikationsstruktur wirkt daher auf Veränderungen strukturkonservierend. Das bedeutet jedoch nicht, daß jede arbeitsorganisatorische Entwicklung zwingend an nur eine bestimmte Ausgestaltung der Qualifikationsstruktur gekoppelt ist. Allerdings ist von einem engen Zusammenhang zwischen Arbeitsorganisation und Qualifikationsstruktur auszugehen (*Hauptmanns 1995*).

Zur gezielten Visualisierung der Qualifikation der einzelnen Mitarbeiter empfiehlt sich eine weitere Matrix, die sogenannte Mitarbeiter-Tätigkeits-Matrix. Dazu werden alle anfallenden Tätigkeiten (T) eines Teilsystems der Montage erfaßt und in der Rechtswertachse einer Matrix aufgetragen. In der Hochwertachse werden alle Mitarbeiter (MA) des betrachteten Systems eingetragen. Durch einen paarweisen Vergleich der Tätigkeiten und der Mitarbeiter läßt sich erfassen, welche Umfänge der einzelne Mitarbeiter momentan in einem System beherrscht. Dazu werden die einzelnen Tätigkeiten in der Zeile eines jeden Mitarbeiters markiert (Abb. 4.2-3).

	T 1	T 2	T 3	T 4	T 5	T 6	T 7
MA 1	X			X			X
MA 2		X	X		X		X
MA 3	X						
MA 4	X	X	X	X		X	
MA 5			X	X		X	
MA 6	X	X					
MA 7				X	X		

Abb. 4.2-3: Mitarbeiter-Tätigkeits-Matrix (Hechl 1995)

Der Abgleich des Qualifikationsbedarfs, der sich aufgrund der eingesetzten Technik und der eingeführten oder aber noch einzuführenden Organisationsform ergibt, mit der vorhandenen Qualifikationsstruktur der Montage, zeigt den Bedarf an Qualifikationsmaßnahmen auf. Mit Hilfe einer gezielten Visualisierung der vorhandenen Qualifikationen werden die Entscheidungsgrundlagen für weitere Qualifizierungsstrategien und -maßnahmen gebildet.

4.2.3 Veränderung der Qualifikationsanforderungen

Die Anpassung des betrieblichen Qualifikationsniveaus an veränderte Qualifikationsanforderungen kann prinzipiell über zwei Wege erfolgen:

- über den externen Arbeitsmarkt, d.h. durch die Einstellung entsprechend qualifizierter Mitarbeiter oder

- über vorhandenes Personal durch innerbetriebliche Qualifizierungsmaßnahmen in Hinblick auf die Anforderungen.

Insbesondere der Bedarf an qualifizierten Facharbeitern ist, wie bereits erwähnt, auf dem externen Arbeitsmarkt nur äußerst unzureichend abzudecken. Dadurch sind bereits von der Angebotsseite offensichtlich enge Grenzen gesetzt. Außerdem ist die Rekrutierung neuen Personals, selbst wenn es verfügbar ist, für die Betriebe mit zusätzlichen Kosten verbunden. Zum einen ist durch die zusätzlichen Lohnkosten mit einer Erhöhung des betrieblichen Fixkostenblocks zu rechnen, zum anderen fallen mit der Einstellung zusätzliche Kosten an, sowohl ex-ante als Suchkosten vor der Rekrutierung als auch ex-post als Anlern- und Einarbeitungskosten. Als Entscheidungsgrundlage für oder gegen eine Einstellung stehen dem Unternehmen meist nur begrenzt Informationen wie Schul- oder Ausbildungszertifikate als Beleg für die fachliche Qualifikation sowie Zeugnisse früherer Arbeitgeber als Auskunft über seine fachlichen und sozialen Fähigkeiten zur Verfügung. Damit ist die Rekrutierung von Mitarbeitern nicht nur mit zusätzlichen Kosten, sondern auch mit hohen Unsicherheiten über den zu erwartenden Nutzen behaftet (*Hauptmanns 1995*).

4.2.3.1 Qualifizierungsstrategien

Die erhöhten Kosten und hohe Unsicherheiten bei Neueinstellungen legen eine primäre Nutzung des innerbetrieblichen Arbeitsmarktes nahe. Da Chancen auf diesem Arbeitsmarkt nur Arbeiter besitzen, über die in der Entscheidungsebene im Betrieb positive Informationen in Bezug auf Qualifikation, Leistungsvermögen und Anpassungsvermögen vorliegen, resultiert daraus ein betriebsinterner Konkurrenzkampf, der den Arbeitsmarkt segmentiert und differenziert. „Es bilden sich Kern- und Randbelegschaften heraus, deren Trennungslinie entlang der Qualifikation und Leistungsfähigkeit verläuft“ (*Widmaier 1992*, S. 244). Diese Differenzierung in Kern- und Randbelegschaft führt zu teils relativ stabilen Arbeitsverhältnissen mit den entsprechenden Aufstiegschancen im Kern und relativ instabilen Beschäftigungsverhältnissen im Randbereich. In Abhängigkeit von der konjunkturellen Situation kann dann von den Betrieben das Volumen des instabilen Randbereichs variiert werden, während der Kernbereich weitgehend unangetastet bleibt. In diesem Bereich erfolgen verstärkt Investitionen in die Aus- und Weiterbildung des Personals (*Frank 1991*).

Der zuvor beschriebenen Segmentierungsstrategie steht eine Qualifizierungsstrategie gegenüber, die als Homogenisierungsstrategie bezeichnet werden kann. Ihr Ziel ist die Homogenisierung bzw. Angleichung von Qualifikationen. Dies wird insbesondere bei neueren Arbeitsorganisationsformen diskutiert. Hierbei findet nicht nur eine verstärkte Qualifizierung weniger qualifizierter Mitarbeiter statt. Diese Strategie läßt Betriebe einen sinnvollen Weg gehen, der den Abbau von funktionaler, hierarchischer und fachlicher Arbeitsteilung bedeutet (*Lutz 1990*).

Der oft einzige Weg zum Erlangen zusätzlicher Kenntnisse besteht für die Gruppe von an- und ungelernten Arbeitskräften, in diesem Fall, in der Einweisung und „training on the job“. Dies führt zu einer weitgehend gleichen Verteilung der neuen Kenntnisse bei den betroffenen Mitarbeitern (*Hauptmanns 1995*).

4.2.3.2 Entscheidung über Leistungs- und Lernfähigkeit

Bei der Auswahl von Teilnehmern für Qualifizierungsmaßnahmen sind die bereits vorhandenen Kenntnisse der Mitarbeiter von entscheidender Bedeutung. Das Ziel von Qualifizierungsmaßnahmen muß es aus betrieblicher Sicht sein, möglichst schnell und effektiv neue Qualifikationen in den Betrieb zu bringen und für den betrieblichen Alltag nutzbar zu machen.

Dieses Ziel hat zwei Implikationen: Zum einen ist der Kenntnisstand der Mitarbeiter relevant, auf dem eine zusätzliche Schulung (Qualifizierung) aufbauen kann, zum anderen müssen Informationen über diese Kenntnisse und über die Lernfähigkeit der Mitarbeiter vorhanden sein, um diejenigen selektieren zu können, für die eine spezifische Maßnahme die größte Wahrscheinlichkeit für einen Qualifizierungserfolg bietet. Diese Kenntnisse sind aber um so stärker mit Lücken versehen, je weiter die Entscheidung von der Produktion entfernt getroffen wird. Je näher die Auswahl der Mitarbeiter in Produktionsnähe getroffen wird, desto größer ist die Wahrscheinlichkeit, daß solche Informationen vorhanden sind (*Hauptmanns 1995*).

4.2.3.3 Bereitschaft zur Weiterbildung

Generell kann erst einmal unterstellt werden, daß zusätzliche Qualifizierung zumindest keine negativen Folgen für Mitarbeiter hervorrufen und von diesen daher allgemein positiv bewertet werden sollte. Hauptsächlich werden aber bereits höher qualifizierte Mitarbeiter für weitere Qualifizierungsmaßnahmen ausgewählt. Dafür ist vor allem das zum Teil mangelnde Interesse der weniger qualifizierten Mitarbeiter verantwortlich, da bei Arbeitnehmern durchaus Tendenzen bestehen, zusätzliche Qualifikationen und Verantwortung abzulehnen, um nicht dadurch einer höheren psychischen oder physischen Belastung ausgesetzt zu werden. Für den Mitarbeiter ist die Qualifizierung ein Aufwand, der nur dann von Interesse ist, wenn er mit der Möglichkeit zu beruflichem Aufstieg oder zumindest geänderten mit oft verbesserten Arbeitsbedingungen und Verdienstmöglichkeiten verbunden ist (*Eichener 1993*). Darunter sind z.B. auch flexible Arbeitszeiten in der Produktion zu nennen. Die

Möglichkeit des beruflichen Aufstiegs ergibt sich aber oft nur dann, wenn sich der Mitarbeiter durch die Teilnahme an den Maßnahmen für weitere Aufgaben qualifiziert und somit einen Vorteil gegenüber anderen Beschäftigten gewinnt. Bei einer Qualifizierungshomogenisierung entfällt der Ansporn durch diesen Vorteil. In der Logik des rational handelnden Mitarbeiters müßte daher eine selektive Qualifizierungsstrategie des Betriebs wünschenswert sein (*Hauptmanns 1995*).

4.2.3.4 Qualifizierungsgerechte Arbeitsstruktur

Bei der Gestaltung von Qualifizierungsmaßnahmen, als Antwort auf verändernde Qualifikationsanforderungen, sind neben personellen Randbedingungen auch Anforderungen an die jeweilige Arbeitsgestaltung zu stellen.

Insbesondere im Rahmen überwiegend manueller Montagetätigkeiten ergeben sich für die Mitarbeiter mit der Ausführung neuer Arbeitsaufgaben nicht nur Möglichkeiten zur Bereicherung der Arbeit, sondern verstärkt zur Tätigkeitserweiterung.

Das Ziel der Mitarbeiterqualifizierung ist ein universell einsetzbarer Mitarbeiter, der die innere Flexibilität des Arbeitssystems erhöht. Dies erfordert eine systematische Qualifizierung durch schrittweise Hinzunahme von Arbeitstätigkeiten und eine damit verbundene Ausweitung der zu beherrschenden Montageumfänge. Ein solches Stufenmodell kann durch eine qualifizierungsgerechte Arbeitsstruktur unterstützt werden. Eine qualifizierungsgerechte Arbeitsstruktur ist grundsätzlich bei allen Gestaltungs- und Qualifizierungsmaßnahmen zu beachten. Dies bedeutet in letzter Konsequenz, dem Mitarbeiter eine in der Weise strukturierte Arbeit anzubieten, in der er zu Beginn eine einfache Arbeitsstruktur, im Anschluß durch Hinzunahme weiterer Tätigkeiten eine erweiterte und danach eine bereicherte Arbeitsstruktur, bis hin zur komplexen Arbeitsstruktur ausüben kann (Abb. 4.2-4).

Eine einarbeitungsgerechte Arbeitsstruktur liegt vor, wenn die Einarbeitung zur Bewältigung der Aufgabe durch eine lernlogische Zusammenstellung der Tätigkeiten erleichtert wird. Die Einarbeitung ist abgeschlossen, wenn der Mitarbeiter die Qualifikation im Einsatz bringen kann, die er bereits mitgebracht hat. Danach kann eine weitere Qualifizierung über eine qualifizierungsgerechte Arbeitsstruktur einsetzen. Eine qualifizierungsgerechte Arbeitsstruktur liegt vor, wenn sich eine Arbeitsperson in ein immer größeres Arbeitsgebiet Schritt für Schritt einarbeiten und dabei ihr Wissen und ihre Fähigkeiten weiterentwickeln kann. Eine qualifizierungsgerechte Arbeitsstruktur bedeutet eine Unterstützung bei der Qualifizierung der Mitarbeiter, um dadurch die Entfaltung ihres bislang ungenutzten Leistungspotentials zu erreichen (Abb. 4.2-5).

Dabei haben Mitarbeiter, die bereits hohe Umfänge beherrschen, ein größeres Potential, noch höher qualifiziertere Aufgaben zu übernehmen.

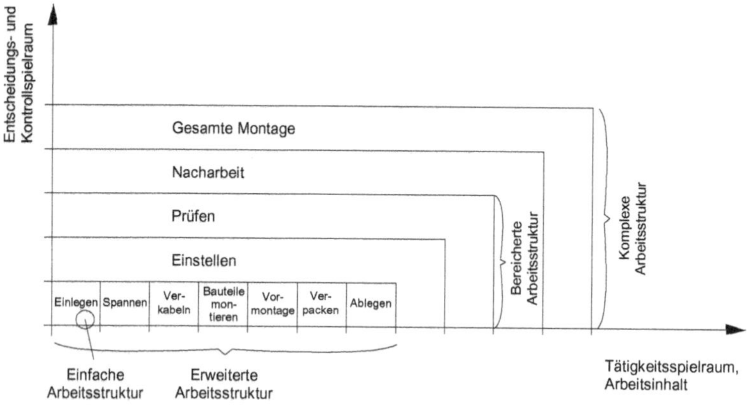

Abb. 4.2-4: Qualifizierungsgerechte Arbeitsstruktur

Diese Arbeitsstrukturierung über das damit verbundene „training on the job“ führt letztendlich dazu, daß der Mitarbeiter die Montage eines gesamten Erzeugnisses verrichtet. Dadurch, daß der Mitarbeiter weitere Aufgabenbereiche übernimmt, entstehen für ihn Handlungsräume. Im allgemeinen ist zu folgern, daß ein Abbau der Arbeitszergliederung eine Ausweitung von Arbeitsaufgaben und damit eine Erhöhung der Qualifikationsanforderungen bedeutet.

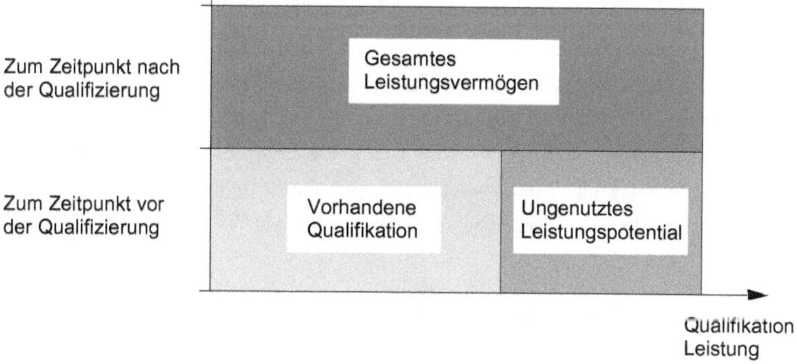

Abb. 4.2-5: Freisetzen von Leistungspotentialen durch Qualifizierung

4.3 Motivation der Mitarbeiter „Wollen"

In dem vorhergehenden Kapitel wurde der Zusammenhang zwischen der Bereitstellung von Handlungsspielraum und der daraus erforderlichen Mitarbeiterqualifizierung verdeutlicht. Mit der von Inhalt und Umfang bestimmten Beherrschung einer Arbeitstätigkeit – also der arbeitsinhaltlichen Qualifikation – sowie mit der Bewältigung der kooperativen Abhängigkeiten und der Entwicklung der erforderlichen Formen des zwischenmenschlichen Zusammenwirkens – also der sozial-kommunikativen Qualifikation – unterscheiden sich zwei grundsätzliche Problemstellungen der menschlichen Arbeit und der hierzu erforderlichen Qualifikationen.

Eine Ausweitung des Handlungsspielraumes auf kollektiver bzw. kooperativer Ebene bedeutet eine Intensivierung arbeitsbedingter Interaktionen mit größeren Entscheidungsmöglichkeiten. Zugleich ist zu berücksichtigen, daß die einzelne Arbeitsperson über die erforderlichen kollektiven Aufgabenstellungen stärker in das Geflecht der kollegialen Arbeitsbeziehungen eingebunden wird. Das bedeutet aber auch, daß die individuellen Entscheidungsmöglichkeiten eines Mitarbeiters eingeschränkt werden (*Bullinger 1993*).

Einen weiteren wichtigen Aspekt der personellen Arbeitsleistung stellt die Motivation des Mitarbeiters dar. Hierbei spielen vor allem die Erkenntnisse moderner Motivationstheorien, die Erforschungen sozialer Einheiten sowie die Bedeutung von Arbeitsattraktivität und Handlungsbereitschaft eine wichtige Rolle.

4.3.1 Motivationstheorien

Anhand verschiedener Motivationstheorien können die Einflußfaktoren auf die personelle Arbeitsleistung untersucht werden. Als Motivation werden dabei die aktivierenden und richtungsgebenden Faktoren des Verhaltens bezeichnet (*Schneider 1987*).

Bei den Motivationstheorien kann nach den sogenannten Inhalt-Ursache-Theorien und den Prozeßtheorien unterschieden werden. Bekannte Vertreter der Inhalt-Ursache-Theorien sind Maslow, McGregor und Herzberg. Sie analysieren die Bedürfnisse des Menschen und untersuchen, welche spezifischen Faktoren den Menschen zur Arbeit motivieren. Im Unterschied dazu beschäftigen sich die Prozeßtheorien mit der Frage, wie „Arbeitsverhalten energiert, gerichtet und beendet wird" (*Weinert 1987*).

4.3.1.1 Bedürfnishierarchie nach Maslow

Die Theorie Maslows ist in fünf menschliche Bedürfnisse unterteilt, die nach Dringlichkeit hierarchisch geordnet sind. Die unteren vier Klassen „physiologische, Sicherheits-, soziale und Ich-Bedürfnisse" stellen die Defizitmotive dar, und werden nur schrittweise in der aufgestellten Reihenfolge wirksam. In Abgrenzung davon stellt sich das höchste und wichtigste Bedürfnis, das Bedürfnis nach Selbstverwirklichung dar. Es wird als Wachstumsmotiv bezeichnet. Soll dieses Motiv im Arbeitsprozeß genutzt werden, muß dem Mitarbeiter durch arbeitsorganisatorische Maßnahmen eine Arbeit entsprechend seiner Qualifikation zugewiesen werden. Die Theorie Maslows, vor allem die Aufeinanderfolge der Bedürfnisse aufgrund deren möglicher gegenseitigen Überlappung, ist jedoch nur in geringem Umfang empirisch getestet und nachgewiesen worden (*Neuberger 1974, Heeg 1983, Pornschlegel 1986*).

4.3.1.2 Zwei-Faktoren-Theorie nach Herzberg

Herzberg unterscheidet in seiner Theorie zwei Klassen von Faktoren, die die Einstellung zur Arbeit beeinflussen. Zum einen führt er die „Hygienefaktoren“ auf. Sie sind in der Lage, die Unzufriedenheit der Mitarbeiter durch die Beziehungen zu Vorgesetzten oder höherem Einkommen aufzuheben. Wenn sich diese Faktoren als ungünstig darstellen, rufen sie Unzufriedenheit hervor. Sie führen jedoch zu keiner Steigerung der Motivation. Dagegen tragen die „Motivatoren“, wie z.B. ein vorhandener und bereicherter Arbeitsinhalt, Anerkennung und Verantwortungsgefühl zur Entwicklung der Persönlichkeit bei und motivieren den Mitarbeiter. Das Fehlen von Motivatoren wird jedoch kaum Unzufriedenheit hervorrufen (*Heeg 1983, Pornschlegel 1986*).

Aufgrund der starken Polarisierung der beiden Faktoren in Zusammenhang mit der Zufriedenheit bzw. der Unzufriedenheit ergeben sich starke inhaltliche Einwände. Zugleich belegen Untersuchungsergebnisse, daß Zufriedenheit nicht nur durch Motivatoren und Unzufriedenheit durch Hygienefaktoren erzeugt wird, sondern daß beide Faktoren zusammen für die Zustände der Zufriedenheit und der Unzufriedenheit sorgen können (*Neuberger 1974*).

4.3.1.3 Prozeßtheorien der Motivation

Nach *McClelland* (1953) ist leistungsmotiviertes Verhalten oder Handeln in der Leistungsmotivationsforschung „als ein Verhalten charakterisiert worden, das durch eine Auseinandersetzung mit einem Gütemaßstab gekennzeichnet ist, der zur Beurteilung der erbrachten eigenen Leistung herangezogen wird“. Das Streben nach Steigerung der Leistungsfähigkeit ist darauf ausgerichtet, diese in persönlich wichtigen Bereichen zu steigern. Dieses leistungsorientierte Verhalten wird nicht nur durch das im Menschen verankerte Bestreben nach Kompetenz, sondern auch durch den hohen Wert der Leistung in den westlichen Industriestaaten beeinflusst (*Heckhausen 1965*).

Wenn die Arbeitsperson ihre Leistung in einem von ihr als wichtig eingestuften Leistungsbereich steigern will, braucht sie Informationen über ihren Leistungsstand. Dies erreicht sie, indem sie Aufgaben mit unterschiedlichem Schwierigkeitsgrad bearbeitet. Die Motivation ist umso größer, je schwieriger sich die Aufgabe für die Person darstellt. Da die schwersten Aufgaben aber nicht immer erfolgreich abgeschlossen werden können, stellen sich mittelschwere Aufgaben als am geeignetsten dar, einen Erfolg zu erlangen und zugleich eine positive Erfahrung der eigenen Leistungsfähigkeit zu vernehmen. Dabei ist in empirischen Versuchen aufgezeigt worden, daß erfolgsorientierte Personen bevorzugt bei mittelschweren Aufgaben eine Rückmeldung über ihren Leistungsstand nachfragen. Mißerfolgsorientierte Personen erfragen hingegen mehr bei den leichten und schweren Aufgaben nach Rückmeldungen (*Heeg 1991*).

4.3.2 Motivation durch soziale Einheiten

Im Rahmen der herkömmlichen ablauforientierten Arbeitsgestaltung wurde der sozialen Situation, in die eine Arbeitsperson durch technisch-organisatorische Gegebenheiten gestellt wird, keine Aufmerksamkeit geschenkt. Im Mittelpunkt stand die Optimierung des sogenannten Mensch-Maschine-Systems. Der Mensch wurde dabei lediglich als Systemelement einbezogen. Dies führte häufig zur sozialen Isolation der Arbeitspersonen. Der Tatsache, daß der Mensch ein soziales Wesen ist und nur eingebunden in soziale Systeme existieren kann, wurde nicht Rechnung getragen (*Mann 1984*).

Die Anwendung der Prinzipien wissenschaftlicher Betriebsführung von Taylor weisen die bekannten Mängel auf:

- entleerte und verarmte Arbeitsinhalte
- Entfremdung des Arbeiters von seiner Arbeit
- geringes Qualifikationsniveau des Arbeiters (*Pornschlegel 1986*).

Als Reaktion auf die negativen Auswirkungen entstanden neue Formen der Arbeitsorganisation (Abb. 4.3-1), die zunächst eine individual-wissenschaftliche Orientierung bei der Betrachtungsweise menschlicher Arbeit als Grundlage hatten und bereits ab Ende der 40er Jahre durch eine gruppenbezogene Betrachtung ergänzt wurden (*Schnauber 1979*).

Zur Erforschung der Grundlagen der Zusammenarbeit in Gruppen wurde die Bedeutung sozialer Organisationsformen und zwischenmenschlicher Beziehungen bei der Arbeit untersucht. Die Arbeit wurde fortan nicht mehr als ein rein physiologisches Problem, sondern auch als ein soziologisches und sozialpsychologisches Problem betrachtet. Insbesondere die Rolle, die durch Gruppenprozesse, Informationsaustausch, soziale

Anerkennung und Motivation eingenommen wird, wurde verstärkt untersucht. Daraus wurden erste Ansätze für die sozio-technische Systemgestaltung formuliert (*Pornschlegel 1986, Klein 1975, Heeg 1991*).

Taylor's Scientific Management	*Modernes Motivationsmanagement*
Es gibt für jede Aufgabe nur eine Bestmethode	Die Bestmethode hängt auch stark vom individuellen Arbeiter ab
Nicht jeder Arbeiter, sondern das Management kann die Bestmethode finden	Der Arbeiter findet seine Bestmethode am ehesten selbst
Je mehr Arbeitsteilung, um so mehr Produktivität	Die Monotonie der Arbeitsteilung bremst; daher Arbeit auf längere Zyklen erweitern
Nur technische Faktoren beeinflussen die menschliche Produktivität	Ausschlaggebend für menschliche Leistungsbereitschaft sind psychische Faktoren
Der Arbeiter kann nur durch Geld motiviert werden	Viele verschiedene, vor allem psychische Faktoren entscheiden über die Leistungsbereitschaft und den Leistungswillen. Arbeitsinhalt ist die treibende Kraft
Was nicht kontrolliert wird, wird nicht ausgeführt	Verantwortungsgefühl und Selbständigkeit steigern die Leistungsbereitschaft

Abb. 4.3-1: Taylor's wissenschaftliche Betriebsführung verglichen mit modernem Motivationsmanagement (Grothus 1972)

Des weiteren ist „für moderne Formen der Arbeitsorganisation die Abhängigkeit der Produktivität von der Qualität der sozialen Beziehungen in der Arbeitsgruppe charakteristisch“ (*Widmaier 1992*). Soziale Einheiten können in Einklang mit funktionalen Einheiten gebracht werden, so daß soziale und funktionale Einheit zusammenfallen. Dadurch wird dem Aspekt der Ganzheitlichkeit entsprochen. Die Vorgänge der Entwicklung sozialer Strukturen in Gruppen sind u.a. als „Theorie der sozialen Gruppe“ und allgemein als Erkenntnisse der „Gruppendynamik“ fester Bestandteil der Sozialpsychologie (*Homans 1978*).

Ein weiterer Aspekt, der berücksichtigt werden muß, ist, daß über arbeitsorganisatorische Maßnahmen Sozialsysteme beeinflußt werden, d.h. entweder geschaffen oder aber zerstört werden. *Ruehl* (1973) weist darauf hin, daß eine klare Abgrenzung der zusammengehörigen und zusammenarbeitenden Gruppe gegenüber anderen Gruppen anzustreben ist und die „Planung und Einteilung der Arbeit so“ erfolgen soll, daß sie möglichst in Kleingruppen mit vier bis zehn Mitarbeitern bewältigt werden kann. Die Anordnung der Arbeitsplätze soll dabei Blickkontakte gewährleisten, so daß günstige Voraussetzungen für Kommunikation und Kooperation entstehen.

In dem Zusammenhang muß beachtet werden, daß sich soziale Strukturen erst im Laufe der Zeit entwickeln und jeder Mitarbeiter in seiner Weise eine individuelle soziale Struktur aufbaut (*Mann 1984*). Der Aufbau sozialer Strukturen hat den Charakter von Investitionen, denn soziale Strukturen sind eine Basis für hohe Produktivität, die funktionale Strukturen nicht leisten können (*Homans 1978*). Eine Auswechslung von Mitgliedern aus dem Team kann, bei Nichtbeachtung der „vorgenommenen Beziehungsinvestitionen", für die Mitarbeiter sehr demotivierend und damit für das Unternehmen sehr kostenintensiv sein (*Widmaier 1992*, S. 244). Wird ein Mitglied aus einem sozialen Verbund herausgenommen, wird die Struktur gestört (*Mann 1984*).

Deshalb muß immer beachtet werden, daß eine soziale Einheit bei der Entwicklung ihrer Struktur eigeninitiativ Aktivitäten hervorbringen will. Wenn Arbeitsgruppen in die Phase der sozialen Entfaltung kommen, steigt die Motivation der Mitarbeiter und damit ihr Leistungsvermögen (*Homans 1978*). Dabei ist es wichtig, diese Energien zu kanalisieren (*Mann 1984*). Kann das Leistungsvermögen nicht in höhere Arbeitsleistung umgesetzt werden, wird die gewonnene Energie der sozialen Einheit anderweitig genutzt, d.h. sie verpufft.

4.3.3 Motivation durch Handlungsbereitschaft und Arbeitsattraktivität

Die Wahrnehmung der Arbeitssituation durch den Mitarbeiter ist durch den Begriff Arbeitseinstellung zu erklären. Sie hängt zum einem von den individuellen Einstellungen und Bewertungen des Mitarbeiters, zum anderen von gesellschaftlichen Werten und Regelungen ab. Die Arbeitseinstellung spiegelt die allgemeinen Erwartungshaltungen aus früheren Arbeitserfahrungen und Lernvorgängen wider, die bereits vor dem konkreten Wahrnehmungsvorgang wirksam sind (*Irle 1969*). Die Einstellung zum Arbeitsverhältnis ist eine innere „Steuerungsgröße" und zeigt das zukünftige Verhalten des Mitarbeiters gegenüber der Umwelt (*Graumann 1965*). Sie bestimmen somit sein gesamtes Verhalten (*Bullinger 1993*). Dies betrifft die Einstellungen des Mitarbeiters gegenüber Vorgesetzten und der kollegialen Beziehungsebene, aber auch der Identifikation mit der Arbeitstätigkeit oder der Angemessenheit der Entlohnung. Diese Einstellungen gegenüber der Arbeit sind das Ergebnis der Verarbeitung der Arbeitserlebnisse, der Wahrnehmung der täglichen Bedingungen und der vom Mitarbeiter erkannten Attraktivität der Arbeit (*Bullinger 1993*).

Den erfahrenen Arbeitsunzuträglichkeiten über konkrete Arbeitsanlässe wird in der Regel mit dem Versuch durch Konfliktaustrag oder umgeleitetes Konfliktverhalten begegnet. Diese Interaktionen des Mitarbeiters mit anderen Mitarbeitern werden als Arbeitsauseinandersetzungen bezeichnet. Das Potential an Konflikthandlungen ist gekennzeichnet von der Arbeitssituation und den Mitarbeitern, wobei dies überdurchschnittlich bei kooperativen Arbeitsabhängigkeiten zutrifft. Mit zunehmenden Arbeitsunzuträglichkeiten kann davon ausgegangen werden, daß die Wahrscheinlichkeit für das Entstehen von negativen Arbeitseinstellungen steigt und eine bestimmte Abneigung gegenüber der Arbeitssituation bewirkt. Allgemein ist damit von einer Beeinträchtigung der Arbeitsattraktivität auszugehen (*Euler 1973, Euler 1977*). Aufgrund der vom Mitarbeiter abgeschätzten Verhältnismäßigkeit aller erkannten Mühen (Input-Elemente) und Belohnungen (Output-Elemente) wird eine Entscheidung über die Attraktivität der Arbeitstätigkeit und ihren Bedingungen getroffen (*Bullinger 1993*) (Abb. 4.3-2).

Die Attraktivität der Arbeit kann sowohl auf der Ebene des individuellen Erlebens als auch auf der Ebene der sozialen Akzeptanz bewertet werden (*Euler 1990*). Die Aspekte von individueller und sozialer Attraktivität sind daher zu unterscheiden. So kann eine als allgemein attraktiv geltende Arbeitstätigkeit unter bestimmten Rahmenbedingungen individuell nicht akzeptiert werden. Im umgekehrten Falle kann das auch für eine individuell akzeptierte Arbeit gelten. Die Attraktivität einer Arbeit unterliegt darüber hinaus einem dynamischen Wandel, d.h. eine zu einem gegebenen Zeitpunkt als zumutbar geltende Arbeit kann zu einem anderen Zeitpunkt als unzumutbar gelten (*Bullinger 1993*).

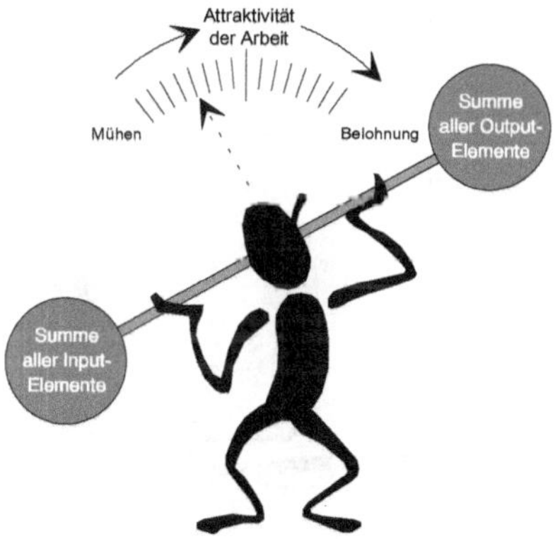

Abb. 4.3-2: Definition der Arbeitsattraktivität

Wird ein Abweichen der individuell erlebten Arbeitsattraktivität von der für relevant gehaltenen sozialen Attraktivität erfahren, so kann und wird der Mitarbeiter versuchen, über das Arbeitsverhalten eine Angleichung der individuell erlebten Arbeitsattraktivität an die sozialen Zumutbarkeitsnormen herbeiführen. Das kann zum einen durch Nachfrage nach mehr Belohnung oder einem weniger belastenden Arbeitsplatz, zum anderen durch die Reduktion der Leistungsbereitschaft, wie z.B. durch die häufige Abwesenheit wegen Krankheit, geschehen. Das gleiche gilt grundsätzlich für eine als überhöht erlebte Angemessenheit der Arbeit, das mit einem entsprechend motivierten Arbeitseinsatz und einer hohen Leistungsbereitschaft beantwortet wird (*Bullinger 1993*). Damit sind Leistungsentfaltung und Leistungszurückhaltung die Möglichkeiten des Mitarbeiters, die persönlich erlebte Attraktivität der Arbeit an die sozialen Zumutbarkeitsnormen anzupassen (Abb. 4.3-3) und den Status seiner Arbeitssituation vor sich und vor den Kollegen zu rechtfertigen (*Adams 1963*).

Die erfahrene Arbeitsattraktivität gilt als motivationale Grundlage des Mitarbeiters, die sein Arbeitshandeln bestimmt. Wie empirische Studien belegen, werden Handlungsmotive und -bereitschaften bereits auf dem Ausbildungsweg erworben und später unter den betriebsspezifischen Arbeitserfahrungen – je nach den dauerhaft wirksamen Arbeitsbedingungen – entweder noch weiterentwickelt oder auch zurückgebildet (*Bartsch 1990*). Dabei entscheiden im wesentlichen die in der Arbeit vorgefundenen Handlungsspielräume darüber, inwieweit Mitarbeiter Handlungsbereitschaften vorweisen und bereit sind, diese weiterzuentwickeln oder auch zurückzunehmen.

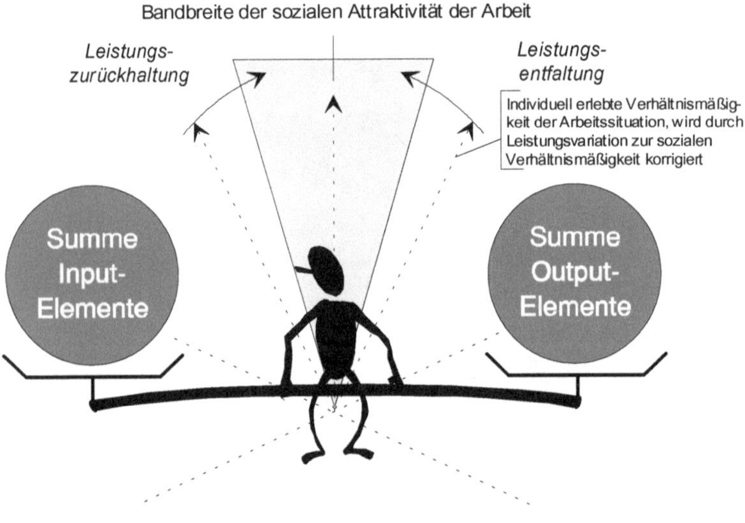

Abb. 4.3-3: Leistungsentfaltung und -zurückhaltung aufgrund unterschiedlicher Arbeitssituationen (Bullinger 1993)

Die Entwicklung von betrieblichen Handlungsbereitschaften setzt also ausreichende Handlungsspielräume voraus. Insbesondere letztere erwiesen sich in empirischen

Studien als Basis für die Persönlichkeitsentwicklung im Sinne arbeitsrelevanter Motivationen. Diese beziehen sich auf erweiterte Tätigkeitsinhalte, flexiblere Arbeitseinsätze und eine größere Aufgeschlossenheit gegenüber kurzfristig sich ändernden Arbeitsbedingungen, einschließlich einer entsprechenden Qualifizierungs- und Innovationsbereitschaft (*Lempert 1969, Bartsch 1990*). Die Handlungsbereitschaften der Mitarbeiter sind in dem Zusammenhang für betriebliche Innovationen notwendige Voraussetzungen und nur längerfristig unter entsprechend gestalteten Einsatzbedingungen entwickelbar (*Lempert 1969*).

4.4 Flexibilitätsanforderungen

Bereits in Kapitel 4.2 wurde die Bedeutung der inneren Flexibilität der Arbeitssysteme angesprochen. Hierbei wurde gezeigt, daß durch eine gezielte Höherqualifizierung die Mitarbeiter universell einsetzbar werden. Im Rahmen dieses Kapitels werden nun diejenigen Flexibilitätsanforderungen betrachtet, die weitgehend bei der arbeitsorganisatorischen Gestaltung des Arbeitsablaufs (vgl. Kapitel 4.1) determiniert werden (*Mann 1984*). Die Leistungsfaktoren Qualifikation und Motivation werden dadurch stark beeinflußt, können aber noch „vor Ort“ weiterentwickelt werden. *Reichwald* (1983) gibt dabei zu bedenken, daß das Streben nach Flexibilität nicht Selbstzweck sein darf. Es sollten ausschließlich tatsächlich benötigte Flexibilitätspotentiale bereitgestellt werden, bei denen ein günstiges Verhältnis von Flexibilitätsleistungen zu Flexibilitätskosten – aufgrund des Vorhaltens der Anpassungspotentiale – entsteht.

Bleicher (1961) hebt hervor, daß es für Unternehmen notwendig ist, über eine ausreichende Flexibilität zu verfügen, um den wirtschaftlichen Veränderungen der Umwelt Rechnung zu tragen. Eine Erweiterung aber auch eine Verkleinerung des Betriebs muß durch eine Ergänzung der Organisation oder durch das Abschalten von überflüssigen Kapazitäten möglich sein, ohne die Organisation vollständig umzustellen. Dabei sollte der Auftragsbestand und nicht die technische Systemauslegung die Anzahl der Beschäftigten bestimmen. Der stufenweise Auf- oder Abbau der Kapazität soll der aktuellen Liefersituation entsprechen. Diese Kapazitätsflexibilität erweist sich auch bei den begrenzten Stückzahlen während der Produktanlauf- bzw. Auslaufphase als vorteilhaft.

Neben dieser äußeren Flexibilität muß zudem eine ständige innere Anpassungsfähigkeit des Unternehmens an technologisch sich weiterentwickelnde Produkte und Verfahren gewährleistet sein. *Vähning* (1984) spricht in dem Zusammenhang von der Entwicklungsflexibilität, im Gegensatz zur Bestandsflexibilität, die ein Unternehmen bereits aufweist. Eine Anpassung an Entwicklungen soll ohne störende Eingriffe in den betrieblichen Ablauf möglich sein. Eine stetige Weiterentwicklung der Technologie ist dabei einfacher umzusetzen, wenn mehrere parallele Produktionslinien bestehen (*Mann*

1984). Damit kann auch dem Trend entsprochen werden, der nicht mehr zu hohen Stückzahlen bei wenig Typen, sondern zu mittleren Stückzahlen bei vielen Typen führt. Mit diesem Trend zeichnet sich der Wandel vom „Verkäufer"- zum „Käufermarkt" ab. Für diesen Käufermarkt sind flexible Systeme erforderlich, die ein elastisches Auftragsverhalten und eine variable Arbeitsgestaltung ermöglichen.

Eine wichtige Bedeutung für Arbeitsorganisationen hat die Anpassungsfähigkeit an die sich ändernde Anzahl der Arbeitspersonen. Häufig ermöglichen Arbeitsorganisationen nur die kurzfristige Abwesenheit von Mitarbeitern, das zumeist mit technischen Lösungen realisiert wird und von deren Dimensionierung abhängig ist. Die Flexibilität einer Arbeitsorganisation, mit der man in der Lage ist, den wechselnden Belegschaftsstärken aufgrund von Fehlzeiten und Fluktuation zu entsprechen, und dabei optimal zu produzieren, wird als Besetzungsflexibilität bezeichnet (*Mann 1982*). Bei der herkömmlichen starren Fließbandarbeit verursacht die Abwesenheit eines Mitarbeiters Störungen. Deshalb wird oftmals ein Puffer an Mitarbeitern vorgehalten, der bei längeren Fehlzeiten einzelner Mitarbeiter oder bei Mehrbedarf aufgrund eines veränderten Produktionsprogrammes eingesetzt wird. Wenn kurzzeitig eine Arbeitsperson abwesend ist, wird bei inflexiblen Systemen der zusätzliche Einsatz eines Springers notwendig. Flexible Montagesysteme lassen hingegen auch eine Teilbesetzung mit Arbeitspersonen zu. Die variable Besetzung mit Mitarbeitern ermöglicht völlig neue Dimensionen beim Personaleinsatz, wenn die Bandbreite, innerhalb der die Besetzung variiert, von der Mindestbesetzung mit einer Person bis zur technisch ausgelegten Kapazitätsgrenze möglich ist. Wenn eine Teilbesetzung grundsätzlich möglich ist, kann mit dieser Arbeitsorganisation von sehr hoher Besetzungsflexibilität ein variables Lieferprogramm produziert werden. Damit sind auch kurzfristig Abwesenheiten einzelner Mitarbeiter ohne einen erforderlichen Eingriff von außen möglich.

Technische Planungen können nicht mehr nur das Erreichen einer Planzahl zum Ziel haben. Der Einsatz flexibler Arbeitssysteme bedeutet also, Organisationsformen zu schaffen, die unterschiedliche Konstellationen der Betriebsgrößen gewähren. Diese Betriebsgrößen beziehen sich auf die technische Kapazität der Montagesysteme, die Erzeugnisvarianten von morgen und auf die Qualifikation der Mitarbeiter (vgl. Kapitel 4.2). Eine flexible Betriebsorganisation zeichnet sich durch die Eigenschaft aus, auf einem breiten Spektrum der Betriebspunkte einen optimalen Betrieb zu ermöglichen. Dabei sollte auch das Ausfahren der vollen Bandbreite ohne gravierende Eingriffe möglich sein (*Mann 1984*). Durch diese Vorgaben entstehen flexible Arbeitssysteme.

Bei der Gestaltung von Montagesystemen sind nicht nur die erforderlichen Flexibilitätsaspekte der Systeme gegenüber den Marktanforderungen zu berücksichtigen, sondern auch in Bezug auf die darin eingesetzten Mitarbeiter. Erst damit werden die personellen Leistungsfaktoren wirksam.

4.5 Zusammenspiel von Organisation, Qualifikation und Motivation

Um eine hohe Motivation der Mitarbeiter zu erreichen, ist eine enge Beziehung zwischen der Struktur der auszuführenden Arbeit und den darin vorzufindenden Freiräumen, die als Folge der Entkopplung der Arbeitsstationen entstehen, sowie des Faktors Qualifikation zu berücksichtigen. Wie in Kapitel 4.3.3 ausgeführt, erhöhen vergrößerte Handlungsspielräume die Attraktivität der Arbeit. Dadurch entstehen Handlungs-bereitschaften, die sich unter anderem in der Bereitschaft der Mitarbeiter zur Höher-qualifizierung sowie der Bereitschaft gegenüber Umstellungen bzw. Neuerungen zeigen (*Euler 1987, Bartsch 1990*) (vgl. Kapitel 4.2.3.3). Eine Höherqualifizierung bedeutet wiederum die Übernahme von erweiternden und bereichernden Tätigkeiten. Damit wird ein kontinuierlicher Prozeß zur Steigerung der personellen Arbeitsleistung und somit der Unternehmensproduktivität hervorgerufen. Bei einer bereicherten Arbeitsstruktur ist die Wahrscheinlichkeit für das Erkennen von Sinnzusammenhängen in der Arbeit durch die Arbeitsperson größer. Mit der Übertragung in sich geschlossener Aufträge, z.B. das Herstellen eines funktionsfähigen Erzeugnisses, hat die Arbeitsperson den zum effizienten Handeln erforderlichen Orientierungsrahmen. Eine Aufgabe ermöglicht die Koordination des Handelns und löst Initiative auf Seiten des Mitarbeiters aus (*Mann 1976, Mann 1984*).

Die in Montagesystemen bestehenden technischen und organisatorischen Festlegungen stellen aus der Sicht des Beschäftigten eine Einschränkung des Handlungsspielraumes mit den entsprechenden Verhaltenswirkungen dar, je mehr diese Festlegungen von seiner Qualifikation und seinem Qualifizierungspotential abweichen (vgl. Kapitel 4.2.2). Eine qualifizierungsgerechte Arbeitsstruktur ist eine der wesentlichen Voraussetzungen zur Höherqualifizierung der Mitarbeiter (vgl. Kapitel 4.2.3.4). Somit erweist sich der Handlungsspielraum als eine zentrale Größe bei der Gestaltung von leistungsorientierten Arbeitsformen (Abb. 4.5-1).

Handlungsspielraum kann erst durch die Entkopplung der Mitarbeiter bzw. der Arbeitsstationen entstehen (vgl. Kapitel 4.1.2.3). Entkopplungsmaßnahmen bieten die Voraussetzung für die Übernahme dispositiver Aufgaben, die das Einräumen von Handlungsspielräumen durch dessen Bereicherung bedeuten. Zugleich wird die Möglichkeit zur Einteilung der eigenen Arbeit gegeben. Die Entkopplung stellt damit eine weitere Voraussetzung für das Freisetzen des menschlichen Leistungspotentials dar.

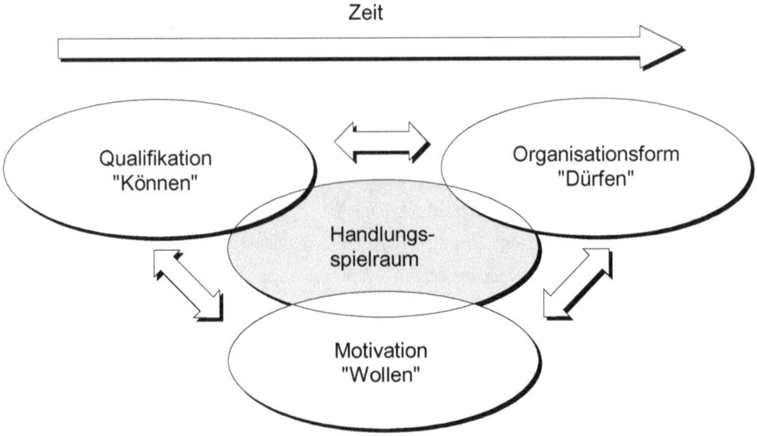

Abb. 4.5-1: Handlungsspielraum als zentrale Größe der personellen Arbeitsleistung

Aus der Diskussion der Leistungsfaktoren in Kapitel 4.1 einschließlich Kapitel 4.3 ist eine starke wechselseitige Beeinflussung von Qualifikation, Organisation bzw. Arbeitsstrukturierung und Motivation festzustellen, wobei die Faktoren zeitveränderliche Größen darstellen und damit einen Beitrag zur Erfüllung der Flexibilitätsanforderungen produzierender Unternehmen leisten (vgl. Kapitel 4.4).

5 Ableitung von Anforderungen

Aus den detaillierten Analysen und Bewertungen der aufgezeigten arbeitsorganisatorischen Gestaltungsmaßnahmen (vgl. Kapitel 3) sowie der personellen Leistungsfaktoren (vgl. Kapitel 4) werden im Anschluß die Anforderungen an eine leistungsorientierte Gestaltung von Montagearbeitsformen erarbeitet. Dazu müssen die Rahmenbedingungen manueller Montagen beachtet werden (vgl. Kapitel 2).

5.1 Modularität

Die heutigen Absatzmärkte sind durch einen hohen Sättigungsgrad gekennzeichnet (vgl. Kapitel 2.3). Dadurch steht nicht mehr Mengenwachstum, sondern in der Regel eine Erhöhung der Variantenzahl im Vordergrund der Produktion. Die dadurch hervorgerufene Steigerung des Komplexitätsgrads wird durch den Trend einer zunehmenden Verkürzung der Produktlebenszeiten verstärkt. Für Produktionseinheiten, die auf hohe Marktveränderungen reagieren müssen, sind andere Produktionsstrategien zu wählen als bei einem kontinuierlichen Absatz mit großen Mengen. Die Leitidee ist deshalb, einfache – d.h. weniger komplexe – Arbeitsstrukturen zu schaffen (vgl. Kapitel 3.1.3) und damit das Ziel einer Flexibilitätssteigerung und einer verbesserten Planungssicherheit in den Unternehmen zu erreichen.

Dabei müssen auf horizontaler Ebene einander ähnliche Module geschaffen werden. Dadurch lassen sich bislang in vertikaler Richtung arbeitsteilig organisierte Aufgaben in untere Bereiche zurückverlagern. Das Ziel einfacher Strukturen wird somit durch die Beseitigung zeitaufwendiger Schnittstellenarbeit unterstützt. Entsprechend den Fähigkeiten und Bereitschaften der Mitarbeiter werden in sich geschlossene funktionale Gruppen formiert. Wenn auf horizontaler Ebene parallele Module gebildet werden, kann dabei die Gestaltung mehrerer unterschiedlicher Arbeitsformen und -systeme unterstützt und zugleich die Voraussetzung zur Erfüllung der äußeren Flexibilitätskriterien hinsichtlich Kapazität, Typenvielfalt und Technologie geschaffen werden (vgl. Kapitel 4.1.2) (*Wildemann 1998*).

Mit der Errichtung mehrerer sich ähnlicher Module läßt sich eine Systemteilung des Gesamtsystems Montage und damit eine Kapazitätsteilung durch Mengenteilung einrichten. Ein charakteristisches Merkmal der Mengenteilung ist die Bereitstellung größerer Arbeitsumfänge in den Teilsystemen. Somit ist die Möglichkeit einer Arbeitserweiterung gegeben, die das Ziel hat, sinnzusammenhängende Tätigkeiten bereitzustellen, d.h. ein komplettes Produkt oder Baugruppe von einem Mitarbeiter zu montieren (*Bullinger 1993*). Damit ist eine erste Voraussetzung für Mengen- und Personalkapazitätsflexibilität gegeben. Eine Ausrichtung der einzelnen Module nach den Produkten ist vor allem dann als sinnvoll zu erachten, wenn sich die Sachkenntnisse zwischen einzelnen Produktbereichen eines Unternehmens unterscheiden. Durch die Produktorientierung der Module ist eine Bündelung von Erfahrung für einen Produktbereich möglich. Aufgrund einander ähnlicher und wiederkehrender Montageabläufe in den produktorientierten Modulen sind gleichzeitig höhere Arbeitsinhalte für den Mitarbeiter im Modul möglich. Bei parallelen Systemen können außerdem – ohne größere Umstellungen in der Produktion zu verursachen – mehrere Lieferanforderungen parallel befriedigt werden.

5.2 Dezentrale Organisation

Um eine optimale Leistung der Module zu erreichen, müssen diese dezentral organisiert werden. Die Prozeßverantwortung, die Selbstorganisation soll zusammen mit der Kontrollverantwortung weitgehend miteinander gekoppelt und in die Module verlagert werden. Durch die Verlagerung der selbständigen Kontrolle in die einzelnen Module wird die intrinsische Motivation der Mitarbeiter gestärkt und damit eine Selbstverantwortung der Gruppe gefördert (vgl. Kapitel 3.1.3.3) (*Ruhnau 1997*).

Durch die dezentrale Organisation der Module ergibt sich außerdem im Bedarfsfall die Möglichkeit, gezielt in ein einzelnes Modul einzugreifen und dieses zu optimieren. Dieser Eingriff wird nach einem Anstoß von außen von den Mitarbeitern selbständig durchgeführt, da die Mitarbeiter vor Ort über das bereichsorientierte Fachwissen und die entsprechende Erfahrung verfügen. Damit ist eine schnelle Bearbeitung mit geringem Aufwand möglich. Es können aber nicht alle Probleme von den Gruppen selbst gelöst werden (*Bissel 1996*). Der jeweilige Zuständigkeitsbereich für einzelne Aufgaben muß deshalb genau abgegrenzt werden.

5.3 Dynamische Organisation

Eine statische Gestaltung von Montagesystemen mit stabilen Prozessen kann die Anforderungen an sich verkürzende Produktlebenszyklen bei gleichzeitig steigender Variantenvielfalt nicht erfüllen. Organisationsstrukturen müssen deshalb flexibel und entwicklungsfähig ausgelegt sein. So können sie den fortlaufenden Veränderungen mit einer ständigen Selbstoptimierung und Selbstorganisation gerecht werden (*Warnecke 1996*). Bei der Gestaltung von Arbeitssystemen werden differenzierte Lösungen angestrebt, die zum Ziel haben, unterschiedliche Montagesysteme entsprechend der Qualifikation und der individuellen Neigungen der Mitarbeiter zur Verfügung zu stellen. Dabei sollten die Montagesysteme so flexibel gestaltet sein, daß unterschiedliche Arbeitsweisen realisiert werden können (vgl. Kapitel 2.3 bzw. 3.2.2).

Eine Qualifizierung der Mitarbeiter erfolgt dabei durch stufenweises Anlernen. Aufgrund des jeweiligen Potentials und der individuellen Neigung besteht nur bei einem Teil der Mitarbeiter das Streben, in einem System mit erweiterten und bereicherten Tätigkeiten zu arbeiten. Dabei darf aber nicht übersehen werden, daß ein gewisser Prozentsatz der Mitarbeiter ausschließlich an Arbeitsplätzen mit einfachen Routinetätigkeiten und geringen Arbeitsinhalten eingesetzt werden kann oder will. Auch bei der Einstellung neuer Mitarbeiter muß eine Einlernphase in Bereichen mit geringeren Anforderungen möglich sein. Erst im Anschluß daran wird eine Höherqualifizierung erfolgen. Deshalb muß neben der differentiellen, auch eine dynamische Arbeitsgestaltung entsprechend der Weiterentwicklung der Mitarbeiter berücksichtigt werden, in der sich die Aufgaben wandeln können (vgl. Kapitel 3.1.3.2).

Bei der Mitarbeiterqualifizierung zeigt sich der selbstlernende Ansatz, durch „training on the job“, einem systematischen Arbeitsplatzwechsel (job rotation) und eine schrittweise Erweiterung bzw. Bereicherung der Arbeitstätigkeiten, als vorteilhaft. Zur Anwendung dieser Maßnahmen der Arbeitsstrukturierung müssen jedoch zunächst von Seiten des Montagesystems die erforderlichen Handlungsspielräume gegeben sein.

5.4 „Denken in Bandbreiten“

Die verschärften Marktbedingungen erfordern ein schnelles Reaktions- und Anpassungsvermögen betrieblicher Systeme (vgl. Kapitel 2.3.1). Deshalb müssen variable Konstellationen der Betriebskenngrößen unter anderem in Bezug auf die Qualifikation der Mitarbeiter, die technische Kapazität der Montagesysteme bzw. die zukünftigen Erzeugnisvarianten zugelassen werden. In Unternehmen kann die Planung und Gestaltung von Montagesystemen deshalb nicht mehr das Erreichen einer Planzahl zum Ziel haben. Es müssen definierte Bandbreiten verwirklicht werden, innerhalb derer ein Kontinuum von Zuständen angefahren werden kann (vgl. Kapitel 4.4) (*Mann 1984*).

5.5 Zielorientierung mit Visualisierung

Die neu entwickelten Arbeitsformen mit einer dezentralisierten Verteilung von Aufgaben erfordern neue Führungsmethoden, die eine gemeinsame Verständigung und Orientierung durch die Vorgabe an Zielen notwendig machen. Ein Ziel der leistungsorientierten Gestaltung ist das Bereitstellen einer ganzheitlichen Aufgabenstellung für die Mitarbeiter, da dadurch letztlich hoch qualifizierte und hoch motivierte Mitarbeiter gefördert werden. Alle Aktivitäten der Unternehmen sollten darauf ausgerichtet sein, dieses Ziel zu erfüllen und die jeweiligen Arbeitsformen darauf abzustimmen. Durch die Errichtung anpassungsfähiger Arbeitsformen und -systeme werden nicht zuletzt die Voraussetzungen für flexible Mitarbeiter geschaffen. Dieser Prozeß kann durch eine geeignete Visualisierung erheblich unterstützt werden. Hierbei kann eine Visualisierung des aktuellen Qualifikations- bzw. Leistungsniveaus der Mitarbeiter als Instrument der Erfolgskontrolle der Höherqualifizierung dienen. Außerdem kann mit dem Instrument der Visualisierung eine Vorgabe von Zielen an die einzelnen dezentralen Module stattfinden.

5.6 Extrinsische Motivation

Wie schon in den Kapiteln 3.2.3 und 4.3 gezeigt wurde, kann durch die Einführung dezentraler Strukturen eine intrinsische Motivation der Mitarbeiter gewährleistet werden. Darüber hinaus sollen zusätzliche extrinsische Faktoren für die Mitarbeiter geschaffen werden, um das Ziel einer Leistungssteigerung und damit auch -optimierung in den Modulen noch besser zu unterstützen. Eine ausschließliche Berücksichtigung der intrinsischen Motivation genügt den Anforderungen einer leistungsorientierten Arbeitsgestaltung nicht.

Zur Unterstützung einer leistungsorientierten und flexiblen Montage kann dabei ein verändertes Entgeltsystem die extrinsische Motivation fördern. Auch die Einführung flexibler Arbeitszeitmodelle, wie z.B. die Gleitzeit, stellen für Mitarbeiter aus dem Produktionsbereich einen sehr starken Motivationsanreiz dar. Im Fertigungsbereich ist dies durch die Entkopplungsmaßnahmen der Mitarbeiter von automatisierten Fertigungseinrichtungen bereits weit verbreitet. In der manuellen Fließmontage mit variantenreichen Produkten war aufgrund eines bislang niedrigen qualifikatorischen Anforderungsniveaus in indifferenzierten Systemen eine weitgehende Entkopplung der Mitarbeiter vom Montageprozeß nicht möglich (*Pack 1992*).

6 Gestaltung leistungsorientierter Fließmontagen

Aus den in Kapitel 5 formulierten Anforderungen für eine zeitgemäße und leistungsorientierte Arbeitsgestaltung werden im weiteren Verlauf die Gestaltungsgrundsätze für leistungsorientierte Fließmontagen erarbeitet. Zunächst findet mit der Bildung einer Betriebstypologie eine weitere Eingrenzung des Themenbereichs dieser Arbeit statt. Anhand der aufgezeigten charakteristischen Montagetypen manueller Fließmontagen erfolgt eine Umsetzung der erarbeiteten Gestaltungsaspekte. Für die Einführung leistungsorientierter Fließmontagen in die betriebliche Praxis wird ein Stufenmodell zur Mitarbeiterqualifizierung und zur Entwicklung der Organisationsstruktur vorgestellt.

6.1 Abgrenzung des Untersuchungsbereichs

6.1.1 Charakterisierung der Serienmontage

Der Bereich der Serienmontage ist sehr breit gestreut und vielschichtig. Dadurch ist es schwierig, allgemeingültige Aussagen zu treffen. Nach *Schirmer* (1980) wird die Serienmontage als „Montage verschiedener Erzeugnisse im zeitlichen Nacheinander auf derselben Montageanlage unter der jeweiligen Zusammenfassung mehrerer gleicher Einheiten zu geschlossenen Losen verstanden". Da der Montageprozeß bei jedem Serienwechsel unterbrochen wird, um das System auf die jeweiligen Erfordernisse des aufzulegenden Erzeugnisses umzustellen, liegt hier ein intermittierender Montageprozeß vor.

Die Serienmontage kann qualitativ von den übrigen Montagearten – der Einmalmontage, der Einzel- und Kleinserienmontage, der Großserien- sowie der Massenmontage – über die Losgröße und die Losauflagefrequenz bzw. -häufigkeit abgegrenzt werden. *Eversheim* (1989) gibt als grobe Anhaltswerte für die Losgröße bei Serienmontagen den Bereich von 200 bis 2.000 gegenüber eins bis 200 bei Einzel- und Kleinserienmontagen an. Als Wiederholhäufigkeit nennt er eine Losauflagefrequenz von eins bis vier Losen pro Jahr bei der Einzel- und Kleinserienmontage gegenüber mehr als zehn Losen bei Serien- und Massenmontage.

Warnecke (1996) nimmt eine Einteilung der Serienmontage, entsprechend dem Hauptunterscheidungsmerkmal „Anzahl der Bauteile eines Produkts", in Branchen und Produktgruppen vor. Dabei werden die Produkte der Branchen, die aus bis zu 500 Bauteilen bestehen, sehr häufig als Zulieferteile für die Branche mit Produkten, bestehend aus mehr als 500 Bauteilen, bezogen.

6.1.2 Primäre Merkmale zur Bildung einer Betriebstypologie für die variantenreiche manuelle Serienmontage

Die Vielfalt der die Produktion von Sachgütern beeinflussenden Größen führten zur Entwicklung einer Vielzahl von Produktionsausprägungen, die eine Klassifizierung nach Grundtypen erschwert. In der Literatur wird deshalb versucht, über die Festlegung elementarer Produktionstypen eine Klassifikation der heute vorkommenden Produktionslandschaft vorzunehmen. Produktionstypen sind demnach Kombinationen aus bekannten Elementartypen (*Schäffer 1996*). So kann nach Merkmalen, wie z.B. der Produktstruktur unterschieden werden, wobei die Teileanzahl und geometrische Gestalt als die wesentlichen Bestimmungsgrößen genannt werden können. Mögliche Ausprägungen der Produktstruktur können durch geringteilige oder mehrteilige Erzeugnisse mit komplexer oder einfacher Struktur dargestellt werden. Die Erzeugnisgröße beeinflußt dabei die Organisation der Montage entscheidend.

Für die Serienmontage kann beim Erzeugnisspektrum sowohl nach „typisierten Erzeugnissen mit kundenspezifischen Varianten“, die eine einheitliche Grundkonstruktion aufweisen und den Kundenforderungen angepaßt werden, als auch nach „Standarderzeugnissen mit Varianten“ unterschieden werden. Bei den Standarderzeugnissen handelt es sich um einheitliche Grundausführungen mit sogenannten Katalogvarianten, die geringe Änderungseinflüsse während der Produktion erwarten lassen (*Sander 1994*).

Wird nun für jedes zentrale Produktionsmerkmal eine Ausprägung markiert und verbindet man diese Markierungen miteinander, entsteht die in Abb. 6.1-1 dargestellte spezifische Betriebstypologie. Sie grenzt jenen Unternehmenstyp qualitativ ab, der in besonderer Weise die Serienmontage als Ablaufart in der Montage aufweist. Unter der Berücksichtigung einer manuellen Serienmontage mit einem variantenreichen Erzeugnisspektrum stellen die markierten Merkmalausprägungen den Zielkorridor dar, in dem sich das zu betrachtende Unternehmensprofil befindet.

Aus den primären Merkmalen läßt sich mit der Auftragsauslösungsart ein weiteres, die Serienmontage beschreibendes Merkmal ableiten. In Bezug auf dieses Merkmal sind die Ausprägungen „Produktion auf Lager“ und „kundenanonyme Vorproduktion mit kundenauftragsbezogener Endproduktion“ von besonderer Bedeutung. Die kundenanonyme Vorproduktion mit kundenauftragsbezogener Endproduktion ist vorwiegend der mittelständischen Industrie zuzurechnen. Deren typische Erzeugnisse gehören unter anderem in den Bereich Antriebstechnik bzw. Apparatebau (*Sames 1990*). Die Standarderzeugnisse werden dabei komplett kundenanonym vorgefertigt. Der Kundenauftrag fließt auf hoher Strukturstufe des Erzeugnisses ein und es erfolgt eine kundenspezifische Montage.

Bei den Unternehmen mit einer Produktion auf Lager handelt es sich um größere Unternehmen im Serienfertigungsbereich, wobei für einen Teil dieser Unternehmen eine kundenanonyme Vorproduktion mit kundenauftragsbezogener Endproduktion von Standarderzeugnissen und Katalogvarianten charakteristisch ist. Bei deren typischen Erzeugnissen handelt es sich z.B. um Handwerksgeräte bzw. Geräte der Heizungstechnik.

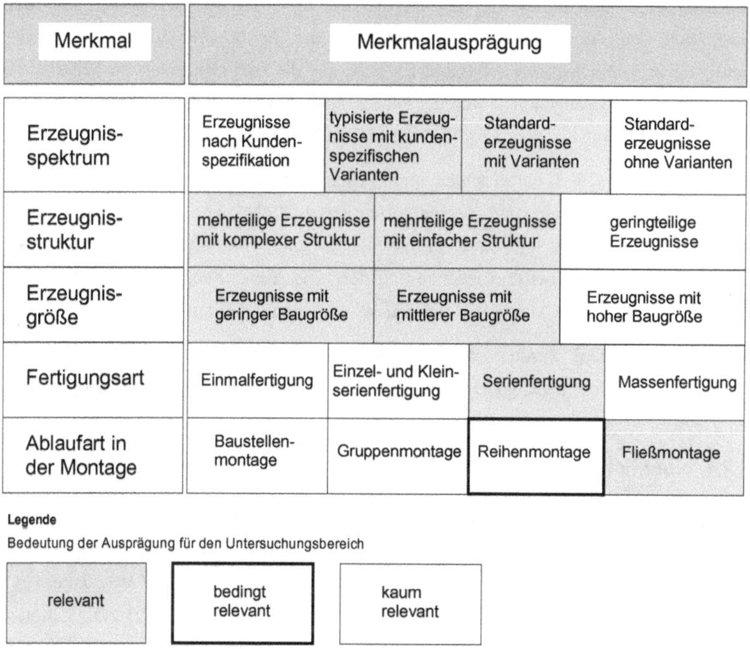

Abb. 6.1-1: Betriebstypologische Abgrenzung des Einsatzbereichs (Sander 1994)

Damit kann eine weitere Abgrenzung des Untersuchungsbereichs stattfinden. Die Unterschiede betreffen neben der Auftragsauslösungsart vor allem das Erzeugnisspektrum und die Erzeugnisgröße. Die Unternehmen des Untersuchungsbereichs weisen gemeinsam eine manuelle Fließmontage als Ablaufart in der Montage auf (vgl. Kapitel 2.2).

6.2 Grundsätze für eine leistungsorientierte Arbeitsgestaltung

Eine Leistungsorientierung in Montagesystemen erfordert auf die entsprechende Organisationsform abgestimmte Arbeitsstrukturierungen. Dabei ist nicht nur das Qualifikationsniveau einzelner Mitarbeiter zu berücksichtigen, sondern auch die motivierende Wirkung einer entsprechenden Aufgabengestaltung. Entsprechend der jeweiligen Fähigkeiten muß ein gezielter Mitarbeitereinsatz stattfinden, um den Anforderungen einer leistungsorientierten Arbeitsgestaltung gerecht zu werden. Bei der Gestaltung von Arbeitssystemen ist zusätzlich der Aspekt Flexibilität zu berücksichtigen: Zum einen müssen flexible Systeme für die darin eingesetzten Mitarbeiter bzw. den Markt bereitgehalten werden, zum anderen sind anhand von Qualifizierungsmaßnahmen flexibel einsetzbare Mitarbeiter für das System zu schaffen.

Bereits *Bullinger* (1993) hat in seinen empirischen Untersuchungen den Zusammenhang zwischen sachbezogenen und personalorientierten Zielen bei der Gestaltung von Arbeitssystemen aufgezeigt und dabei insbesondere die Wirkungen von Entkopplungsmaßnahmen auf die Arbeitszufriedenheit erörtert. Die Auswirkungen eines zufriedenen Mitarbeiters auf dessen Arbeitsleistung wurden eingehend erläutert.

Im weiteren Verlauf werden jene Gestaltungsaspekte erarbeitet, die eine Leistungssteigerung gegenüber bislang arbeitsteilig gestalteten Fließmontagen hervorbringen.

6.2.1 Sachliche Gestaltungsaspekte

Die verschiedenen Strategien zum Betreiben einer Arbeitsorganisation hängen in starkem Maße von den gegebenen Freiräumen, aber auch von Restriktionen ab, die sich aus den Gestaltungsparametern der Arbeitsformen ergeben (*Vähning 1984*). Dabei sind insbesondere die Maßnahmen zur Entkopplung der Mitarbeiter bzw. zur Stationsverkettung zu nennen.

6.2.1.1 Strukturelle Entkopplung

In der herkömmlichen bzw. arbeitsteiligen Fließmontage besteht eine montageablaufbedingte Abhängigkeit der Mitarbeiter, die über Puffer verringert werden soll. Eine Montageperson kann dabei höchstens über den Zeitraum aus dem System herausgelöst werden, der dem Produkt aus dem Faktor Anzahl der Plätze eines Puffers und dem Faktor Montagezeit pro Montagestation entspricht. Läuft der vorgeschaltete Puffer voll oder wird der nachgeschaltete Puffer leer, kommt es zu ablaufbedingten Störungen bzw. Wartezeiten und damit zu Verlustleistungen in der Fließmontage. Es ist nur eine bedingte Entkopplung des Mitarbeiters von seinen Kollegen und vom System gegeben. Das hat auch eine geringe Besetzungsflexibilität des Systems zur Folge.

Um eine optimale Leistungsentfaltung der Mitarbeiter zu erreichen, muß das System jeweils den qualifikatorischen Anforderungen des Mitarbeiters entsprechen. Zugleich wurde festgestellt, daß ein Mitarbeiter um so flexibler in einem System einzusetzen ist, je höher sich sein Qualifikationsniveau darstellt. Dabei sind für die qualifizierten Mitarbeiter entsprechend erweiterte und abwechslungsreiche Arbeitsaufgaben erforderlich. Damit solche Aufgaben auch von Mitarbeitern in Fließmontagen übernommen werden können, ist eine Entkopplung vom Arbeitssystem sowie eine Unabhängigkeit von den weiteren Mitarbeitern im System nötig. Das Ziel ist, sowohl eine Entkopplung Mensch-System als auch eine Entkopplung Mensch-Mensch zu erreichen. Eine vollständige Entkopplung der Mitarbeiter ermöglicht es, auch über einen längeren Zeitraum, unabhängig von Puffergrößen, auf die Abwesenheit eines Mitarbeiters verzichten zu können. Dadurch ist auch eine geringere Besetzung des Systems erlaubt und es kann eine flexible kapazitive Anpassung des Systems an den Bedarf vorgenommen werden.

In der variantenreichen Serienproduktion mit jeweils mittleren Stückzahlen sind nur begrenzt Rationalisierungspotentiale gegeben. Somit ist keine aufwendige Gestaltung von technischen Entkopplungslösungen zu realisieren, um dadurch die Entkopplung auf ein Maximum zu steigern. Deshalb muß in der variantenreichen Montage auf eine kapitalintensive technische Lösung verzichtet werden. Organisatorische Ansätze, wie etwa der Einsatz von Springern (vgl. Kapitel 4.1.2), scheiden aufgrund der hohen Lohnkosten aus. Deshalb wurde in der Vergangenheit zur Entkopplung der Mitarbeiter verstärkt auf strukturelle Ansätze in der Montagegestaltung zurückgegriffen. Montagesysteme wurden technisch überdimensioniert, indem parallele Montageplätze geschaffen und damit auch eine Anpassung an wechselnde Personal- oder Auftragsbestände ermöglicht wurden. Zugleich konnte damit die Arbeitsteiligkeit reduziert werden. In der Literatur wird in dem Zusammenhang von einem Montageumfang von bis zu 30 Minuten pro Mitarbeiter gesprochen, die dieser nach einer entsprechenden Einlernphase beherrscht. Da Parallelarbeitsplätze bzw. parallele Arbeitsabschnitte wiederum nur einen Bestandteil von Montagesystemen darstellen, besteht zwischen den einzelnen parallelen Abschnitten wiederum das Problem, daß eine Verkettung und damit auch eine Kopplung über entsprechende, bislang zumeist technische Lösungen, erfolgen muß.

Bei der Gestaltung von Montagesystemen muß es das Ziel sein, parallele Montageteilsysteme durch eine strukturelle Entkopplung der Gesamtmontage zu schaffen. Da die höchste Einsatzflexibilität des Mitarbeiters erreicht wird, wenn er die

Umfänge bzw. die Arbeitsstationen des gesamten Teilsystems beherrscht, müssen die Umfänge der Systeme darauf abgestimmt werden.

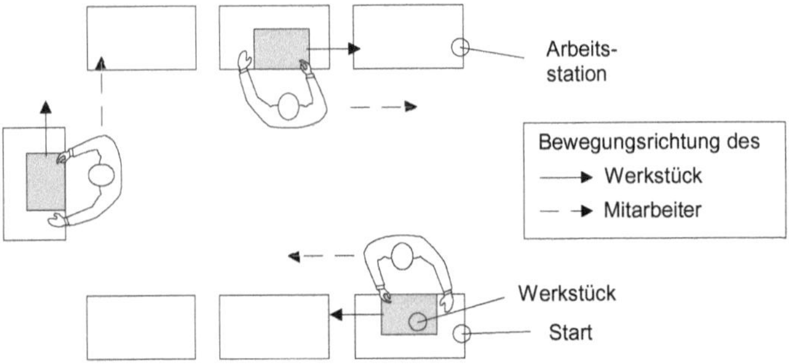

Abb. 6.2-1: Prinzipdarstellung der kombinieren Fließmontage

Wenn jeder Mitarbeiter den kompletten Umfang eines Montagesystems beherrscht, kann er ein komplettes Erzeugnisprogramm des Teilsystems montieren. Dabei wandert der einzelne Mitarbeiter in Fließmontagesystemen von Arbeitsstation zu Arbeitsstation, um dort Montagetätigkeiten an seinem Montageobjekt auszuführen. Wenn er selbständig die Umfänge aller Arbeitsstationen beherrscht, von der ersten bis zur letzten Arbeitsstation, macht er das unabhängig von den weiteren Mitarbeitern im System. Ist ein Produkt fertig montiert, kann er mit der Montage des nächsten Produktes wieder an der ersten Station beginnen (Abb. 6.2-1). Wird ein Mitarbeiter aus dem System herausgenommen, können die anderen unbehindert weiterarbeiten. Das System ist in einer Bandbreite zwischen minimal einer Person und einer definierten maximalen Mitarbeiteranzahl (vgl. Kapitel 7) funktionsfähig. Durch die weitreichende Entkopplung der Mitarbeiter werden die Grundlagen geschaffen, indirekte Aufgaben auf die Gruppe zu übertragen. Diese Arbeitsweise entspricht der kombinierten Fließmontage. Aufgrund der genannten Entkopplung verkörpert das kombinierte Fließprinzip das am besten geeignete Organisationsprinzip, um qualifizierte Mitarbeiter nach den Anforderungen einer leistungsorientierten Arbeitsgestaltung in manuellen Serienmontagen einzusetzen.

Die Erfahrung zeigt, daß die bisherigen Arbeitsstrukturierungsmaßnahmen auf optionaler Basis nur unzureichend von den Mitarbeitern genutzt werden. Sollen flexible Mitarbeiter bzw. flexible Systeme entwickelt werden, erscheint der Einsatz „zwangsgeführter" Arbeitsabläufe, wie etwa der der kombinierten Fließmontage, als eine geeignetere Methode. So können zugleich Koordinationsprobleme innerhalb der Gruppe vermieden werden.

6.2.1.2 Gestaltung dynamischer Arbeitsformen

Im vorhergehenden Abschnitt wurde aufgezeigt, daß durch die vollständige Beherrschung des Montageumfangs eines Systems Flexibilität geschaffen werden kann. Dadurch wird eine weitgehende Entkopplung eines Mitarbeiters vom System und von den mit ihm im System arbeitenden Kollegen ermöglicht. Da jedoch nicht alle Mitarbeiter bzw. neu eingestellte Mitarbeiter diesen Umfang umgehend beherrschen, müssen – entsprechend der vorliegenden Mitarbeiterqualifikation – Systeme angeboten werden, die die erforderlichen Arbeitsweisen zulassen.

Im Rahmen der Montagesystemfestlegung haben sich in der Vergangenheit zwei grundlegende Methoden des Personaleinsatzes ergeben (*Mann 1984*):

- systembezogene Formen
- arbeitspersonbezogene Formen.

Bei einem *systembezogenen Personaleinsatz* wird von vorgegebenen Montagesystemen ausgegangen. Es erfordert die Auswahl einer geeigneten Arbeitsperson für ein vorgegebenes Montagesystem. Die Montageaufgabe für einen Mitarbeiter entsteht nicht durch eine primär zu gestaltende Maßnahme, sondern als Resultat der Montageablaufgestaltung. Bei dieser Form des Personaleinsatzes wird zwangsläufig von der Prämisse ausgegangen, daß ein Arbeitsplatz in einem Montagesystem unabhängig von der darin eingesetzten Person gestaltet und jederzeit von einer geeigneten Arbeitskraft besetzt werden kann.

Ein *arbeitspersonbezogener Personaleinsatz* in differentiellen Systemen geht davon aus, daß für jeden Mitarbeiter das passende Montagesystem bereitgestellt wird, da einzig das Montagesystem und deren Arbeitsplätze als modifizierbar betrachtet werden. Die Arbeitsperson ist demgegenüber nur bedingt veränderbar. So ist das Montagesystem an die darin arbeitenden Personen anzupassen und nicht umgekehrt. Somit wird eine Unter- bzw. Überforderung der Mitarbeiter, und damit eine verringerte Arbeitsleistung, vermieden.

Wenn neben dem Angebot differentieller Systeme für unterschiedlich geeignete Mitarbeiter auch eine Entwicklungsmöglichkeit berücksichtigt wird, kann von einem *arbeitspersonbezogenen Personaleinsatz in differentiellen Systemen mit dynamischer Arbeitsgestaltung* gesprochen werden. In diesem Ansatz wird von einer gewissen Veränderbarkeit der Arbeitspersonen ausgegangen. Damit ist eine fortlaufende Erweiterung bzw. Bereicherung ihrer Arbeitstätigkeiten verbunden. Dieser Sachverhalt muß bei der Gestaltung der Montagesysteme und der darin vorherrschenden Organisationsformen berücksichtigt werden.

Zumeist wird bisher mit den bestehenden Montagesystemen bzw. dem Angebot optionaler Arbeitsgestaltungsmaßnahmen versucht, auf die Weiterentwicklung der Mitarbeiter zu reagieren. Dabei sollten Montagesysteme so flexibel gestaltet sein, daß unterschiedliche Arbeitsweisen realisiert werden können (*Ulich 1978*). Im Rahmen herkömmlicher bzw. arbeitsteiliger Fließmontagen reichen die bisher aufgezeigten Gestaltungsmethoden nicht aus, um die Anforderungen an eine dynamische Arbeitsgestaltung zu erfüllen.

Wildemann (1993) spricht in dem Zusammenhang von variablen Layouts, durch die flexibel auf Veränderungen aufgrund äußerer Einflüsse reagiert werden kann. Um eine hohe Wandlungsfähigkeit des Layouts zu erreichen, sind die beiden Hauptforderungen nach Ortsflexibilität und Kompatibilität der im System eingesetzten Betriebsmittel zu erfüllen (*Dürrschmidt 1997*). *Reinhart* (*1998*) spricht darüber hinaus auch personelle Maßnahmen zur Kapazitätsanpassung an. Eine variable Mitarbeiterzahl im System wird dabei durch technische Maßnahmen, wie etwa den Einsatz mitarbeiterflexibler Betriebsmittel unterstützt, so daß durch deren Umkonfiguration variable Arbeitsinhalte am Betriebsmittel mit einer unterschiedlichen Anzahl an Mitarbeitern möglich werden.

Neben den äußeren Größen sind bei der Gestaltung von Montagesystemen jedoch auch innere Einflüsse, die mit der Qualifikation der Mitarbeiter zusammenhängen, zu beachten. Die differentielle Arbeitsgestaltung ist die Antwort auf unterschiedliche Neigungen und Fähigkeiten der Mitarbeiter, die dynamische Arbeitsgestaltung auf die Entwicklung der Mitarbeiterqualifikationen. Um diese Gedanken zielorientiert in leistungsorientierten Fließmontagen zu übernehmen, muß in festgelegten Grenzen eine Reaktionsfähigkeit der Montagesysteme möglich sein. Sie müssen sich der Dynamik der Mitarbeiter und den sich damit veränderten Anforderungen an die Gestaltung der Arbeitsaufgaben anpassen.

Eine Voraussetzung für die Gestaltung dynamischer Strukturen ist zunächst die Beachtung von Entkopplungsprinzipien, um Freiräume für die Mitarbeiter entstehen zu lassen. Dadurch werden Anreize und Handlungsbereitschaften für Qualifizierungsmaßnahmen geschaffen. Um den Mitarbeiter dann über seine mitgebrachte Qualifikation hinaus Schritt für Schritt höher zu qualifizieren, wird sein Entwicklungsprozeß durch eine qualifizierungsgerechte Arbeitsstruktur unterstützt. Dazu ist eine Anpassung der Arbeitsweise an die Fähigkeiten des Mitarbeiters von Vorteil. Das Montagesystem sollte dabei mehrere bzw. verschiedene Arbeitsweisen anbieten.

In der entkoppelten Fließmontage werden Arbeitsstationen mit geringen Umfängen angeboten, wobei die Werkstücke von Station zu Station weitergegeben werden. Dabei erfolgt eine feste Verkettung der Arbeitsstationen über entkoppelnde Pufferlösungen.

Sollen dem Mitarbeiter komplexe Aufgaben angeboten werden, heißt dies, daß er die Montage eines kompletten Erzeugnisses übernimmt. Zum anderen muß ihm durch eine weitgehende Entkopplung vom System und von den weiteren Mitarbeitern die Möglichkeit geboten werden, auch indirekte Aufgaben wahrzunehmen. Diese abwechslungsreiche Arbeitsweise wird durch die kombinierte Fließmontage unterstützt. Bei der kombinierten Fließmontage muß der Mitarbeiter bei einem Wechsel zur nächsten Arbeitsstation das Werkstück mit sich führen. Sind dabei – im Gegensatz zur Massenfertigung – in der variantenreichen Serienmontage keine investitionsintensiven technischen Verkettungslösungen zu realisieren – oft gleichzusetzen mit einer festen Verkettung – ist eine investreduzierte, flexible Verkettung der Arbeitsstationen nötig.

Ein qualifizierungsförderliches Fließmontagesystem muß – durch die entsprechende Wahl bei der Verkettung – auf unterschiedliche Arbeitsweisen reagieren können. Durch die Wahl einer festen oder flexiblen Verkettung werden für unterschiedliche Fähigkeiten der Mitarbeiter jeweils verschiedene Arbeitsweisen eines Montagesystem ermöglicht. Zum einen wird mit einer festen Verkettung die entkoppelte bzw. arbeitsteilige Fließform, zum anderen mit einer flexiblen Verkettung die kombinierte Fließform bzw. eine komplexe Arbeitsstruktur ermöglicht (Abb. 6.2-2).

Das Verkettungsmittel ermöglicht durch seinen entsprechenden Einsatz als fester Verkettungspuffer oder als flexibel verfahrbare Transporteinheit eine Anpassung der Organisationsform an das jeweils vorherrschende Qualifikationsniveau der Mitarbeiter. Kann der Verkettungspuffer der entkoppelten Fließmontage zugleich als Verkettungsmittel in der kombinierten Fließmontage verwendet werden, sind damit bei einem Wechsel der Organisationsform keine oder sehr einfache Umstellungsarbeiten des Systems verbunden. Werden in der kombinierten Fließmontage die Werkstücke jedoch weiterhin über feste Verkettungspuffer weitergegeben, fehlt die für variantenreiche Montage notwendige Ablaufflexibilität.

Durch den zwangsgeführten Montageablauf mit ortsfesten Betriebsmitteln erfolgt in der entkoppelten und in der kombinierten Fließmontage jeweils eine effektive Nutzung der angebotenen Arbeitsweise, die trotz höherer Anforderungen an den Mitarbeiter keine Verminderung der Transparenz des Systems mit sich bringt. So wird die Mitarbeiterqualifikation in jeder Entwicklungsphase effektiv eingesetzt und damit jeweils eine optimale Arbeitsleistung erzielt. Weitere sachbezogene Möglichkeiten zur leistungsorientierten Arbeitsgestaltung, die über die des Verkettungsmittels hinausgehen – wie etwa durch die Gestaltung von Arbeitsplätzen und Betriebsmitteln – sollen in dieser Arbeit nicht weiter verfolgt werden (vgl. Kapitel 2.4 bzw. 4.1.2).

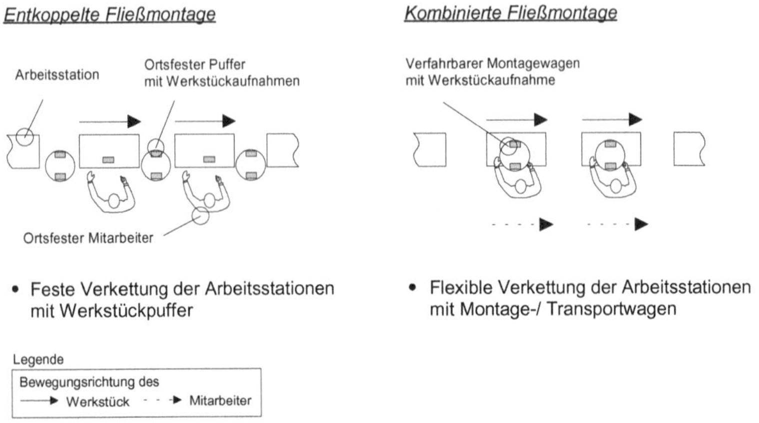

Abb. 6.2-2: Feste und flexible Verkettung für eine dynamische Arbeitsgestaltung

6.2.2 Flexible Arbeitszeiten

Aus Sicht der Beschäftigten ist eine starre Festlegung der Arbeitszeiten und die damit verbundene Fremdbestimmung nicht mehr zu vertreten. Sie fordern deshalb mehr Zeitsouveränität mit flexibleren Arbeitszeiten, wie dies im Angestelltenverhältnis bereits üblich ist (*Ulich 1989*).

Die Umsetzung flexibler Arbeitszeitmodelle in produzierenden Unternehmen hängt im wesentlichen von der gewählten Organisationsform und deren Strukturierung ab. Insbesondere die in Kapitel 4.1 und 7.2.1 erwähnten Maßnahmen zur Entkopplung der Mitarbeiter vom Arbeitsablauf bzw. von vor- und nachgelagerten Arbeitsplätzen üben einen Einfluß auf die Arbeitszeitorganisation aus.

Folgende Maßnahmen unterstützen oder ermöglichen bisher die Anwendung flexibler Arbeitszeiten (*Utsch 1981, Niefer 1993*):

- Bildung von Puffern
- Einsatz eines Springers als Stellvertretung
- Anwendung von Arbeitsplatzwechsel
- Verschiebung des Zeitzwanges durch Absprache bzw.
- Einführung neuer Arbeitsorganisationsformen.

Unter dem Begriff der Arbeitszeitflexibilisierung wird die Möglichkeit verstanden, die Arbeitszeit hinsichtlich ihrer Länge und Lage zu verändern. So können Ungleichgewichte zwischen einer zunehmenden Verkürzung der Wochenarbeits- bzw. Betriebszeiten und einer zunehmenden Kapitalintensität der Arbeitsplätze abgebaut werden (*Bielinski 1979*). Es wird dabei nach chronometrischen, chronologischen sowie der Kombination aus chronometrischen und chronologischen Arbeitszeitflexibilisierungen unterschieden.

Eine *chronometrische Flexibilisierung* der Arbeitszeit zielt auf die Dauer von Zeitverschiebungen bezogen auf den Tag, die Woche, das Jahr oder das Erwerbsleben ab. Sie ermöglicht neben der tariflichen Arbeitszeit eines Vollzeitbeschäftigten ein gleichzeitiges Nebeneinander verschieden langer Arbeitszeiten. Hier können beispielhaft die Teilzeitarbeit oder eine generelle Arbeitszeitverkürzung bei einem gleitenden Übergang in den Ruhestand genannt werden.

Mit einer *chronologischen Flexibilisierung* der Arbeitszeit wird durch Entkopplung der Zeitpunkt der Arbeit variabel. Dazu gehören gleitende Arbeitszeiten oder Schichtarbeit. Durch eine Kombination der beiden Modelle wird eine Flexibilisierung durch die Variation von zeitlicher Lage und Dauer ermöglicht. Der Jahresarbeitszeitvertrag und das „Job Sharing" lassen sich durch solche Kombinationsmodelle realisieren (Abb. 6.2-3).

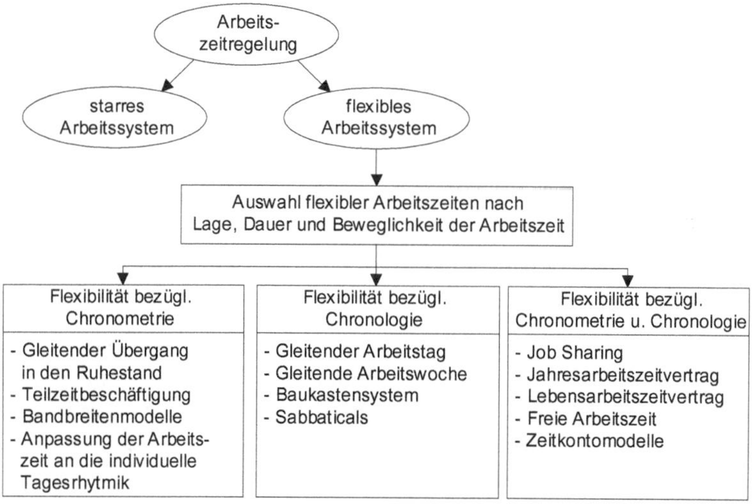

Abb. 6.2-3: Unterscheidungskriterien flexibler Arbeitszeitmodelle (Heeg 1991)

Um aus Sicht der Unternehmen die Arbeitszeiten zu flexibilisieren, werden unterschiedliche Teilzeit- und Vollzeitmodelle eingesetzt (*Bielinski 1979*). Die Gleitzeitmodelle stellen die flexibelste Form der Arbeitszeitregelung dar. Aus betrieblicher

Sicht wird bei einer Arbeitszeitflexibilisierung – insbesondere bei Einführung von Gleitzeit – die Fluktuation, die Häufigkeit von Absenzen und die Notwendigkeit von Überstunden abnehmen. Durch die Verringerung von Leerlaufzeiten wird eine Steigerung der Produktivität erreicht. Mit der Einführung der Schichtarbeit wird durch eine Entkopplung und einer gleichzeitigen Ausdehnung der Betriebszeit eine höhere Nutzung der Betriebsmittel ermöglicht (*Heeg 1991*).

Indem die Betriebszeiten den Schwankungen des Arbeitsanfalls angepaßt werden, kann eine Steigerung der Rentabilität durch eine gezieltere Nutzung der Arbeitszeit erreicht werden (*Ulich 1989*). Solche Schwankungen treten um so stärker auf, je höher die Dynamik des entsprechenden Absatzmarktes ist, auf das die Unternehmen durch ein jeweils entsprechendes Kapazitätsangebot reagieren müssen. Dabei wird mit neuen Produktionsstrategien auf die Reduktion von Lagerbeständen und die Verkürzung von Durchlaufzeiten gezielt.

Mit der Einführung flexibler Arbeitszeiten stehen sich mit den Interessen der Arbeitnehmer und Arbeitgeber einander konkurrierende Ziele gegenüber (*Frieling 1996*). Die Unternehmen wollen mit Hilfe neuer Arbeitszeitmodelle besser auf Kapazitätsschwankungen reagieren und damit eine effektivere Nutzung der Betriebszeiten erreichen. Die Arbeitnehmer hingegen wollen einen größeren Dispositionsspielraum bei der Arbeitszeitgestaltung erreichen (*Hechl 1995*). Durch die Verlagerung der Verantwortung für arbeitsplanende und -steuernde Tätigkeiten in die Gruppen – verbunden mit einem Mitbestimmungsrecht bei der Arbeitszeitorganisation – wird eine gleitende Arbeitszeit unter Wahrung der Arbeitnehmerinteressen und einer gleichzeitigen kapazitätsorientierten Auslastung der Unternehmen begünstigt.

6.3 Umsetzung leistungsorientierter Fließmontagen

Im folgenden Kapitel werden anhand der eingegrenzten Betriebstypologie zwei Montagesysteme näher beschrieben. Die primären Merkmalausprägungen der Betriebstypen ergeben bei der Umsetzung leistungsorientierter Fließmontagen jeweils spezifische Systemlösungen. Dazu werden die Montagesysteme eines Lagerfertigers und eines Einzelauftragfertigers von typisierten Produkten mit kundenspezifischen Varianten näher beschrieben. Aus diesen Systembeispielen werden im Anschluß allgemeingültige Erkenntnisse abgeleitet, die auch auf Systemlösungen mit jeweils abweichenden Merkmalausprägungen übertragen werden können und zugleich den Aspekt einer leistungsorientierten Arbeitsgestaltung unterstützen. Dadurch entsteht ein allgemeingültiges Gestaltungsmodell für die leistungsorientierte Serienmontage.

6.3.1 Montagesystemgestaltung eines Lagerfertigers

Bei dem untersuchten Unternehmen handelt es sich um einen mittelständischen Vertreter der Elektrogeräteindustrie. Zur kapazitiven Auslegung der Montagesysteme sind die starken saisonalen Schwankungen des Marktes zu berücksichtigen.

Die Produkte weisen mit einer Anzahl von ca. 70 Bauteilpositionen eine mittlere Komplexität bei zumeist geringer Baugröße auf. Die Produkte zeichnen sich durch eine weitgehende Standardisierung der jeweiligen Grundvariante aus. Jedoch ergibt sich aufgrund der Vielzahl an angebotenen Katalogvarianten und der länderspezifischen Normungen bzw. Vorschriften für Exportmaschinen eine hohe Variantenvielfalt einzelner Baureihen, die sich sowohl durch ersetzende als auch ergänzende Bauteile in den Maschinen auszeichnen. Mit der vorgegebenen Produktgestaltung sind umfangreiche Verkabelungsarbeiten sowie die Montage diverser biegeschlaffer Bauteile verbunden. Damit wird eine mögliche Automatisierung der Montageprozesse erschwert.

Das gesamte Produktspektrum wird im Zuge einer Segmentierung nach dem Kriterium Motorgröße in mehrere Montagesysteme aufgeteilt. Bei der Vielzahl an Produktbaureihen wird jeweils eine Motorgröße bzw. einander ähnliche Motorbaureihen, die unterschiedliche Grundabmessungen aber einander ähnliche Montageabläufe aufweisen, einem Montagesystem zugewiesen. In einem Montagesystem, das nach der Form der kombinierten Fließmontage organisiert ist, muß ein Mitarbeiter jeweils ein Produkt komplett montieren. Der Montageumfang in einem Montagesystem wird durch die Produktkomplexität und die Anzahl der Produktbaureihen bzw. -varianten festgelegt. In dem Beispielunternehmen erforderte dies bei der Grundvariante die Beherrschung eines Montageumfangs von ca. acht Minuten, der zu je ca. 60 Prozent aus Fügetätigkeiten und 40 Prozent aus Zubring-, Kontroll- und Justiertätigkeiten besteht. Der Gesamtumfang eines Systems liegt unter Berücksichtigung der Einzelzeiten aller Varianten bei ca. 15 Minuten.

Mit den einheitlichen Außenabmessungen der Varianten und dem erreichten Produktionsvolumen eines jeden Systems ergibt sich ein Rationalisierungspotential für eine mechanisierte Verkettungslösung der Arbeitsstationen. Durch eine Mechanisierung der Verkettung lassen sich die Werkstücktransportzeiten weitgehend minimieren. Dabei muß die Ablaufflexibilität durch entsprechende Maßnahmen, wie z.B. ein einfaches Umstellen der Arbeitsstationen oder der Transportsteuerung, gewährleistet werden. Um neben den Transportzeiten auch ablaufbedingte Wartezeiten während des Wechsels des Werkers bzw. des Werkstückträgers zur nächsten Arbeitsstation zu vermeiden, werden pro Mitarbeiter jeweils zwei Werkstückträger eingesetzt. Die geringe Baugröße läßt die Anordnung von vier Werkstücken auf einem Werkstückträger zu, womit zusätzlich Handhabungs- und Nebenzeiten reduziert werden. Mit dieser Art der Verkettung ist in

Verbindung mit der hohen Anzahl an bereitzustellenden Montagebauteilen nur eine äußere "U-Form" des Systems möglich. Die Arbeitsplätze sind außerhalb der Werkstücktransportstrecke angeordnet, das gegenüber einer inneren „U-Form" längere Wegstrecken für die Mitarbeiter zur Folge hat (Abb. 6.3-1). Mit dieser teilmechanisierten Systemlösung ist sowohl eine arbeitsteilige Fließmontage mit bewegten Werkstückträgern und ortsfesten Mitarbeitern als auch eine kombinierte Fließmontage mit bewegten Werkstückträgern und sich dazu mitbewegenden Werkern möglich.

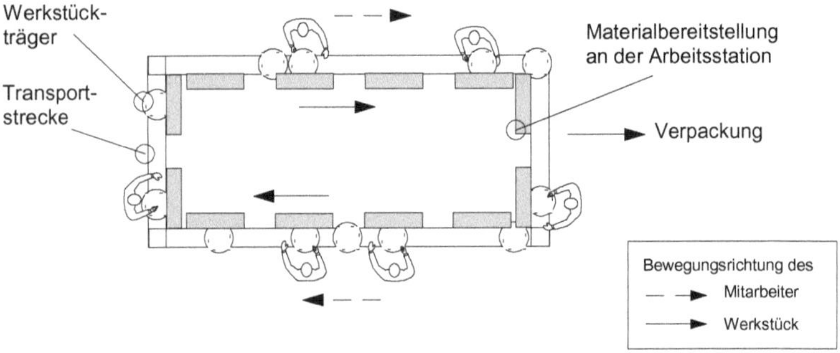

Abb. 6.3-1: Layout des Montagesystems eines Lagerfertigers

6.3.2 Montagesystemgestaltung eines Einzelauftragfertigers von typisierten Produkten mit kundenspezifischen Varianten

Das Unternehmen produziert elektrische Torantriebe nach kundenspezifischen Vorgaben. Die Vorfertigung erfolgt kundenanonym, wobei Standardbaugruppen bereits auf Lager vormontiert werden. Die Endmontage erfolgt überwiegend kundenauftragsorientiert. Das Unternehmen produziert nicht direkt für den Endverbraucher, sondern für den Bedarf industrieller Abnehmer. Wegen einer geringen Anzahl an Großabnehmern unterliegt es verstärkt den konjunkturellen und saisonalen Schwankungen. Deshalb sind Anpassungen der Kapazitäten an den Bedarf erforderlich. Es sind jeweils geringe Stückzahlen je Auftrag bei kurzen Lieferzeiten mit der geforderten Variantenvielfalt zu produzieren. Daraus ergeben sich hohe Unsicherheiten bei der Planbarkeit und besonders hohe Anforderungen an die Umstellungsflexibilität in der Montage (*Hackstein 1991*). Durch die Kundenänderungseinflüsse während der Produktion und die – durch fehlende Lagerhaltung an Endprodukten – enge Anbindung an die Produktion des Abnehmers werden die Flexibilitätsanforderungen an die Montage verstärkt. Das Produktspektrum besteht aus fünfzehn Grundbaureihen, die in ihren Abmessungen bzw. Eigenschaften stark variieren und jeweils eine Vielzahl an Varianten aufweisen. Mit einer produktgruppen- bzw. baugrößenorientierten Segmentierung wird die Produktpalette drei Montagesystemen zugeordnet. Aufgrund geringer Stückzahlen und einer hohen Produktvarianz ist kein Potential für Mechanisierungslösungen vorhanden.

Im Beispielunternehmen erfordern die Systeme jeweils die Beherrschung eines Montageumfangs von ca. 15–20 Minuten, wobei die hohen Qualitätsanforderungen der Abnehmer eine entsprechende Qualifikation der Mitarbeiter verlangen.

Eine große Zahl an Aufträgen mit kleinen Bestellmengen, die sich in der Montageablauffolge voneinander unterscheiden, machen eine flexible Verkettung der Arbeitsstationen notwendig. Es werden fahrbare Transportwagen als Werkstückträger eingesetzt, die vom Werker von Arbeitsstation zu Arbeitsstation bewegt werden. Der Transportwagen erlaubt einen „beliebigen“ Montageablauf im System, wodurch der teilweise sehr unterschiedliche Montageumfang und -ablauf aufeinanderfolgender Werkstücke abgearbeitet werden kann. Die Produktvarianz und die Baugröße erfordern eine stückweise Montage. Mit dieser Verkettungsart und der geringen Anzahl an Bauteilen pro Station ist eine innere U-Form des Systems möglich. Die Arbeitsplätze sind – bezogen auf den Materialfluß – nach innen gerichtet angeordnet. Damit entstehen kürzere Wegstrecken für den Werker (Abb. 6.3-2). Zur Vermeidung von Zeitverlusten bei der Werkstückhandhabung werden die Transportwägen als Montagewagen gestaltet, d.h. die Füge- und Justierarbeiten am Werkstück erfolgen an der jeweiligen Arbeitsstation auf dem Wagen. Durch das Vermeiden von Werkstückhandhabungen werden die Nebenzeiten deutlich reduziert.

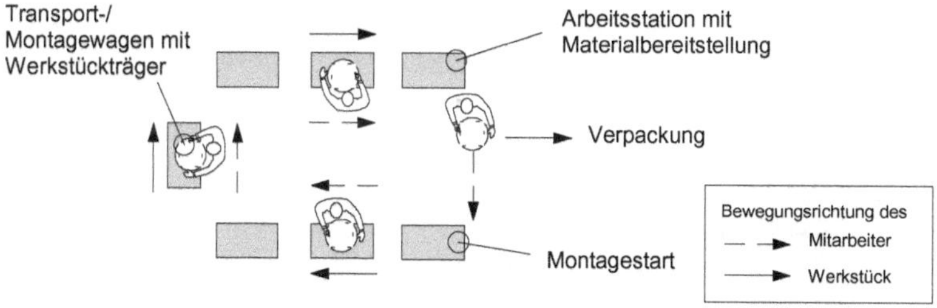

Abb. 6.3-2: Layout des Montagesystems eines Einzelauftragfertigers

Mit dieser Systemlösung ist sowohl eine kombinierte Fließmontage mit von den Mitarbeitern mitzubewegenden Werkstückträgern als auch eine arbeitsteilige Fließform mit ortsfesten Mitarbeitern und als Verkettungspuffer gestaltete Werkstückträger möglich.

6.4 Entwicklung der Organisations- und Tätigkeitsstruktur

Bei der Einführung von Montagesystemen mit einer kombinierten Fließform sind erhöhte Qualifikationsanforderungen gegenüber arbeitsteiligen Montageformen zu berücksichtigen. Die spezifischen Anforderungen sind vor der Systemeinführung detailliert zu erfassen. Bereits mit einer horizontalen Kapazitätsteilung zur Segmentierung der Montage ergeben sich für die Mitarbeiter in den entstehenden Segmenten gegenüber den bisherigen Systemen mehr Arbeitsinhalte pro Baureihe. In einem Montagesystem, das den Gestaltungsprinzipien leistungsorientierter bzw. kombinierter Fließmontagen entspricht, montiert ein Mitarbeiter selbständig ein funktionales Produkt, womit sich der gesamte Montageumfang an der Baureihe weiter erhöht. Um den Gedanken einer Funktions- und Aufgabenintegration sowie der Selbststeuerung in den Systemen zu entsprechen, sind neben der manuellen Montage zusätzliche Qualifikationen der Mitarbeiter erforderlich. In dem Zusammenhang erfolgt die Übernahme arbeitsbereichernder Aufgaben wie z.B. Prüftätigkeiten, Nacharbeit, bestimmte Überwachungsaufgaben, einfache Störungsbeseitigung sowie das Einrichten und Umrüsten der Systeme.

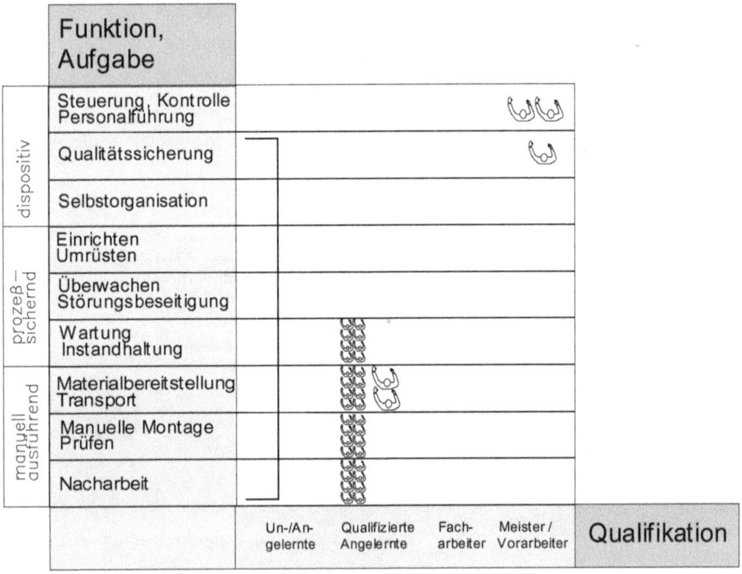

Abb. 6.4-1: Ziel bei der Tätigkeits- und Qualifikationsstruktur eines Einzelauftragfertigers

Flache Hierarchien mit wenigen Schnittstellen prägen die neu zu schaffende Struktur. Das Ziel der zu entwickelnden Organisationsstruktur sieht eine weitgehende und einheitliche Qualifizierung der Mitarbeiter vor, um damit das gesamte Potential an personeller Leistung und Systemflexibilität auszuschöpfen (Abb. 6.4-1). Ist aufgrund der bestehenden Qualifikationsstruktur eine Anhebung des Qualifikationsniveaus aller Mitarbeiter nicht zu erreichen, ist die Einführung einer differentiellen Arbeitsgestaltung zu prüfen.

6.5 Stufenmodell zur Qualifizierung

Im folgenden wird eine Qualifizierungsstrategie zur Einführung leistungsorientierter Fließmontagen aufgezeigt. Diese soll beispielhaft nach den Ausprägungen des Einzelauftragfertigers aus Kapitel 6.3.2 erfolgen. In dem Fallbeispiel umfaßt der Montageumfang eines Systems ca. 15–20 Minuten. Zunächst beherrschen nur wenige Mitarbeiter, die bisher in arbeitsteiligen Arbeitssystemen beschäftigt waren, den gesamten Montageumfang eines Produkts. In Abb. 6.5-1 ist die erforderliche Einarbeitungszeit zur Qualifizierung eines neuen Mitarbeiters für komplexe Arbeitsinhalte zu entnehmen. Besitzen die eingesetzten Mitarbeiter bereits Montageerfahrung, wird etwa 50–60 Prozent der Einarbeitungszeit benötigt, um die Arbeitsinhalte in der vorgegebenen Zeit zu montieren. Dabei ist zu erkennen, daß für einen neuen Mitarbeiter bei einem Umfang von acht Minuten eine Einarbeitungszeit von ca. 20 Arbeitstagen notwendig ist. Bei der umfangreichen Mitarbeiterqualifizierung ist es nötig, ein systematisches und schrittweises Anlernen „on the job“ zu verfolgen. Ein „Vier-Stufen-Plan“ soll diesen Qualifizierungsprozeß unterstützen (Abb. 6.5-2).

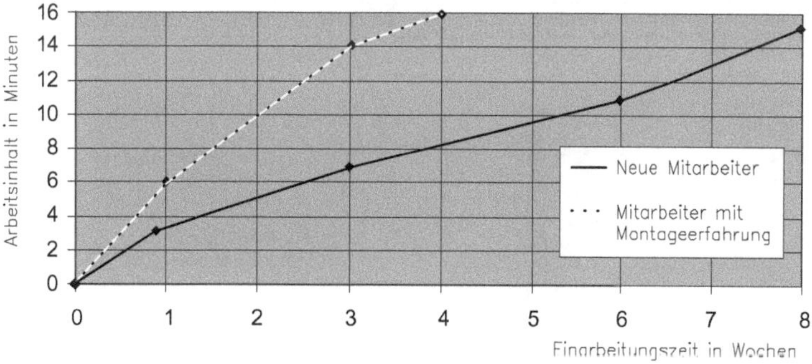

Abb. 6.5-1: Einarbeitungszeit der Mitarbeiter bei komplexen Arbeitsinhalten

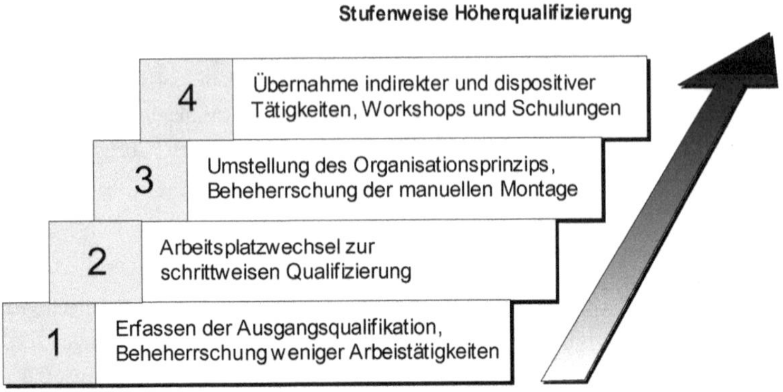

Abb. 6.5-2: „Vier-Stufen-Plan" zur Realisierung der kombinierten Fließmontage

Zunächst wird die Ausgangssituation der einzelnen Mitarbeiterqualifikationen festgehalten. Als Unterstützung wird eine Visualisierung des Qualifizierungsniveaus vorgeschlagen, mit der deutlich wird, welche Arbeitstätigkeiten vom Mitarbeiter bereits beherrscht werden. Die Visualisierung kann mit Hilfe der bekannten Mitarbeiter-Tätigkeits-Matrix (Abb. 4.2-3) vorgenommen werden.

Das Teilsystem wird zu Beginn in einzelne Bereiche entsprechend der Mitarbeiteranzahl aufgeteilt und über Puffer voneinander entkoppelt. In dem Beispielunternehmen werden dazu die konzipierten Montagewägen (vgl. Kapitel 6.3.2) in der arbeitsteiligen Fließmontage als Verkettungspuffer verwendet. Die Mitarbeiter werden dabei zunächst auf die Arbeitsstationen verteilt, deren Tätigkeiten sie bereits aus dem traditionellen System beherrschen (Abb. 6.5-3).

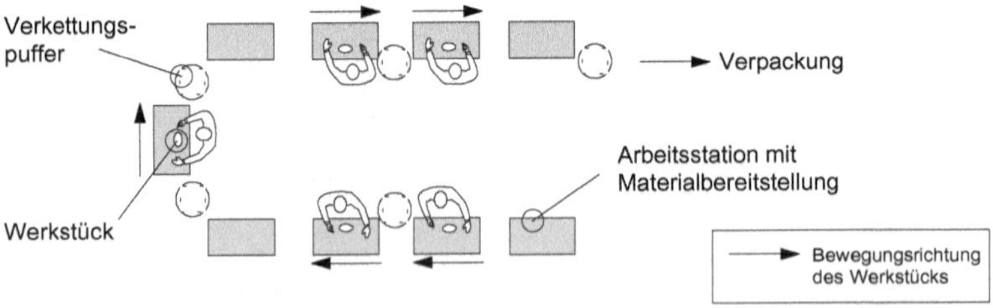

Abb. 6.5-3: Arbeitsteilige Arbeitsform als Ausgangssituation

Sind alle Mitarbeiter in der Lage, die Montageumfänge der Arbeitsstation in der Vorgabezeit zu montieren, wechseln sie zur nächsten Arbeitsstation und qualifizieren sich in der Folgezeit für diesen zusätzlichen Montageinhalt. Das jeweils erreichte Qualifikationsniveau wird auf der Matrix festgehalten. Durch gezielte weitere Arbeitsplatzwechsel werden schrittweise neue definierte Teilumfänge in die Qualifikation des Mitarbeiters aufgenommen. Der Mitarbeiter verbleibt je nach Umfang ca. vier bis fünf Tage an einer Arbeitsstation, bis er dort eingearbeitet ist.

Wenn alle Zeilen der Matrix eines Mitarbeiters mit den entsprechenden Markierungen versehen sind, bedeutet das, daß sich der Mitarbeiter an allen Stationen qualifiziert hat und er in der Lage ist, den gesamten Umfang des Systems zu montieren. Damit sind die Voraussetzungen für Stufe drei – den Wechsel der Organisationsform – gegeben, d.h. der Übergang von der entkoppelten zur kombinierten Fließmontage ist vollzogen. Der Montageablauf kann ab dem Zeitpunkt so gestaltet werden, daß jeder Mitarbeiter mit einem Werkstück auf dem Montagewagen von Station zu Station wandert und durchgehend die qualifizierte Montage an einem kompletten Werkstück ausführt.

Mit dieser Organisationsform ist eine völlige Entkopplung der Mitarbeiter verbunden, die die Einführung von gleitenden Arbeitszeitformen ermöglicht. Aus den bisherigen Erfahrungen stellen flexible Arbeitszeiten für die Mitarbeiter einen sehr starken Motivationsanreiz zu Qualifizierungshandlungen dar.

Durch das flexible System – vor allem die Komponenten „Montagewagen“ und die daran angepaßten „Arbeitstische“ – ist ein selbständiges Umstellen der Arbeitsform durch die Mitarbeiter möglich. Das bislang als Puffer eingesetzte Verkettungsmittel wird in der Folgezeit als Montage- bzw. Transportwagen verwendet. Diese Qualifizierungsflexibilität ergibt sich aus der Flexibilität des Montagesystems, besonders aus der Flexibilität des Verkettungsmittels bezüglich der bestehenden Qualifikation und der weiteren Qualifizierung der Mitarbeiter.

Für die Dauer der Qualifizierung einzelner Mitarbeiter sind deutliche Unterschiede festzustellen und auch nicht alle Mitarbeiter erreichen das für die kombinierte Fließmontage erforderliche Qualifikationsniveau. In dem aufgeführten Beispielunternehmen waren es etwa 80 Prozent. Aus dieser Tatsache ergibt sich die Notwendigkeit für ein differentielles Gesamtmontagesystem.

In der vierten Stufe werden nach den manuell auszuführenden, direkten Tätigkeiten schrittweise indirekte Tätigkeiten, d.h. prozeßbegleitende und -sichernde Tätigkeiten von den Beschäftigten übernommen. Dabei ist eine verstärkte Betreuung durch das Werkstattführungspersonal und das Einbringen von Erfahrungen der bisherigen Springer bzw. Vorarbeiter förderlich. Indirekte Tätigkeiten können bereits während der entkoppelten Fließmontage für eine definierte Zeit übernommen werden, abhängig von den Dimensionierungen der Verkettungspuffer.

Mit der Hinzunahme diverser neuer Aufgaben würde die Visualisierung des Qualifizierungsniveaus einer Gruppe in der kombinierten Fließmontage durch die Verwendung der Mitarbeiter-Tätigkeits-Matrix zu „unübersichtlich" werden. Deshalb wird der Einsatz einer Matrix mit Viertelkreisdarstellungen empfohlen (Abb. 6.5-4). In den Zeilen werden die einzelnen Mitarbeiter und in den Spalten die Aufgaben einer Gruppe eingetragen. Die unterschiedlichen Viertelkreisdarstellungen deuten den Qualifizierungsstand eines Mitarbeiters im System an. Für die Eignung in der kombinierten Fließmontage sind bei der Aufgabe „Montage" zumindest zu dreiviertel gefüllte Kreise notwendig.

Als abschließende Maßnahme der vierten Stufe werden dispositive Tätigkeiten in die Gruppen verlagert und integriert. Davor bedarf es jedoch weiterer Qualifizierungsmaßnahmen durch Schulungen und Workshops. Die Unterstützung von psychologisch geschulten Trainern ist ab der dritten Qualifizierungsstufe durch sich verstärkende gruppendynamische Effekte innerhalb der Gruppe in besonderer Weise zu berücksichtigen.

Tätigkeiten / Mitarbeiter	Montage, Prüfung	Nacharbeit	Indirekte Tätigkeiten *	Wartung, Instandhaltung	Verpacken	Gruppengespräche leiten
Herr Haupt	●	●	◕	●	●	◑
Frau Ernst	◕	◑	◑	◑	◕	●
Frau Müller	●	◕	●	◑	●	◕
Herr Meier	◑	◔	○	○	◑	○

*) Materialbereitstellung, Montageablauf einer Serie festlegen

Legende:

○	◔	◑	◕	●
Mitarbeiter beherrscht die Tätigkeit nicht	Mitarbeiter wird angelernt	Mitarbeiter arbeitet eigenständig	Mitarbeiter erreicht die Vorgabezeit	Mitarbeiter kann neue Mitarbeiter anlernen

Abb. 6.5-4: Visualisierung der Mitarbeiterqualifikation in der kombinierten Fließmontage

Bei der Integration neuer Mitarbeiter in eine Gruppe, die bereits alle Umfänge in der kombinierten Fließmontage beherrscht, ist zu beachten, daß für die Einlernphase eines neuen Kollegen keine Rückbildung des Systems in eine entkoppelte Montage erfolgen darf. Neue Mitarbeiter können zunächst in der entkoppelten Montage mit nur geringen Inhalten pro Arbeitsstation eingesetzt werden. Unter der Beobachtung des Werkstattführungspersonals kann festgestellt werden, inwieweit eine allgemeine Eignung für Montageaufgaben besteht. Bei Eignung erfolgt in einem weiteren Schritt die Integration in die kombinierte Fließmontage. Mit den bereits gesammelten Montageerfahrungen kann die neuerliche Einlernphase des Mitarbeiters verkürzt werden. Am Anfang wird der neue Mitarbeiter von einem Gruppenmitglied betreut. Speziell eingerichtete Schulungsarbeitsplätze erleichtern dabei den Start im Montagesystem. Wenn die Nacharbeit fehlerhafter Maschinen von Beginn an vom Verursacher durchgeführt wird, erweist sich das für eine erfolgreiche Einarbeitung als besonders lernfördernd.

6.6 Ansätze einer Segmentierungsstrategie

Ziel bei der leistungsorientierten Montagegestaltung ist es, einen möglichst großen Anteil der Montagesysteme in die kombinierte Fließmontage überzuführen. Dabei sind die spezifischen Anforderungen der leistungsorientierten Arbeitsgestaltung in flexiblen Montagesystemen zu beachten.

Um die Zielerreichung sicherzustellen, wird eine Einteilung der Gruppen von dem Werkstattführungspersonal vorgenommen, das die meiste Erfahrung über das vorhandene Montagepersonal besitzt. Das Führungspersonal kann und soll vor allem den schwachen Gruppen eine Unterstützung von außen bieten. Trotz der verfolgten Homogenisierungsstrategie wird sich neben einem stabilen Kernbereich in den kombinierten Fließmontagen mit hoher Qualifikation und geringer Fluktuation ein Randbereich bilden, der sich durch höhere Fluktuation und geringere Qualifikation auszeichnet.

Zeigen sich in einer Arbeitsgruppe Ansätze für eine Ausdifferenzierung oder der Wunsch eines Mitarbeiters nach einer Höherqualifizierung, so sollte dies gefördert werden, da das Handeln aus Eigeninitiative in ihrer Effektivität am produktivsten ist. Beabsichtigt man, eine effiziente betriebliche Organisationsstruktur aufzubauen, so sollte diese Tatsache die Grundlage für Qualifizierungsentscheidungen bilden (*Mann 1984*). Aus besonders qualifiziert eingestuften Mitarbeitern wird eine flexible Einsatzgruppe gebildet, die bei entsprechendem Bedarf einen Kapazitätsausgleich zwischen den Gruppen schafft.

6.7 Zusammenfassung

6.7.1 Leistungsgestaltung und Mitarbeiterqualifizierung

Mit der Einführung einer Leistungsorientierung bei Serienmontagen ist zunächst eine Segmentierung der Gesamtmontage verbunden. Dafür werden produkt-, baugrößen- oder montageablauforientierte Kriterien herangezogen (vgl. Kapitel 6.3). Dabei müssen die Montageumfänge der Teilsysteme auf die Qualifikationsstruktur im Unternehmen abgestimmt werden (vgl. Abb. 6.5-1). Leistungsorientierte Arbeitsformen werden in der variantenreichen Serienmontage jedoch nur durch die Einführung kombinierter Fließmontagen und der strukturellen Entkopplung der Arbeitsstationen bzw. der Mitarbeiter möglich (vgl. Kapitel 6.2.1).

Um den Qualifizierungsprozeß in leistungsorientierten Systemen zu unterstützen, sind die Prinzipien differentieller und dynamischer Arbeitsgestaltung zu berücksichtigen. Dabei bestehen eher geringe Probleme bei der Einführung differentieller Arbeitsformen für unterschiedlich geeignete Mitarbeiter. Eine weitaus höhere Beachtung muß die Komplexitätserhöhung durch die dynamische Arbeitsgestaltung erfahren, die nur unter Berücksichtigung qualifizierungsgerechter Arbeitsstrukturen und zwangsgeführter Abläufe bewältigt werden kann. Somit können Koordinationsprobleme bzw. eine verringerte Transparenz im Montagegeschehen vermieden werden. Abgestimmte Qualifizierungsstrategien, die ein stufenweises Anlernen aller Mitarbeiter „on-the-job" verfolgen, müssen durch gezielte Motivationsanreize, wie etwa die Einführung flexibler Arbeitszeiten, unterstützt werden. Aber auch Segmentierungsstrategien bieten geeignete Qualifizierungsanreize für Mitarbeiter, wenn damit weitere Aufstiegschancen verbunden sind. Die Einführung flacher Hierarchien und die Beseitigung von Schnittstellen in der Unternehmensorganisation stellen sich als positive Nebeneffekte ein (vgl. Kapitel 6.4 und 6.5).

Die dynamische Arbeitsgestaltung muß dabei jedoch nicht immer mit Layoutänderungen durch die Umstellung von Betriebsmitteln oder Arbeitsstationen verbunden sein (vgl. Kapitel 6.2.1.2). Auch durch den Einsatz von Verkettungsmitteln, die einen einfachen und schnellen Wechsel von fester nach flexibler Verkettung der Arbeitsstationen zulassen, wird das Anbieten verschiedener Arbeitsweisen ermöglicht.

Es kann jedoch genauso in der variantenreichen Serienmontage das Ratiopotential für die Mechanisierung der Stationsverkettung vorhanden sein (vgl. Kapitel 6.2.1.1). Auch eine mechanisierte bzw. feste Verkettung der Stationen erfüllt die Anforderungen an eine leistungsorientierte Arbeitsgestaltung, falls entsprechende Gestaltungslösungen bei den Werkstückträgern bzw. der Ablaufsteuerung beachtet werden (vgl. Kapitel 6.3.1).

Eine flexible Verkettung ist dabei am geeignetsten, um variantenbedingte Änderungen im Montageablauf zu ermöglichen. Die Entkopplung der Stationen steht damit in einem engen Zusammenhang mit dem eingesetzten Verkettungsmittel.

Zuletzt sind hinsichtlich der Verkettungslösungen noch deren Gestaltungsaspekte zusammenzufassen. So wird bei der mechanisierten Verkettung gegenüber den manuell verfahrbaren Transportwägen meist eine höhere Anzahl an Werkstückträger als Mitarbeiter im System eingesetzt. So sollen Nebenzeiten reduziert werden. Abhängig von der Bauform und -größe der Produkte können auf den Werkstückträgern ein oder mehrere Werkstücke angeordnet werden, die zusätzlich rotatorische Relativbewegungen zur Transportrichtung aufweisen, falls der Montageablauf bzw. ergonomische Einflüsse während der Montage es erfordern (vgl. Kapitel 6.3.1 bzw. 6.3.2).

6.7.2 Erweiterung der Merkmalausprägungen

Zur Erweiterung des bisherigen Geltungsbereichs leistungsorientierter Arbeitsgestaltung werden die in Kapitel 6.1 aufgeführten charakteristischen Merkmalausprägungen aufgegriffen und um weitere relevante Ausprägungen ergänzt.

So kann bezüglich des Merkmals „Erzeugnisspektrum“ eine Ausweitung auf „Erzeugnisse nach Kundenspezifikation“ vorgenommen werden, sofern der Einsatz einheitlicher und standardisierter Werkstückträger und Verkettungsmittel damit möglich ist. Dagegen ist bei der „Produktion von Standarderzeugnissen ohne Varianten“ eine Differenzierung zu machen. Bei Losgrößen im Bereich von 200 bis 2.000 kann bei mehr als zehn Losen eine Zuordnung in den Geltungsbereich erfolgen (vgl. Kapitel 6.1.1).
Bei Erzeugnisstruktur und -größe kann festgestellt werden, daß „geringteilige Erzeugnisse“ im Bereich von einzelnen Vormontagearbeitsplätzen anzusiedeln sind und „Erzeugnisse mit hoher Baugröße“ eher der Baustellen- oder Gruppenmontage zuzuordnen sind, nicht jedoch der konsekutiven Serienmontage. Bezüglich der „Ablaufart in der Montage“ ist lediglich die Ausprägung „Reihenmontage“ noch zu berücksichtigen, da sie sich gegenüber der Fließmontage lediglich von der Taktbindung unterscheidet.
Unternehmen, die bezüglich dem Merkmal „Auftragsauslöseart“ eine „Produktion auf Bestellung mit Rahmenaufträgen“ vorweisen, gehören der Zulieferbranche an. Bei ihnen sind die bisher genannten primären Merkmale zu prüfen, inwieweit damit eine Eignung für leistungsorientierte Arbeitsformen gegeben ist.
Die hohe Reaktionsfähigkeit leistungsorientierter Fließmontagen – aufgrund ihrer Besetzungsflexibilität bzw. der möglichen Montage in kleinsten Losen – macht sie für Unternehmen mit kundenseitig induzierten Störungen des Montageablaufs interessant. Die „Kundenänderungseinflüsse während der Produktion“ können somit als ein weiteres relevantes Merkmal leistungsorientierter Arbeitsformen genannt werden.

7 Planung von Montagesystemen

In den vorhergehenden Kapiteln wurden die Grundlagen und Zusammenhänge für eine leistungsorientierte Gestaltung von Fließmontagesystemen erarbeitet, aufgrund derer anhand einer Betriebstypologie flexible Montagesysteme für die konsekutive, manuelle Serienmontage entwickelt wurden. Dazu wurde ein Stufenplan zur schrittweisen Qualifizierung der Mitarbeiter vorgestellt, bei dem eine vollständige Entkopplung der Mitarbeiter und damit der Übergang zur kombinierten Fließmontage ermöglicht wird.

Im folgenden Kapitel wird eine Planungsmethodik entwickelt, mit der in einem gesamtheitlichen Vorgehen die ablauf- und aufbauorganisatorische Gestaltung von leistungsorientierten und selbstoptimierenden Fließmontagen erreicht wird.

7.1 Anforderungen und Gestaltungsgrundsätze

Bei der Konzeption einer neuen Planungsmethode werden die bewährten Planungsfunktionen bisheriger Methoden berücksichtigt (vgl. Kapitel 3.2) und dort neue Ansätze formuliert, bei der die bisherigen Methoden Defizite aufweisen. Die folgenden Anforderungen sind dabei in Betracht zu ziehen.

7.1.1 Geschlossener Wirkungskreislauf mit Regelungsprinzipien

Um kostengünstigere Herstellungsprozesse als die Wettbewerber zu erreichen, greift die japanische Produktionsphilosophie unter anderem auf die permanenten und unendlich kleinen Verbesserungen („steps") in den Unternehmen zurück. Hohe Produktivitätssprünge („jumps") als europäische Antwort auf die sich verschärfenden Wettbewerbsbedingungen sind oftmals mit hohen Investitionen und großen Risiken verbunden. Da die großen Veränderungen zu selten durchgeführt werden, können Unternehmen über einen zu langen Zeitraum unwirtschaftlich geführt werden. Deshalb wird zukünftig eine Verbindung aus den beiden Optimierungsstrategien gefordert (*Wildemann 1991, Loos 1991*).

Bisherige Planungsmethoden berücksichtigen diese Aspekte nicht. Deshalb muß eine Methode bereitgestellt werden, die der Dynamik und der Komplexität der sich rasch verändernden Randbedingungen gerecht wird. Das ist nur durch eine kontinuierliche Überwachung bzw. Anpassung der betrieblichen Abläufe und Strukturen im Rahmen eines geschlossenen Wirkungskreislaufs zu erreichen (*Müller 1993*). Im Sinne einer ständigen Planungsbereitschaft werden damit die geeigneten Voraussetzungen geschaffen.

Das Ziel einer technischen Regelung ist es, die Regelgröße, meist eine Ausgangsgröße eines technischen Prozesses, auf einen vorgegebenen Sollwert zu halten. Die Regelung unterscheidet sich dabei von der Steuerung durch einen geschlossenen Wirkungskreislauf (*Köster 1969, Bleicher 1978*).

Das Regelungsprinzip kann als Analogiebetrachtung auch auf den fortlaufenden Gestaltungsvorgang des Unternehmensbereichs Montage übertragen werden. Dabei muß der realisierte Zielerreichungsgrad bezüglich der Unternehmensziele mit Hilfe von Kenngrößen permanent erfasst und mit dem Soll-Zielerreichungsgrad verglichen werden. Bei etwaigen Abweichungen infolge veränderter Randbedingungen oder Zielsetzungen sind geeignete Maßnahmen planerisch so vorzubereiten und einzuführen, daß der Ist-Zustand wieder in den Soll-Zustand übergeführt werden kann (*Köster 1969*). Bei Bedarf sind die Ziele an veränderte Randbedingungen anzupassen.

Die Anwendung des regelungstechnischen Konzepts auf den Bereich der manuellen Fließmontage mit einer leistungsorientierten und dynamischen Arbeitsgestaltung führt zu einer Aufteilung in die drei Phasen „Systemkontrolle", „Montageplanung" (Regler) und „Realisierung" (Abb. 7.1-1).

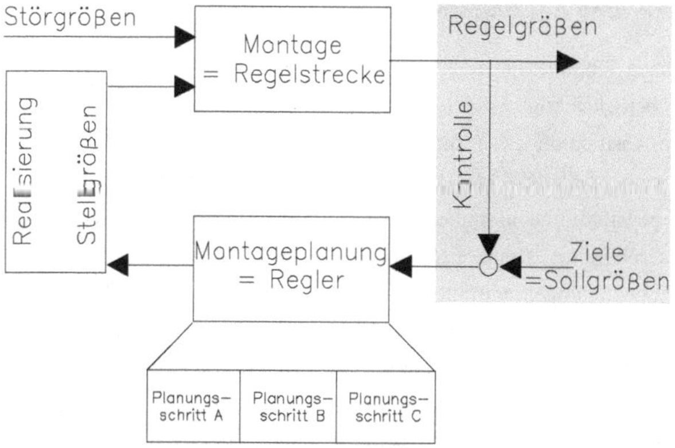

Abb. 7.1-1: Regelungsmodell (Müller 1993)

Die Regelstrecke im Regelungsmodell wird dabei als Ablauf- bzw. Aufbaustruktur des Montagesystems mit ihren Montageprozessen, der Regler als die überlagerte Regelung des Montagegeschehens mit der Planung und Steuerung der Montageprozesse verstanden.

Jede Arbeit läßt sich als ein Prozeß betrachten, der aus einer Folge von Tätigkeiten besteht und damit ein Ergebnis bewirkt. Im Sinne einer Orientierung an Prozessen und Abläufen wird die Montageplanung in einzelne Planungsschritte untergliedert. Neben den drei Phasen sind drei wesentliche Elementgruppen im Regelungsmodell hervorzuheben: die Ziel- bzw. Regelgrößen, die Störgrößen und die Stellgrößen.

Hierbei ist zu beachten, daß ständige Änderungen der Montagestrukturen aufgrund kurzfristiger Abweichungen der Regelgrößen weder sinnvoll noch praktisch durchführbar sind. Die Kontrollparameter sind deshalb bezüglich ihrer absoluten Schwankungsbreite und ihrer Abweichungsdauer mit einer gewissen Toleranz zu versehen. So führen z.B. befristete oder saisonale Schwankungen nicht zwangsweise zu einem Planungsanstoß (*Kreikebaum 1975*).

Eine auf diesen Grundsätzen aufgebaute Planungsmethode muß der Zielsetzung genügen, daß sie in sich geschlossene Regelkreise zur Planung und Optimierung von Montagesystemen verschiedener Ordnungsgrade beinhaltet. Dabei müssen Schnittstellen definiert werden, um Systeme derselben bzw. verschiedener Ordnung gleichzeitig zu bearbeiten.

7.1.2 Strukturierung des Planungsprozesses

Aufgrund der hohen Komplexität technischer Montageplanungen können zu Beginn nicht alle Details berücksichtigt werden. Um die Komplexität zu reduzieren, wird zum einen häufig eine Abstraktion des Planungsobjekts zur besseren Problembeschreibung vorgenommen, zum anderen in der Planungsmethode eine verallgemeinerte Vorgehensweise gewählt. Erst anschließend wird eine schrittweise Verfeinerung der Lösungen vom Groben ins Feine erreicht, indem im Planungsverlauf jeweils die notwendigen Randbedingungen einfließen. Konzepte auf einer höheren Planungsebene dienen dabei als Orientierung für die weitere Detaillierung. Durch sogenannte Black-Box-Betrachtungen findet eine wechselseitige Betrachtung von Wirkung und innerer Struktur statt. Damit kann eine Eingrenzung des Betrachtungsfeldes auf die relevanten Systemausschnitte vorgenommen werden (*Ganghoff 1993*).

Um zu einer sinnvollen und beherrschbaren Komplexität von Planungsaktivitäten zu gelangen, sollte die Gesamtaufgabe in hierarchisch gegliederte und in sich abgeschlossene Teilaktivitäten gegliedert werden. Die Teilaufgaben werden als geschlossene Regelkreise mit definierten Ein- und Ausgangsgrößen betrachtet (*REFA 1985b, Jäger 1990*).

Diese Regelkreise können sich dabei an der aufbauorganisatorischen Gliederung des Unternehmens orientieren. Jedem Regelkreis werden – entsprechend der hierarchischen

Stellung – Teilaufgaben zugeteilt, wobei jeder Regelkreis wiederum untergeordnete Systeme enthalten kann (*Dworatschek 1971*).

In der Systemtechnik findet eine hierarchische Planung der Systeme mit der Absicht zur Systematisierung und zur Strukturierung des Planungsverlaufs statt. Diese Strukturierung muß von einer durchgängigen Methode mit konkreten Schnittstellen im Planungsablauf konsequent unterstützt werden. Dazu muß der Aufbau der Planungsmethode und des Montagegesamtsystems aufeinander abgestimmt sein. Um bei den Systemplanungen mit mehreren Teilsystemen die Anforderungen und Rückkopplungen aus den einzelnen Subsystemen auch für die weiteren Subsysteme bereitzuhalten, müssen auch dazu Schnittstellen vorgesehen werden. Zugleich muß nach Projektbeendigung eine fortlaufende Optimierung der Montage mit dieser Methode möglich sein und an beliebiger Stelle in der Methode aufgesetzt werden können. Auch dazu sind genau abgegrenzte Systeme mit definierten Schnittstellen zu den weiteren Systemen des gleichen oder verschiedenen Ordnungsgrades erforderlich. Um eine gewisse Flexibilität im Planungsverlauf zu gewährleisten, ist weiterhin die Änder- und Erweiterbarkeit im Aufbau der Planungsmethode zu berücksichtigen (*Ganghoff 1993*).

Durch eine hierarchische Strukturierung der Methode können Projektmanagementansätze übernommen werden, indem Planungsaktivitäten der hierarchisch aufgebauten Bereiche parallel geschaltet werden. Des weiteren müssen dezentrale Planungsaktivitäten zur Nutzung des Wissens produktionsnaher Mitarbeiter stattfinden, um Details und Probleme aus der Montage in die Planung einfließen zu lassen. Durch einen schnellen Zugriff auf das Wissen vor Ort und die gleichzeitige Planungstätigkeit von dezentralen und zentralen Kapazitäten werden Zeitvorteile erzielt. Der hierarchische Planungsaufbau mit den simultan arbeitenden Teams einer Planungsebene unterstützt Differenzierungen im Planungsverlauf und damit eine differentielle Systemgestaltung, die aufgrund der unterschiedlich ausgeprägten Leistungsfaktoren bei den Mitarbeitern zu berücksichtigen ist.

7.1.3 Steuerungsinstrumente der Planungsmethode

7.1.3.1 Zielansatz

Grundvoraussetzung für jede Planungstätigkeit ist die Formulierung von Planungszielen. Im Rahmen einer Planung werden Strukturen und Abläufe festgelegt, die als Mittel zur Erreichung der Unternehmensziele anzusehen sind. Ohne Festlegung eines Planungszielsystems kann außerdem eine abschließende Bewertung von Lösungsalternativen nicht vorgenommen werden. Das planungsbezogene Zielsystem orientiert sich dazu an dem des Unternehmens und wird durch dessen innere und äußere Einflußfaktoren mitbestimmt. Durch veränderte Rahmenbedingungen werden Planungsanstöße für die Montagesysteme hervorgerufen.

Mit Hilfe eines Planungszielsystems wird unter Berücksichtigung der Einflußfaktoren festgelegt, welche Gestaltungsparameter und -grundsätze zu Lösungen verarbeitet werden können. Zugleich wird der mögliche Lösungsraum durch diese Einflußgrößen stark eingegrenzt (*Grochla 1982*).

Bei hierarchisch aufgebauten Planungsmethoden mit selbständig operierenden Teilsystemen müssen die Ziele des Gesamtsystems auch in die untergeordneten Systeme übertragen und entsprechend abgeleitet werden. Im Zuge einer solchen Zielkonkretisierung ist es wichtig, die oftmals sehr allgemein formulierten Zielsetzungen des Gesamtunternehmens auf die untergeordneten Unternehmensbereiche zu übertragen und dabei zu konkretisieren. Damit werden die Voraussetzungen geschaffen, nicht nur dezentral Teilaufgaben auszuführen, sondern auch umfassende Planungs- und Kontrolltätigkeiten zu übernehmen. Um ein Gesamtoptimum der Planung als Ergebnis mehrerer Teilplanungsaktivitäten zu gewährleisten, wird das Gesamtziel der Planung auf die dezentralen Bereiche und deren Planungsaufgaben übertragen. Dabei muß auch eine Weiterführung von Planungszielen über mehrere Bereiche hinweg erfolgen können. Eine entsprechende Strukturierung und Verknüpfung der Planungsbereiche ermöglicht eine Vererbung von Zielformulierungen und eine Ausrichtung des Gesamtsystems an einem einheitlichen Zielsystem. Zugleich ist es erforderlich, die konkreten Teilziele aus den einzelnen Unternehmensbereichen, wie z.B. der Montage, zu erfassen und zu unternehmerischen Gesamtzielen zu formulieren. Auch hier unterstützt der Aufbau der Planungsmethode mit den vorgesehenen Schnittstellen die Weiterführung in zentrale Bereiche. Besonders dezentrale und leistungsorientierte Organisationseinheiten müssen so durch gemeinsame Zielvereinbarungen geführt werden.

7.1.3.2 Kontrolle der Zielerfüllung

Die Vorgabe von Zielen und Planungsaufgaben erfordert die Kontrolle in Form der Bestimmung des Erfüllungsgrades bzw. der Güte der vorgegebenen Zielgrößen. Durch die hierarchische Gliederung der Planungsmethode werden Subsysteme jeweils von übergeordneten Systemen kontrolliert.

Durch den Einsatz von Kontrollsystemen können außerdem Veränderungen frühzeitig erkannt werden. Die durch Umweltveränderungen abgewandelten Problemstellungen der Unternehmen, z.B. durch sinkende bzw. steigende Auftragseingänge, ergeben eine veränderte Problemsituation und bedeuten aus Sicht der Unternehmen eine Prämissenänderung für die Planung. Solche Änderungen können Gefahren, aber auch Chancen für die Unternehmen bedeuten (*Gerhardt 1982*). Um eine bestimmte Entwicklung rechtzeitig zu erkennen, ist es erforderlich, genau diejenigen Einflußgrößen zu finden und zu beobachten, die die Entwicklung verursachen. Außerdem muß festgestellt werden, in welcher Weise die Entwicklung von diesen Faktoren abhängig ist. Erst wenn diese Zusammenhänge bekannt sind, können wirksame Maßnahmen getroffen werden. Die Funktionsweise eines Kontrollsystems besteht demnach in der Beobachtung bestimmter Daten und deren Entwicklung sowie dem Vergleich mit einer vorher festzulegenden Norm (*Nührich 1982*).

Kontrollsysteme lassen sich je nach Anwendungszweck in strategische und operative, sowie nach Anwendungsbereichen in gesamtunternehmensbezogene bzw. bereichsbezogene Systeme unterscheiden. Als Hilfsmittel können z.B. Tabellen, Diagramme und Trendanalysen sowie Netz-, Balkenpläne und Meilensteinpläne eingesetzt werden.

Die Dynamik des Kontrollprozesses ist bei der Fortschrittsüberwachung zu beachten. Hierbei spielt der Ablauf des Kontrollzyklus eine wesentliche Rolle. Dieser muß eine effiziente Kontrolle durch eine strukturierte Vorgehensweise gewährleisten. Zugleich müssen Zeitpunkte für Kontrollen vorgesehen werden. Damit verbunden ist eine Abtastregelung in definierten Zeitintervallen, die sporadisch oder regelmäßig nach Abschluß einzelner Aufgabenpakete bzw. zu definierten Zeitpunkten erfolgen und durch eine kontrollrelevante Durchführungsplanung vorab festgelegt werden. Bei Abweichungen von Planungsvorgaben können diese Kontrollen intensiviert werden.

Bei Kontrollen ist die Dauer und der Detaillierungsgrad zu beachten. Ein Kontrollzyklus darf nur eine kurze Zeit in Anspruch nehmen, um Totzeiten für anstehende Entscheidungen und Überarbeitungen gering zu halten. Die Kontrolle sollte „lieber grob und schnell als detailliert und langsam“ ablaufen (*Saynisch 1982*). So kann durch ein effizientes Kontrollsystem der Trend steigender Zielabweichungen während des Planungsverlaufs durchbrochen werden (*Helfrich 1982*).

Zu Beginn der Konzeption eines Kontrollzyklus ist bereits seine Weiterentwicklung zu beachten, um auf zukünftige Entwicklungen vorbereitet zu sein. Deshalb sind „Lernmechanismen“ im Zyklus einzubauen (*Gerhardt 1982*).

Zusammenfassend kann gesagt werden, daß eine zielorientierte Steuerung des Planungsprozesses mit der ständigen Anwendung des Kontrollinstrumentariums gegenüber den Einmalaktionen, die nur eine bedingte Nachhaltigkeit aufweisen, deutliche Vorteile aufzeigt. Um eine optimale Leistungsentfaltung in personalintensiven Montagesystemen zu erzielen, bedarf es also Kontrollinstrumenten, die im Falle signifikanter Leistungseinbußen einen Hinweis auf korrigierende Maßnahmen liefern.

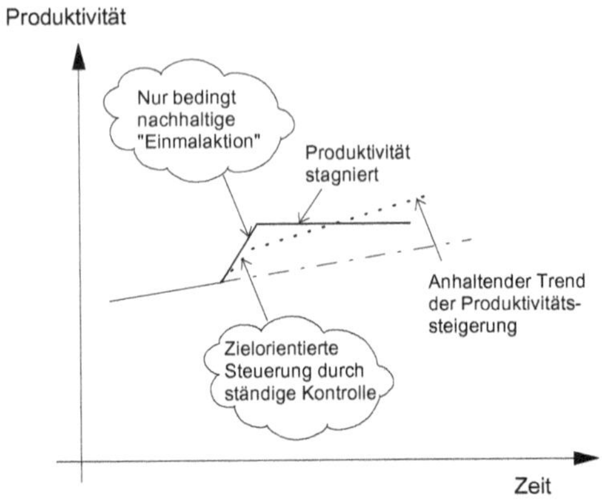

Abb. 7.1-2: Kontrollmechanismen zur nachhaltigen Produktivitätssteigerung

In Abbildung 7.1-2 sind die Vorteile einer ständigen Kontrolle erkennbar. Die zielorientierte Steuerung von Planungsmaßnahmen ist eine Voraussetzung für einen anhaltenden Trend zur Produktivitätssteigerung.

7.1.3.3 Dokumentation der Planung und der Kontrollzyklen

Die Beurteilung der Produktionsprozesse wird durch fehlende Daten erschwert. Zugleich bilden Informationen zentraler Planungsaktivitäten die Grundlage für die Weiterführung von Planungsarbeiten in dezentralen Bereichen. In Planungsprotokollen wird der bisherige Planungsverlauf nachvollziehbar, wodurch bei Abweichungen von Zielvorgaben Korrekturmaßnahmen eingeleitet werden können.

Falls Informationen über den Ist-Zustand der Produktion vorhanden sind, liegen sie meistens jedoch nicht in aufbereiteter und verdichteter Form zur Weiterverarbeitung vor. Um die Transparenz über den Ist-Zustand in Unternehmen zu steigern, müssen zum einen notwendige Zustandsinformationen aus den einzelnen Teilbereichen erfaßt und zum anderen in entsprechend dokumentierter und verdichteter Form weitergeleitet werden.

Um eine bedarfsorientierte Umplanung anzustoßen, ist eine fortwährende Rückmeldung aus den Montagesystemen erforderlich. Dies macht zunächst eine ständige Überwachung und Kontrolle der Montagesysteme notwendig. Zudem wird es bei Systemplanungen mit mehreren Teilsystemen zunehmend schwieriger, Anforderungen und Rückkopplungen aus Subsystemen als Anforderungen für die weiteren Teilsysteme bereitzuhalten. Auch nach der Beendigung von Planungsprojekten fallen fortlaufend Optimierungen an, die als Systemspezifikationen in das Montagesystem einfließen müssen, um Störungen zu vermeiden und Ratiopotentiale freizusetzen. Als eine Grundlage für weitere Optimierungen werden die angefertigten Planungsprotokolle bzw. die darin enthaltenen Kontrollergebnisse verwendet.

Die verschiedenen Hierarchieebenen sind über Regelkreise gekoppelt, die den Austausch von Informationen ermöglichen. Die Ergebnisse der Planungsaktivitäten übergeordneter Planungsbereiche dienen als Grundlage für die weiteren Planungstätigkeiten der jeweils untergeordneten Bereiche und werden in Form von Planungsprotokollen an diese weitergeleitet. Die dokumentierte Übermittlung von Planungsaktivitäten verfolgt demnach eine „top-down"-Strategie.

Dagegen verfolgt das Kontrollsystem eine „bottom-up"-Strategie, indem Kontrollinformationen von den untergeordneten an die übergeordneten Bereiche weitergeleitet werden. Zur Vermeidung einer steigenden Informationsflut werden jeweils nur die abweichenden Daten nach oben weitergeleitet. Als Informationsträger können standardisierte Formblätter verwendet werden (*Saynisch 1982*). Um „neu" gewonnene Erfahrungen wiederum in allen Systemen bereitzustellen, sind geeignete Schnittstellen in der Methode vorzusehen.

Durch eine Gegenüberstellung von Aufwand und Nutzen der dezentralen Einheiten ergibt sich eine Kennzahl, die zur fortlaufenden Kontrolle nach „oben" gegeben wird. Nur bei Unregelmäßigkeiten dieser Kennzahl müssen detailliertere Informationen aus den Montagesegmenten, wie z.B. unproduktive Nebenzeiten (Fehlteilebeschaffung), Fehlzeiten der Mitarbeiter, Qualitätsquoten der Produkte und quantitative Leistungsausbringungen, weitergeleitet werden. Im Gegensatz dazu müssen für die Planung immer alle relevanten Planungsergebnisse nach „unten" überliefert werden.

7.1.4 Anpassungsfähige und lernende Strukturen

Durch die übergeordnete Vorgabe und Kontrolle von Zielen ist eine ständige äußere Überwachung und Leistungsoptimierung der Organisationseinheiten verbunden. Allerdings muß den einzelnen Einheiten auch die Möglichkeit gegeben werden, sich von innen heraus zu verbessern bzw. selbständig auf Veränderungen zu reagieren. Damit können die Sachkenntnisse der Beschäftigten direkt zu einer Leistungsverbesserung führen. Eine Integration von lernenden Elementen soll die Möglichkeit bieten, die Veränderungen durch ein kontinuierliches Lernen zu managen. Aufgrund der Komplexität von Planungsaufgaben ist es nicht immer möglich, Aussagen über den

„best-way“ bei der Montageausgestaltung zu machen. Jedoch können hinsichtlich der Lernformen zwei grundsätzliche Unternehmenskulturen unterschieden werden:

- hierarchisch strukturierte Unternehmen
- dezentral strukturierte Unternehmen.

Hierarchisch organisierte Unternehmen sind durch Stabilität und Geradlinigkeit geprägt, wobei die Wahrnehmung von Umweltveränderungen und die entsprechenden Umsetzungen durch die Unternehmensspitze erfolgen. Hierbei wird auf den unteren Ebenen gelernt, was von oben gelehrt wird. Der Gedanke eines lernenden Unternehmens findet nicht auf allen Ebenen statt. Sobald ein vorgegebenes Ziel erreicht ist, wird in erster Linie versucht, diesen Status quo zu erhalten. Die weiteren Entwicklungen des Marktes werden zunächst vorsichtig abgewartet. Durch die hierarchische Entscheidungsstruktur sind die Kompetenzen eindeutig verteilt und eine Beteiligung der Mitarbeiter an Entscheidungen findet nicht statt.

Demgegenüber zeichnet sich ein dezentral organisiertes Unternehmen durch Teamorientierung, Kreativität und Flexibilität aus. Die marktnahen Bereiche werden als wesentlich Handelnde gesehen. Deshalb wird in diesen Unternehmen versucht, die Informationswege von den marktnahen Einheiten zu den wichtigsten Entscheidungsträgern so kurz wie möglich zu halten. Dies geschieht durch ein vernetztes Kommunikationssystem. Der Kundenbezug stellt den Lernimpuls dar und soll auf allen Ebenen aufgegriffen und in entsprechendes Handeln umgesetzt werden. Die dezentrale Lernform ist dadurch geprägt, daß Verantwortung und Entscheidung weitgehend delegiert werden. Eine umfassende Transparenz der Strukturen, Informationen und Entscheidungswege kennzeichnet diese Organisationsformen. Es finden „Feedback-Prozesse“ statt, wobei inhaltliche Vorgaben überprüft und unter Umständen neu bestimmt werden, um wieder weiter zu lernen. Das Ziel ist die kontinuierliche Verbesserung, die auf einer ständigen Veränderungsbereitschaft basiert. Die Vorteile einer stetigen Veränderungs- und Verbesserungsfähigkeit müssen allerdings mit der fehlenden inneren Stabilität bzw. dem Mangel an formeller Hierarchie abgewogen werden.

Grundsätzlich ist davon auszugehen, daß die Mitarbeiter ihre Arbeitssituation verbessern wollen und die dafür notwendigen Kenntnisse und Fertigkeiten entweder haben oder entwickeln können. Ein lernendes Unternehmen zeichnet sich dadurch aus, daß es die Verbesserungsvorschläge der Mitarbeiter systematisch aufgreift und darüber hinaus die Fähigkeiten und Kenntnisse der Mitarbeiter weiterentwickelt. Dieser Lernprozeß ist in lernenden Unternehmen strukturell verankert. Der Ablauf von Veränderungen vollzieht sich prozeßhaft, wobei die Problemlösung zunächst in der mitarbeiterorientierten Projektarbeit mit einem zeitlich begrenzten Rahmen stattfindet.

Die mitarbeiterorientierte Projektarbeit kann durch eine systematische Planungsvorgehensweise entscheidend unterstützt werden. Außerdem bietet sie in flachen Strukturen gute Voraussetzungen, zusätzliche Freiräume zu schaffen und zu lernen, weil bereits Entscheidung und Verantwortung nach unten delegiert wurde. Jedes Unternehmen muß dabei seinen eigenen Lernprozeß organisieren (*Kutzner 1998*).

7.2 Konzeption der Planungsmethode

7.2.1 Gesamtkonzept des Planungsverfahrens

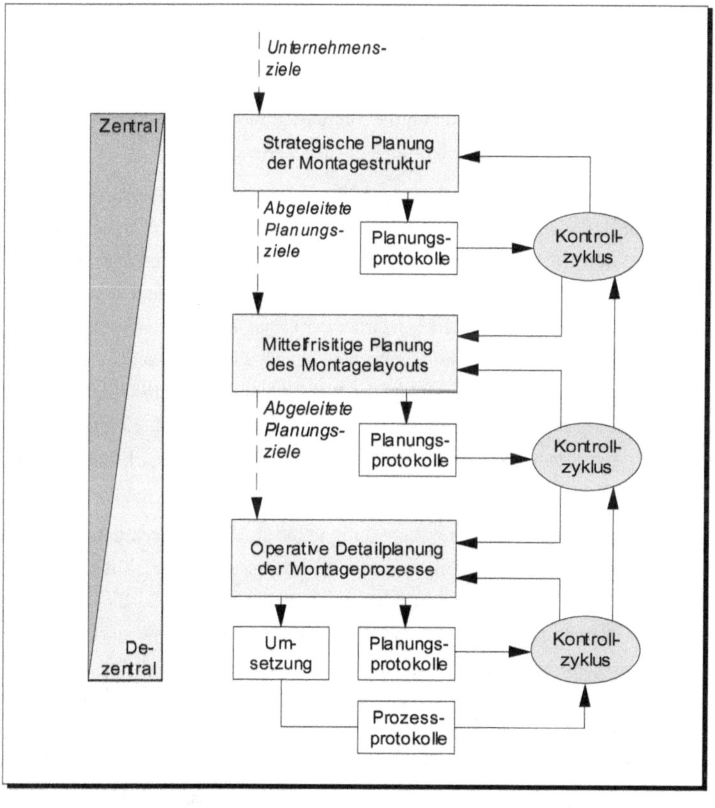

Abb. 7.2-1: Gesamtkonzept der Planungsmethode

Die hierarchisch strukturierte Planungsmethode geht von drei Planungsebenen aus. Sie sind als Regelkreise ausgestaltet und bilden den formalen Rahmen für die Gestaltung und Optimierung von Ablauf- und Aufbaustrukturen in der Montage eines Unternehmens. In jedem Regelkreis werden Planungsaufgaben durchgeführt und die Ergebnisse in Planungsprotokollen festgehalten. Durch einen integrierten Kontrollzyklus werden die Ergebnisse auf eventuelle Abweichungen von den Sollvorgaben überprüft (Abb. 7.2-1).

Von den übergeordneten zu den untergeordneten Planungsebenen werden die Abläufe und Strukturen mit zunehmendem Detaillierungsgrad bzw. zunehmendem Anteil dezentraler Planungsanteile geplant. Die Planungsergebnisse einer Ebene sind Vorgaben für die nächstfolgende Ebene. Mit Hilfe von Regelkreisprinzipien erfolgt die Rückführung von Informationen in die nächst höhere Planungsebene, wenn die Durchsetzung eines Plans innerhalb der betreffenden Ebene nicht möglich ist. Der Vorteil einer regelungsorientierten Planungsmethode besteht darin, daß bei Störungen „der Wert der Regelgröße an den durch die Führungsgröße vorgegebenen Wert" – im Rahmen der gegebenen Möglichkeiten – angeglichen werden kann (*RWTH 1999*).

Jede Planungsebene kann unter Beachtung ihres jeweiligen Zielsystems und der Planungsvorgaben vorgeschalteter Ebenen eigenständig ihre Planungsaufgaben durchführen. Durch Rückkopplungen sind übergeordnete mit untergeordneten Ebenen verbunden. Somit müssen die Ebenen nicht mehr sequentiell durchlaufen werden. Es kann eine Gleichzeitigkeit mehrerer Ebenen bei der Gesamtsystemplanung stattfinden, das zu einer deutlichen Reduzierung der Planungszeiten führt. Zugleich ist mit dieser Methode einerseits durch die Verteilung der Gesamtplanungsaufgaben auf mehrere Ebenen eine Komplexitätsverringerung und andererseits durch die Vernetzung der Ebenen mit geregelten Abläufen bzw. Rückkopplungen eine Erhöhung der Planungsqualität verbunden.

Die drei Planungsebenen sind nicht zwangsläufig in jedem Unternehmen notwendig, da in Abhängigkeit des Planungsumfangs von der „Strategischen" oder „Mittelfristigen" Planung abgesehen werden kann. In kleinen Betrieben kann z.B. die Stufe der mittelfristigen Planung vernachlässigt und die Aufgaben auf die strategische und die Detailplanung verteilt werden. Da im Bereich der Montage in der Regel mehrere Einzelsysteme parallel eingesetzt werden, muß durch einheitliche Zielvorgaben das Auftreten unterschiedlicher Planungsergebnisse vermieden werden. Zum Auftreten mehrerer paralleler Subsysteme in dem Planungsmodell wird auf die Kapitel 7.2.2 und 7.2.3 verwiesen. Die abschließende Umsetzung der Planungsaktivitäten erfolgt mit Hilfe dezentraler Bereiche.

7.2.2 Planungsteams aus zentralen und dezentralen Bereichen

Die Strategie einer Dezentralisierung von Planungsaufgaben wird unter anderem durch eine umfangreiche Beteiligung der Fachabteilungen am Planungsprozeß verfolgt. *Linner* (1995) fordert in seinem Ansatz der „Gestaltungsfreiräume der Produktion“ eine Überarbeitung der klassischen Schnittstelle Konstruktion–Produktion und damit die verstärkte Wahrnehmung gestalterischer Aufgaben im Produktentstehungsprozeß durch die Produktion. Dabei wird mit der Bereitstellung produktionstechnischer Informationen – zum einen mit der Integration in die Planung und in die Bewertung produktionstechnischer Prozesse und zum anderen mit der Ausführung konstruktiver Tätigkeiten von produktionsnahen Mitarbeitern – bereits in der frühen Phase der Produktentwicklung ein maximaler Effekt auf die Wettbewerbsfaktoren Kosten und Zeit erzielt (*Debuschewitz 1998*).

Im konventionellen Konstruktionsprozeß findet dabei eine Funktionsorientierung in der Anfangsphase der Konzeption, ein zunehmender Anteil von Gestaltungsaspekten in der Entwurfsphase und eine abschließende Ausarbeitung statt. Auch auf den Bereich der Planung leistungsorientierter und dynamischer Montagesysteme können die Ansätze einer nach dem Planungsverlauf abgestimmten Aufgabenverteilung übertragen werden. In einem Planungsverlauf „vom Groben ins Feine“ ist ein zunehmender Anteil montagetechnischen Erfahrungspotentials einzubringen. Dies erfordert die Unterstützung des Planungsablaufs durch eine abgestimmte Organisation. Zu diesem Zweck werden einzelne Planungsaufgaben, die entsprechend der Aufgabenschwerpunkte und des Planungsverlaufs anfallen, durch unterschiedlich besetzte Teams – zusammengesetzt mit Mitarbeitern aus zentralen bzw. dezentralen Bereichen – ausgeführt.

In der strategischen Planung setzt sich das Team aus Mitgliedern der Geschäftsleitung und Mitarbeitern aus überwiegend zentralen Bereichen, wie etwa der technischen Planungsabteilung, zusammen. In der Phase der Detailplanung hingegen ist das Spezialistenwissen der Führungskräfte aus den der Montage nahen Bereiche und deren Mitarbeiter (shop-floor-Ebene) einzubringen. Sie führen bei ihren Arbeiten eine Ausgestaltung von sogenannten Freiräumen aus der übergeordneten Planungsebene bzw. der vorhergehenden Planungsphase durch, die erst mit dem Know-how aus der Produktion festgelegt werden kann. Somit erfordert die mittelfristige Planung, die mit der Entwurfsphase im Konstruktionsprozeß vergleichbar ist, die Abstimmung von zentralen und dezentralen Bereichen. Das hat wiederum Auswirkungen auf die Zusammensetzung des Teams zur Folge (Abb. 7.2.2). Durch das Dezentralisieren von Planungsaufgaben wird das Detailwissen der Montagemitarbeiter mit dem Methodenwissen der Planungsmitarbeiter aus den zentralen Abteilungen vereint. Diese Kombination kann zu einem deutlichen Kreativitätsschub führen.

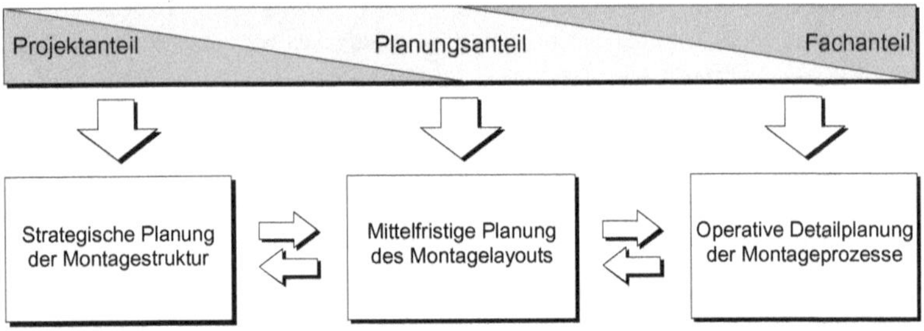

Abb. 7.2-2: Zusammensetzung Planungsteams und Aufgabenverteilung (Schmitz 1972)

Ein Projektleiter hat die gesamte Projektverantwortung und kann dabei auch mehrere Teams der zweiten Ebene bzw. der einzelnen Systeme parallel leiten. Halten sich die Teams in der Detailplanung an die Vorgaben aus der vorgeschalteten Planungsebene, ist die Funktionstüchtigkeit des späteren Montagesystems gewährleistet (*Debuschewitz 1998*). Produktionsnahe Mitarbeiter sollten dabei auch in die Planungen der darübergelagerten Ebenen integriert werden, wenn dort die Vorgaben für die Detailplanungen getroffen werden.

Durch den hierarchischen Aufbau der Methode mit der möglichen Existenz mehrerer paralleler Planungsteams wird eine simultane Planungstätigkeit und damit eine Reduzierung von Planungszeiten ermöglicht. Da die Planungsaufgaben auf entsprechend abgestimmte Planungsteams aufgeteilt werden, kann in dem Ebenenmodell eine Reduzierung der Komplexität der umfangreichen Planungsaufgaben stattfinden. Um die Aufgabenfülle für die dezentralen Bereiche in einem beherrschbaren Rahmen zu gestalten, muß eine ausreichende Anzahl an Planungsebenen vorgesehen sein.

7.2.3 Hierarchisches Planungsmodell der Montage

Die Planungsmethode besteht aus drei hierarchisch aufgebauten Planungsebenen. Im folgenden Kapitel werden die Aufgaben und die damit verbundenen Ergebnisse der einzelnen Planungsebenen:

- Strategische Planung
- Mittelfristige Planung
- Operative Detailplanung

näher erläutert.

7.2.3.1 Strategische Planung

Abgeleitet von der Unternehmensstrategie wird ein Zielsystem für den Bereich der Montage erstellt. Nach diesem Zielsystem wird die Montage ausgestaltet, wobei das Zielsystem um spezielle Strategien und Teilziele, die nur für den Montagebereich ihre Geltung haben, ergänzt wird.

Die Ergebnisse der strategischen Planung gelten als Vorgabe für die Planung der Abläufe und Strukturen in den weiteren Planungsebenen. Da strategische Planungen in der Regel längerfristig angelegt sind und seltener durchlaufen werden, sind dadurch die Grundstrukturen auf längere Zeit vorgegeben. Gleichzeitig müssen genügend Freiräume für die Ausgestaltung und die weiteren Planungsarbeiten in den dezentralen Bereichen geschaffen werden. Damit sind die Voraussetzungen für die notwendige Anpassungsflexibilität in diesen Bereichen und die Basis für ein anpassungsfähiges und lernendes Unternehmen gegeben. Bezüglich der oft fehlenden Stabilität derartig ausgeprägter Unternehmen müssen in der strategischen Planung stabile Strukturen vorgegeben werden.

Auch die in der strategischen Planung geschaffenen Strukturen sind von Zeit zu Zeit zu hinterfragen, da die Grundlagen für deren Entscheidung sich in den Unternehmen wandeln und somit die Strukturen diesen geänderten Werten nicht mehr genügen.

Insgesamt gibt die erste Ebene die zu erbringenden Gesamtleistungen der Montage bzw. die Summe der Einzelleistungen der darin enthaltenen Montagesysteme vor, nach denen die Montage in dieser Phase untergliedert wird. Als Grundlage dazu sind entsprechende Kriterien zu definieren, nach denen eine erste vertikale und horizontale Arbeitsteilung der Montage durchgeführt wird.

Um die notwendigen Informationen und Montagebauteile für die Leistungserstellung zusammenzuführen, müssen außerdem die Schnittstellen zu den an die Gesamtmontage angrenzenden Bereiche detailliert werden. Es muß eine Anbindung der Montage in das Gesamtplanungs- und Steuerungsprinzip des Unternehmens vorgenommen werden, so daß deren Funktionalität gewährleistet wird. In Verbindung mit einer horizontalen Arbeitsteilung vorgenommenen Segmentierung werden bereits die Schnittstellen für die einzelnen Segmente definiert und die Segmente gegeneinander abgestimmt. Ein weiteres Arbeitsergebnis dieser Planungsebene ist die Darstellung erster abstrakter Anordnungsbeziehungen der Gesamtmontage (Grob-Layout).

Die weiteren Detaillierungen erfolgen in den darunterliegenden Planungsebenen. Für jedes Segment werden die Abläufe, der Aufbau und die zu erbringende Leistung in Form von Sollkapazitäten vorgegebenen. Durch diese Beschreibungen der Segmente, die in den Planungsprotokollen festgehalten werden, kann in den folgenden

Planungsebenen eine weitere Ausgestaltung vorgenommen werden. Da die Vorgaben für alle Segmente zur selben Zeit feststehen, können die Segmente simultan ausgearbeitet werden, wodurch eine homogene Gestaltung der einzelnen Montagesysteme gewährleistet wird.

Zudem sorgen die Regelkreise zwischen den Planungsebenen dafür, daß die Planungsergebnisse einer dezentralen Planungsebene zu den darübergelagerten Ebenen weitergeleitet werden und – nachdem sie den Kontrollzyklus durchlaufen haben – allen darunterliegenden parallelen Planungsebenen für die weitere Systemausgestaltung wiederum zur Verfügung stehen. Dadurch werden die einzelnen Systeme in optimaler Weise aufeinander abgestimmt und durch eine effiziente Planungsvorgehensweise zeitoptimiert gestaltet. Zugleich werden damit die „Totzeiten“ bis zu dem Zeitpunkt minimiert, ab dem wiederum ein neuer Planungsvorgang angestoßen werden kann.

7.2.3.2 Mittelfristige Planung

In der Montage werden überwiegend direkt produktive Tätigkeiten an den Montageobjekten durchgeführt. Um die Abläufe in den einzelnen Segmenten festzulegen, müssen aber alle Leistungen erfaßt werden, die die Wertschöpfung am Produkt erhöhen oder diesen Prozeß auch indirekt unterstützen. Die Abläufe der Segmente werden dabei mit wesentlicher Unterstützung der dezentralen Bereiche erfasst.

Die Schnittstellen zu den weiteren Segmenten sind bereits bestimmt. Zudem bestehen Vorgaben über die Kapazitäten der einzelnen Segmente. Die Planungsprotokolle, als Ergebnis der vorgeschalteten „Strategischen Planung“, enthalten erste Angaben über die Strukturen der Segmente und die Einbindung der Segmente in das Gesamtlayout. In dieser Planungsebene werden die Segmente, aus denen die Montage als gesamte Einheit besteht, von den einzelnen Projektteams weiter detailliert.

Den einzelnen Segmenten wird eine ganzheitliche Arbeitsaufgabe übertragen, um den Anforderungen einer leistungsorientierten Arbeitsgestaltung zu entsprechen. Mit einer weiteren vertikalen bzw. horizontalen Arbeitsteilung erfahren die Segmente eine weitere Strukturierung in dieser Planungsebene. Es werden in der Regel einzelne Arbeitsplätze bzw. Arbeitsplatzgruppen geschaffen. Die Ebene der „Mittelfristigen Planung“ wird zur weiteren Optimierung der Planungsergebnisse bzw. zur Detaillierung der Montagesegmente mehrmals durchlaufen. Die Ergebnisse werden anschließend in Form von Planungsprotokollen an die Detailplanung übergeben.

Bei einer Neueinführung der Methode sind zu Beginn mehr Planungsinhalte bzw. -aufgaben von zentralen Bereichen zu übernehmen, da Kenntnisse über Arbeitsmethoden für eine effiziente Projektarbeit in den dezentralen Bereichen oftmals fehlen und eine Qualifizierung zur Erhöhung der Methodenkompetenz nicht kurzfristig stattfinden kann. Durch eine schrittweise Qualifizierung können bei den folgenden Planungsarbeiten mehr Inhalte von dezentralen Bereichen übernommen werden. Dabei werden die produktionsnahen Mitarbeiter in die Ebene der mittelfristigen Planung eingebunden und erfahren zusätzliche Schulungen. Diese Qualifizierungsmaßnahmen sind besonders erfolgreich, wenn sie in Verbindung mit der eigentlichen Arbeit vollzogen werden (*IPK 1999a*).

Als Abschluß der mittelfristigen Planung wird vor allem bei umfangreicheren Planungsarbeiten eine taktische Planung durchgeführt, wobei eine Einführungsstrategie erarbeitet wird, die den Wandel von der Ist-Situation zum Ziel-Zustand beschreibt. Da die Einführung auf verschiedene Weisen erfolgen kann, muß eine individuelle Strategie erarbeitet werden (*Deutschle 1995*). Für die zu ergreifenden Maßnahmen werden die jeweils erforderlichen Zeiträume und Kosten angegeben.

7.2.3.3 Operative Detailplanung

Das Ziel der „Operativen Detailplanung“ ist die Ausgestaltung von Abläufen und Strukturen, die aus der „Mittelfristigen Planung“ übergeben werden. In dieser Ebene finden keine weiteren strukturgebenden Aktivitäten und damit keine vertikalen oder gar horizontalen Arbeitsteilungen statt. Das Layout ist bereits in der darüberliegenden Ebene festgelegt worden. Es erfolgt eine Planung auf der Ebene von Arbeitsplätzen. Dabei wird eine Ausarbeitung von detaillierten Abläufen bzw. Stationsgestaltungen vorgenommen, die durch die Erfahrungen der Mitarbeiter aus der Montage entscheidend unterstützt wird. Die Ergebnisse der Detailplanung werden über die Kontrollzyklen an die darüberliegenden Planungsebenen zurückgeführt. Mit Hilfe der dezentralen Bereiche erfolgt letztendlich die Umsetzung der Planungsarbeiten.

Wenn durch eine fortlaufende Änderung der Produkte und Bauteile mit häufigen und kurzfristigen Anpassungsmaßnahmen der Systeme reagiert werden muß, ist eine hohe Anpassungsflexibilität gefordert. Die notwendige Flexibilität kann erreicht werden, wenn die kurzfristigen und spezifischen Anpassungen der Systeme von den dezentralen Bereichen durchgeführt werden. Dazu müssen weitergehende Freiräume und Rahmenbedingungen an die Ebene der Detailplanung übergeben werden. Die zentralen Bereiche, wie z.B. die Arbeitsplanung, werden dadurch entlastet und können sich verstärkt der Optimierung übergeordneter Strukturen widmen. Außerdem werden Zeitverluste vermieden, die sich durch Reaktions- und Einarbeitungszeiten ergeben, wenn sich zentrale Planungsmitarbeiter in die detaillierten Problemstellungen – wie z.B. zur Anpassung der Systeme an neue Varianten – einarbeiten müssen. Eine Voraussetzung dazu ist eine ausreichende Methodenkompetenz in der dezentralen Detailplanung.

7.2.4 Kontrollmechanismen zur Steuerung des Planungsprozesses und zur Überwachung der Montagestrukturen

Die Aufgabe der Planungssteuerung ist die Kontrolle des Planungsprozesses und damit die Steuerung des Planungsablaufs (*Günter 1992*). Zu diesem Zweck werden nach jeder Planungsebene Protokolle erstellt, die nachfolgend einer Kontrollphase unterzogen werden, um die erreichten Planungsergebnisse mit den Vorgaben zu vergleichen. Anschließend werden die Planungsarbeiten in der nächstfolgenden Planungsebene fortgeführt. Falls die Planungsvorgaben bzw. -ziele nicht erfüllt werden, wird die jeweilige Planungsebene noch einmal durchlaufen.

Neben der Effizienz der Planungssteuerung, die durch einen geringen Aufwand für die Dokumentation und den zu durchlaufenden Kontrollzyklus zu erreichen ist, spielt vor allem die Flexibilität der Planungssteuerung eine wesentliche Rolle, um einen bedarfsgerechten Planungsablauf zu ermöglichen. Die Flexibilität der Planungssteuerung ist Voraussetzung, um mit einer universellen Planungsmethode auf individuelle Problemsituationen und auf den jeweiligen Planungstyp reagieren zu können. Nur durch eine Planungssteuerung, die einen flexiblen Planungsablauf zuläßt, kann die Planung angepaßter Montagestrukturen gewährleistet werden. Dabei muß festgelegt werden, welche Planungsebene für den jeweiligen Planungsfall bzw. die jeweilige Problemsituation durchlaufen werden muß.

Außer den Ergebnissen der Planungsarbeiten (Planungsprotokolle) sind die Montagestrukturen zu überwachen, die nach einer erfolgreichen Planung umgesetzt werden. Auch dazu müssen Protokolle erstellt werden, die eine systematische Erfassung von Daten und Informationen aus dem Montagebetrieb (Prozeßprotokolle) verfolgen. Hierbei ist es wichtig, Veränderungen mit Hilfe des Kontrollsystems zu erfassen. Darauf aufbauend können Maßnahmen eingeleitet bzw. die Veränderungen an die übergeordneten Bereiche weitergeleitet werden.

7.2.4.1 Protokolle der Planungs- und Produktionsprozesse

Mit Hilfe von Planungsprotokollen sollen nicht nur die Planungsergebnisse einer jeden Planungsebene dokumentiert, sondern auch die Planungsvorgehensweise und damit die durchgeführten Planungsschritte festgehalten werden. Dadurch können die Entscheidungen im Verlauf einer vorangegangenen Planung nachvollzogen werden. Nur durch eine dokumentierte Planungshistorie können im nachfolgenden Kontrollzyklus die möglichen Ursachen für das Abweichen von Vorgaben erkannt werden. Anhand dieser Daten können wiederum die notwendigen Maßnahmen eingeleitet, sowie die für die Maßnahmenfestlegung zuständigen Bereiche bestimmt werden. Aus der festgehaltenen Planungshistorie wird die erforderliche Transparenz des Planungsablaufs als Grundlage für einen effizienten aber auch flexiblen Kontrollablauf geschaffen. Die Protokolle der Planungsprozesse sind daher eine Kombination aus einem vorgehensorientierten und einem datenorientierten Protokolltypen. Dabei weisen die Prozeßprotokolle aus dem Betrieb eines Montagesystems einen datenorientierten Protokollcharakter auf, wobei sie lediglich die Veränderung von Daten übermitteln (Abb. 7.2-3).

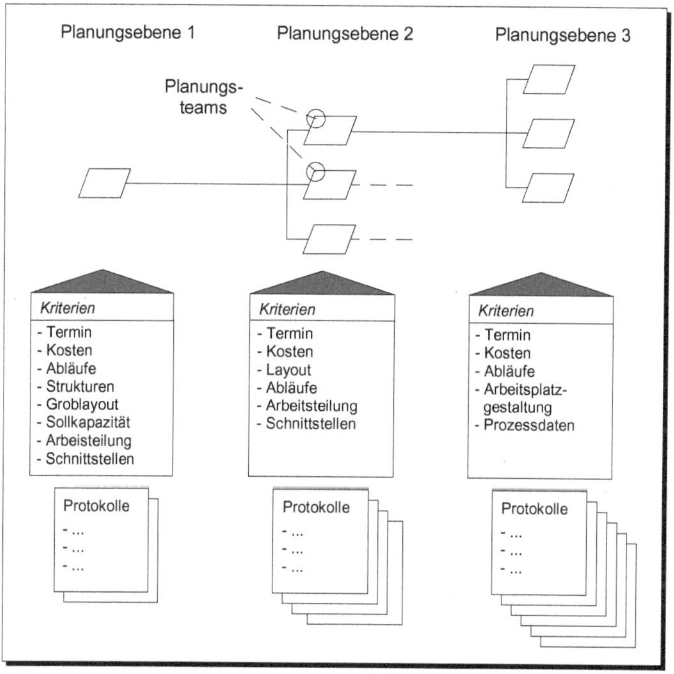

Abb. 7.2-3: Planungs- und Prozeßprotokolle

Ein EDV-gestütztes System zur Protokollierung erleichtert den ständigen unmittelbaren Zugriff auf den aktuellen Planungsstand der Systeme und vermeidet durch die Verwendung eines einheitlichen Formats die Mehrfachgenerierung von Daten.

7.2.4.2 Kontrollzyklus als Abtastregelung

Mit dem Kontrollzyklus können nicht nur Planungsergebnisse überprüft, sondern auch Veränderungen aus dem Betrieb der Montagesysteme erfasst werden. Die geforderte Effizienz und Flexibilität der Planungssteuerung wird durch das verwendete Kontrollinstrument bestimmt.

Für eine systematische und strukturierte Erfassung des Lösungsvorgehens wird in erster Linie durch eine vorgehensorientierte Kontrolle gesorgt, die sich an einer Problemlösungsmethode orientiert. Da die Reihenfolge der Kontrollschritte vorgegeben ist, kann dieser Prozeß sehr effizient ablaufen. Dieser Kontrolltyp ist vorwiegend für Neuplanungen geeignet (*Ganghoff 1993*). Hierbei kann sich die geringe Flexibilität des vorgangsorientierten Kontrolltyps als ein Nachteil herausstellen.

Mit einer datenorientierten Kontrolle soll insbesondere der Forderung nach einer Flexibilität der Planungssteuerung entsprochen werden. Da sich die Ablaufsteuerung an bereits generierten Daten orientiert, wird der Planungsablauf der jeweiligen Problemsituation angepasst. Dieser Kontrolltyp stellt eine geringere Anforderung an die Problemlösungsmethode dar und ist damit auch ineffizienter. Deshalb eignet sich die datenorientierte Kontrolle für Probleme, die ein gering strukturiertes Lösungsvorgehen erfordern, also vor allem bei Um- oder Änderungsplanungen (*Ganghoff 1993*).

Bei einer strategischen Neuplanung ist eine stärkere Betonung der vorgangsorientierten Kontrolle vorzunehmen, da in diesem Fall noch wenig Datenmaterial vorhanden ist (*Ganghoff 1993*). Bei Umplanungen kann bereits auf Erfahrungswerte und damit auf beide Protokolltypen zurückgegriffen werden.

Eine effiziente und flexible Kontrolle wird nur durch einen Kontrollzyklus ermöglicht, der sowohl vorgehensorientierte als auch datenorientierte Merkmale bearbeitet. Die gezielte Auswahl der zuständigen Planungsebene für eine individuelle Problemsituation unterstützt damit eine flexible aber auch effiziente Kontrolle. Um eine ganzheitliche Betrachtung der Montage bzw. beider Planungstypen zu gewährleisten, werden in dem Kontrollzyklus dieser Planungsmethode die beiden Kontrolltypen miteinander kombiniert (Abb. 7.2-4).

Mit einer derartigen Kombination sind die Grundlagen für einen Kontrollzyklus geschaffen, der eine situationsabhängige Planungssteuerung ermöglicht. Die Kontrolle entspricht einem zyklischen Ablauf, der mit der Erfassung der Daten und Informationen aus den Protokollen beginnt. Liegt eine Überschreitung der Vorgaben vor, erfolgt eine Analyse der Daten und Informationen. Dabei wird geprüft, in welche Zuständigkeit der vorliegende Fall übergeben werden muß. Gegebenenfalls wird in eine übergeordnete Ebene gewechselt. Anschließend erfolgt eine Planung von Maßnahmen zur Korrektur der Abweichungen. Durch einen Vergleich von Ist- und Sollvorgaben wird der Differenzbetrag dieser Werte ermittelt. In Verbindung mit der Zeitdauer seit Einführung der vorangegangenen Kontrollmaßnahme wird ein Zeitintervall festgelegt, nach dem eine erneute Kontrolle durchzuführen ist. Abschließend werden die geplanten Korrekturschritte umgesetzt und die Kontrollberichte von unten an die jeweils übergeordnete Ebene weitergeleitet. Wenn durch die getroffene Maßnahme erneut die Sollvorgabe nicht erreicht wird, muß eine Überarbeitung der Vorgabe vorgenommen werden. Mit den geänderten Werten wird der Kontrollzyklus noch einmal durchlaufen. Die Änderung der Vorgabe ist notwendig, um eine unnötige Überlastung der Kontrollmechanismen zu vermeiden: „Lieber grob und schnell, als detailliert und langsam“ (*Saynisch 1982*).

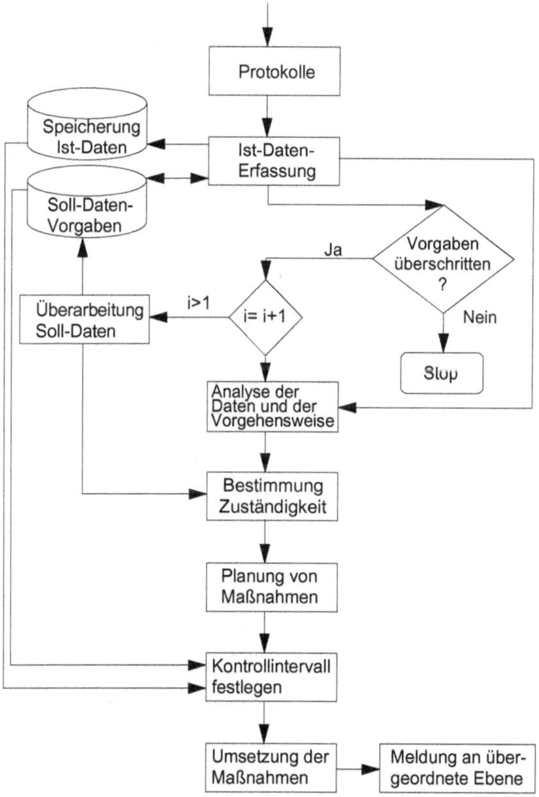

Abb. 7.2-4: Kontrollmechanismus der Planungsmethode

7.3 Detaillierung der Planungsebenen und Planungsschritte

7.3.1 Implementierung der Prozeßorientierung

Eine Vielzahl neuer Managementmethoden, die in der Vergangenheit eingeführt wurden, verfahren nach dem Grundverständnis der Prozeßorientierung. Das Strukturdenken als Gegenteil der Prozeßorientierung findet ihren vorläufigen Höhepunkt in der arbeitsteiligen Produktion des Taylorismus.

Wenn im Unternehmen Abläufe und Prozesse geregelt werden müssen, wird häufig versucht, mit Strukturen Ordnung und Transparenz herzustellen und dadurch Kontrolle zu ermöglichen. Durch eine präzise vorgegebene Struktur soll ein optimales Ergebnis erzielt werden. Damit wird der Struktur Vorrang vor dem Prozeß gegeben, so daß letztlich sehr viel Flexibilität zerstört und Erneuerungen behindert werden (Abb. 7.3-1) (*Müri 1994*).

Dabei lautet die Gegenthese, daß um so „innovativer und kreativer gearbeitet wird, je freier der Prozeß fließt". Die Struktur ist als ein Hilfsmittel anzusehen, die aber durch zu strikte Befolgung die Gefahr von Abhängigkeiten schafft (*Müri 1986*). Das Ziel muß deshalb eine Synthese aus ordnenden Strukturen und frei fließenden Prozessen sein.

Vorrang haben bei	
Strukturorientierung	**Prozeßorientierung**
- Ergebnisorientierung	- Weg-, Zielorientierung
- Probleme, Lösungen	- Fragen, Annäherungen
- Kontrolle, Stabilität, Ordnung	- Flexibilität, Agilität
- Expertenwissen	- Generalisten
- Logik, Systematik	- Psychologik, Chaos
- Wirklichkeitsmodelle	- Modelle sind Gedankenmodelle

Abb. 7.3-1: Vergleich von Struktur- und Prozeßorientierung (Müri 1994)

Um mehr Prozeßorientierung in den Unternehmen zu erreichen, muß eine Änderung der Denkweise und eine Übernahme der Prozeßorientierung in die tägliche Arbeitsweise erfolgen. Zur Unterstützung des Problemlösungsprozesses ist anstelle einer Ergebnisorientierung eine stärkere Weg- und Zielorientierung einzuführen. Dabei muß eine iterative Annäherung an das Ziel stattfinden. Auch auf der Ebene des Entwicklungs- und Herstellungsprozesses muß eine Abkehr von der funktionalen

Trennung hin zu einem dynamischen Mitwirkungsprozeß aller Unternehmensfunktionen erfolgen. Nur durch ein prozeßartiges Arbeiten im Team sind diese Ziele zu realisieren.

Zur Implementierung der Prozeßorientierung bieten sich zwei grundsätzliche Vorgehensweisen an. Der erste Weg – von außen nach innen – verändert das Verhalten. Der zweite Weg – von innen nach außen – zielt auf die Haltung ab und gilt als der erfolgversprechendere Weg, da Haltung in einem starken Maß das Verhalten beeinflußt. So wird aus dem Prozeßdenken ein prozeßorientiertes Verhalten (*Müri 1994*).

7.3.2 Planungsablauf in den Planungsebenen

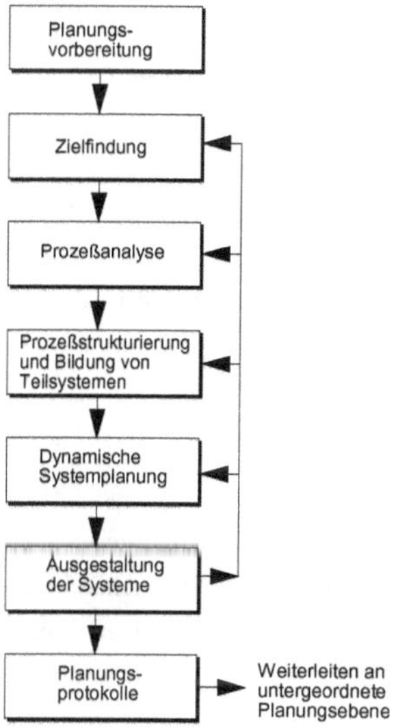

Abb. 7.3-2: Problemlösungsprozeß innerhalb einer Planungsebene

Um den Systemstrukturen einen dynamischen Aspekt zu verleihen, muß den darin eingesetzten Mitarbeitern ermöglicht werden, sie selbständig zu optimieren. Dazu bedürfen sie gegenüber anderen Strukturen eine gewisse Unabhängigkeit und Autonomie. Dies betrifft die angrenzenden Strukturen, aber auch übergeordnete Hierarchiestufen. Dafür müssen den Mitarbeitern Instrumente zur Verfügung gestellt werden, die die Eigenständigkeit unterstützen. Mit den Instrumenten müssen sie, unter der Vorgabe von Zielen und durch eine Beteiligung an der Gestaltung ihrer Strukturen, in der Lage sein, die Systeme immer wieder zu erneuern. Im Rahmen der Planung wird dies durch einen Problemlösungszyklus ermöglicht, der auf jeder Strukturebene eingesetzt wird (Abb. 7.3-2). Er stellt ein prozeßorientiertes Instrument dar, wobei der Zyklus in allen Ebenen einen identischen Ablauf besitzt. Die oft fehlende Stabilität selbstlernender Einheiten wird durch die Schaffung stabiler Planungsabläufe gewährleistet. Damit wird die Voraussetzung für die Dynamik aber auch eine gewisse Stabilität dieser aktiven Unternehmen erreicht.

In den folgenden Kapiteln wird der Ablauf des Problemlösungszyklus näher beschrieben.

7.3.2.1 Planungsvorbereitung

Bei der Installation von Planungsprojekten gehört zum ersten Vorbereitungsschritt das Einrichten von Planungsteams. Bereits in Kapitel 7.2.2 wurde auf die Bedeutung der Organisation des Planungsablaufs durch eine abgestimmte Verteilung der Planungsaufgaben und die Besetzung der einzelnen Planungsteams mit Mitarbeitern aus zentralen und dezentralen Bereichen, entsprechend den Aufgabenschwerpunkten der jeweiligen Planungsebenen, hingewiesen. Hierzu wird von der Geschäftsleitung ein Projektverantwortlicher benannt, der damit beauftragt wird, Projektgruppen aus Mitarbeitern des Unternehmens zu bilden. Dabei muß er die Aufgaben und Kompetenzen der Gruppen definieren. Die personelle Zusammensetzung der Projektgruppen ist von der inhaltlichen Aufgabenstellung des Projektes abhängig.

Neben einer hierarchieübergreifenden Zusammensetzung einzelner Projektgruppen aus den betroffenen Bereichen werden von den Unternehmen oftmals zusätzlich zu den eigenen Mitarbeitern, die das Wissen über die spezifischen Verhältnisse des Unternehmens besitzen, externe Berater eingesetzt. Diese verfügen über die geeignete Methodenkompetenz und ermöglichen mit standardisierten Analyse- und Auswertungsmethoden einen effizienten Planungsablauf (*Schneider 1994*). Zugleich sollen die Berater mit ihrer Sozialkompetenz, der Fähigkeit zur Kommunikation und Kooperation, auch die notwendigen Voraussetzungen zur Übernahme von Führungsaufgaben in den Planungsprojekten besitzen (*IPK 1999a*). Die Einbeziehung externer Berater ist umso notwendiger, wenn die Zeit zur Befähigung eigener Mitarbeiter durch Schulungen – vor allem in mittelständischen Unternehmen – wegen der häufig fehlenden Kapazitäten nicht gegeben ist. Der Vorrang von operativen Aufgaben ist eine der Gründe für die ungenügende Methodenerfahrung.

Entscheidend für den Erfolg von Planungsprojekten ist oftmals das Einbeziehen von Führungskräften, die mit ihrer Budgetgewalt eine gewisse Garantie für eine schnelle und erfolgsversprechende Umsetzung von Planungsmaßnahmen bieten.

Entsprechend dem Planungsverlauf, der sich auf mehrere Planungsebenen aufteilt, müssen im Team auf der strategischen Planungsebene Mitglieder der Geschäftsführung und ein überwiegender Anteil an Führungskräften vertreten sein, da sehr weittragende Entscheidungen für das Unternehmen getroffen werden. In der Ebene der „Mittelfristigen Planung" und der „Detailplanung" ist in den Teams ein zunehmender Mitarbeiteranteil aus dezentralen Bereichen zu berücksichtigen, damit das montagetechnische Erfahrungspotential eingebracht werden kann. Bei der Festlegung der Teamzusammensetzung einer Ebene wird zugleich die Teamleitung der nächst tiefergelegenen Ebene bestimmt und mit der Zusammensetzung des jeweiligen Teams beauftragt.

7.3.2.2 Zielfindung

Der Problemlösungsschritt Zielfindung gliedert sich in die beiden Phasen „Problemklärung" und „Zielkonkretisierung".

Durch eine Problemklärung werden die Problembereiche und die darin vorzufindenden Schwachstellen erfaßt. Damit werden die Grundlagen für die zu untersuchenden Bereiche und die spätere Analysephase festgelegt. Mit den Vorbereitungen für die Analyse werden die entscheidenden Schwerpunkte der Planung festgelegt.

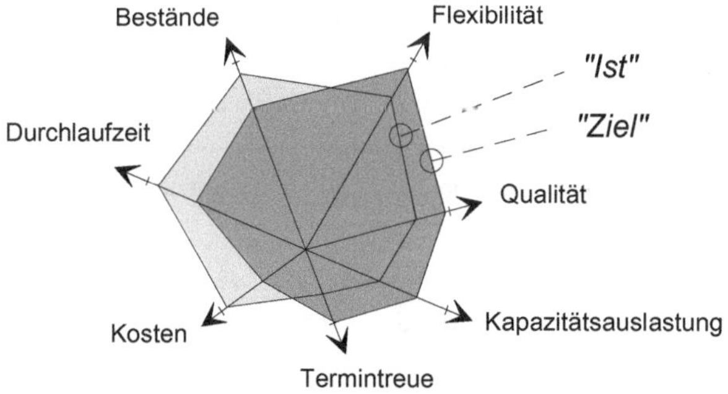

Abb. 7.3-3: Zielsystem der Planung

Im Rahmen der Zielkonkretisierung wird zunächst geprüft, inwieweit das unternehmensbezogene Zielsystem ihre Gültigkeit als Planungsgrundlage besitzt. Dies gilt insbesondere für die in der Problemklärung angesprochenen Bereiche. In der Phase der Zielkonkretisierung detaillieren die Teammitglieder der „Strategischen Planungsebene" die vom Planungsprojekt beeinflußbaren Unternehmensziele, stellen sie einander gegenüber und quantifizieren sie. Die besondere Schwierigkeit besteht in der gemeinsamen Verständigung übereinander konkurrierender Zielgrößen. Dieses Dilemma führt jeweils zu einer unternehmensspezifischen Ausprägung und Priorisierung der Ziele (Abb. 7.3-3). Durch eine gemeinsame Verständigung werden in der strategischen Planung die Planungsziele von den Unternehmenszielen abgeleitet und stellen in der Folgezeit die Grundlage für die Gestaltung und eine spätere Bewertung der Alternativen dar. Werden die Vorgaben in einer Planungsebene nicht erfüllt, wird der Problemlösungszyklus erneut abgearbeitet bzw. zur Änderung der Vorgaben die höhergelegene Ebene beauftragt.

In der Zielkonkretisierung der „Strategischen Planung" werden die Unternehmensziele so detailliert abgeleitet, daß sie auch für die anschließenden Planungsarbeiten in den untergeordneten Planungsebenen ihre Gültigkeit besitzen. Die Planungsziele können damit als einheitliches Zielsystem während der gesamten Planung betrachtet werden.

7.3.2.3 Prozeßanalyse

Ein erster Schritt der Prozeßanalyse ist eine qualitative Identifikation der Unternehmensprozesse. Hierbei werden zunächst die einzelnen Prozesse definiert, anschließend die Gesamtprozesse in Teilprozesse zerlegt und dann eine Festlegung der Vorrangbeziehungen zwischen den einzelnen Teilprozessen vorgenommen (Abb. 7.3-4). Dabei sind die Interdependenzen der Teilprozesse zu beachten.

In der quantitativen Beschreibung der Prozesse gilt es, eine Quantifizierung der Prozesse mit Hilfe von Kennzahlen vorzunehmen. Die Kennzahlen können sich auf den Flächenbedarf, den Zeitbedarf pro Einheit oder Kostenfaktoren beziehen. Anhand der Kennzahlen werden die Anforderungen an die Prozesse systematisch erfaßt, die in ihrer Gesamtheit bereits eine abstrakte Beschreibung der Lösung darstellen (*Ehrlenspiel 1992*).

Durch die in der Problemklärung erfaßten Problembereiche wird bereits eine Systemeingrenzung für die qualitative Identifikation und eine Eingrenzung der Intensität vorgenommen. Die Abgrenzung des Systems von seiner Umgebung muß vorgenommen werden, um es durch Input- und Output-Beziehungen exakt beschreiben zu können.

Um ein Problem klarer erkennen zu können und den Lösungsraum zu erweitern bzw. Lösungen zu verbessern, ist eine Verschiebung der Systemgrenze oftmals hilfreich (*Ehrlenspiel 1992*). Mit dieser Methode, die aus dem Bereich der Konstruktion stammt, wird auch in der Planung von Montagesystemen erreicht, sich nicht auf feste Systemgrenzen abzustützen und dadurch alternative Lösungen zu verfehlen. Eine Systemgrenzenverschiebung kann entweder durch eine Erweiterung oder eine Verkleinerung dargestellt werden. Bei der Erweiterung werden die Anschlußsysteme in die Problemlösung einbezogen, bei der Verkleinerung nicht relevante Teilprobleme ausgeschlossen, wobei eine Konzentration auf das Kernproblem stattfindet.

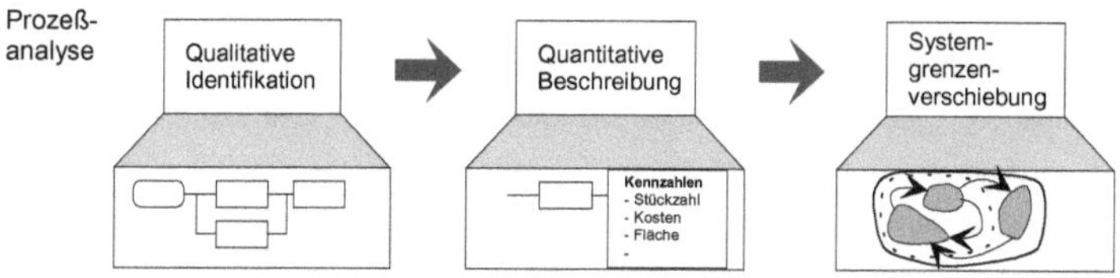

Abb. 7.3-4: Vorgehen bei der Prozeßanalyse

7.3.2.4 Prozeßverdichtung und Funktionsermittlung

Bei der Verdichtung zu Hauptprozessen werden die in einem Unternehmen ablaufenden Prozesse zur Erfüllung von Kundenaufträgen auf Strukturunterschiede hin untersucht. Dabei muß festgestellt werden, inwieweit Differenzen bei den Anforderungen und Ablaufstrukturen der Kundenaufträge auftreten. Dadurch werden die Prozesse zu Hauptprozessen verdichtet, die aufgrund von entsprechenden Kriterien zu ähnlichen Ablaufstrukturen führen. Die Kriterien zur Prozeßverdichtung können sich nach den Produkten, den Kunden, der Produktionstechnologie oder den Produktstückzahlen orientieren und sind unternehmensspezifisch anzuwenden. Es ist jedoch darauf zu achten, daß bei der Prozeßverdichtung keine Schnittstellen zwischen zusammenhängenden Prozeßketten gebildet werden. Die Verdichtung zu Hauptprozessen stellt keine Vorwegnahme der Strukturierung dar, sondern dient lediglich der Vereinfachung der anschließenden Funktionsermittlung.

Die bei der Verdichtung gebildeten Hauptprozesse werden getrennt behandelt und die dabei einzeln zu erfüllenden Funktionen unter der Zielsetzung ermittelt, wiederum ein optimales Zusammenspiel der Funktionen eines Hauptprozesses zu erreichen. Ein Hauptprozeß kann demnach aus mehreren Teilfunktionen bestehen, wobei nicht das Ziel einer hohen Arbeitsteiligkeit verfolgt werden soll. Eine gewünschte Integration kann durch die Wahl der Funktion beeinflußt werden. Die Funktion ist der Bestandteil eines Betriebsmittels oder eines Mitarbeiters. Mit der Durchführung mehrerer Prozeßschritte mit einem Betriebsmittel bzw. Mitarbeiter kann der Gesamtprozeß einfacher und transparenter ablaufen. Welche Funktion für einen Hauptprozeß gewählt wird, hängt entscheidend von den Zielgrößen Investitionsbedarf, Qualität, Flexibilität, Kapazitätsauslastung und Flächenbedarf ab.

In dem Zusammenhang sind die Begriffe „Prozeß“ und „Funktion“ folgendermaßen zu unterscheiden:

Die ablauforganisatorische Zusammenfassung von Elementaraufgaben bildet einen Prozeß. Das Beschreibungsziel ist die eigentliche Existenz von Prozessen, deren endlicher Zeitbedarf und komplexe Vernetzung (*Gaitanides 1983*). Demgegenüber ist die Funktion – als Ergebnis einer Aufgabenanalyse – eine strukturorganisatorische Zusammenfassung einer oder mehrerer Teilaufgaben. Bei der funktionalen Sichtweise steht die Elementarisierung der Verrichtung im Vordergrund, d.h. die Relation zwischen Eingangs- und Ausgangsobjekten und das, was den Eingangsobjekten hinzugefügt wird (*Scholz-Reiter 1990, Müller 1993*).

7.3.2.5 Systemstrukturierung

Ein prozeßorientiertes Planungsvorgehen sollte in der Weise gestaltet werden, daß die Abläufe noch vor der Aufbaustruktur festgelegt werden, um die Struktur so zu gestalten, daß sie die Abläufe bestmöglich unterstützt.

Nach der nun festgelegten Ablauffolge muß eine Aufbaustruktur gefunden werden, die neben einer optimalen Schnittstellengestaltung eine optimale Kapazitätsauslastung und zugleich einen harmonischen Kapazitätsquerschnitt entlang der Prozeßkette verfolgt. Durch eine optimale Strukturierung ist der Leistungsquerschnitt so abzugleichen, daß zum einen ein einfacher Auftragsdurchlauf mit minimalen Durchlaufzeiten erreicht werden kann. Zum anderen ergibt sich eine weitere – davon unterschiedliche – Entscheidungssituation. Bei gegebenen Funktionsabläufen wird eine Strukturierung mit dem Ziel einer Minimierung der Anzahl der Schnittstellen vorgenommen, da dort erfahrungsgemäß die größten Schwierigkeiten im Auftragsdurchlauf auftreten. Die Strukturierung erfolgt in einem mehrstufigen Prozeß, indem die Funktionen einzelnen Systemen im Unternehmen zugeordnet werden. Den Systemen werden Aufgaben, Weisungsbefugnisse und Verantwortungsbereiche zugewiesen, die sich auf die Leistungserstellung des jeweiligen Systems beziehen.

Zunächst erfolgt eine horizontale Strukturierung, bei der Teilsysteme nach folgenden Ähnlichkeitskriterien gebildet und zusammengefaßt werden können:

- Produktbaureihen
- Stückzahlen
- Vorhersagegenauigkeit
- Kunden
- herstellungstechnologische Aspekte
- Prozeßorientierung (Schnittstellenminimierung bzw. -optimierung).

Mit dieser ersten Segmentierung werden bereits die Strukturen der untergeordneten Planungsebenen festgelegt. Bei der horizontalen Strukturierung kann zwischen verschiedenen Ordnungsgraden unterschieden werden. Auf der obersten Planungsebene wird durch eine Segmentierung erster Ordnung zunächst primär eine Trennung nach den von Funktion und Bauart unterschiedlichen Produktbaureihen vorgenommen, wohingegen in den mittleren Planungsebenen innerhalb eines Segmentes nochmals, vor allem mit dem Ziel der Flußoptimierung, horizontal getrennt wird.

Nach der horizontalen Strukturierung erfolgt anschließend – innerhalb einer Planungsebene – eine vertikale Strukturierung dieser Segmente, die sich vorwiegend am Herstellungsprozeß und den Ressourcen orientiert. Durch die Schaffung durchgängiger Verantwortungsbereiche wird eine Schnittstellenminimierung verfolgt, die sich aufgrund von Ressourceninterdependenzen, Leistungsverflechtungen, Querschnittstechnologien und nicht trennbaren Kapazitätseinheiten mit großen Querschnitten ergeben. Mit einer vertikalen Segmentierung wird weitgehend die Gestaltung der inneren Struktur der untergeordneten Planungsebenen vorgenommen. Bei der vertikalen Arbeitsteilung muß eine Abstimmung der Kapazitäten und ein durchgängiger Materialfluß sichergestellt werden (*Wildemann 1998*). Auf der Ebene der „Mittelfristigen Planung“ erfolgt dabei eine Stationsbildung in den Systemen.

Auf der unteren Planungsebene wird zwangsläufig keine weitere Systemstrukturierung durchgeführt. Diese kleinsten, nicht weiter teilbaren Einheiten stellen die Arbeitsstationen dar, die lediglich im Rahmen der Arbeitsplatzgestaltung weiter aufgeteilt werden.

Aufgrund der Zunahme an Variantenvielfalt entlang des Herstellungsprozesses wird insbesondere im Bereich der Montage eine stärkere Segmentierung betrieben. Durch eine vertikale und horizontale Strukturierung des Gesamtsystems werden parallele Systeme geschaffen, mit denen eine Senkung der Durchlaufzeiten ermöglicht wird.

7.3.2.6 Dynamische Systemplanung

Das Ziel der dynamischen Systemplanung ist es, geeignete Strategien für eine materialflußtechnische Anbindung sowohl an benachbarte als auch über- oder untergeordnete Systeme zu entwickeln. Zusätzlich müssen die Kapazitäten für Montage-, Förder- und Transporttechnik ermittelt, die zu erwartenden Durchlaufzeiten präzisiert und die notwendigen Bereitstellflächen dimensioniert werden. Dabei gilt es, die Zielgrößen Kapazität, Durchlaufzeit und Flächen optimal aufeinander abzustimmen. Dazu wird mit Hilfe der Simulationstechnik das dynamische Verhalten der Montagesysteme analysiert. In der Ablaufsimulation werden zeitdiskrete Abläufe abgebildet, um kritische Abläufe, Engpässe und Restriktionen frühzeitig zu ermitteln und darauf aufbauend Verbesserungsmaßnahmen erarbeitet. Des weiteren läßt sich die Funktionsfähigkeit der in Kapitel 7.3.2.4 ermittelten Funktionen überprüfen.

Im Rahmen der materialflußtechnischen Anbindung der Montage werden Aufträge in einem Simulationsmodell hinterlegt. In Verbindung mit einer detaillierten Teileabbildung lassen sich die Strategien bezüglich des Nachbezugs von Montagebauteilen und der Versorgung nachgelagerter Bereiche mit Fertigprodukten entwickeln. In der Simulation werden unterschiedliche Systemreaktionen und Konzeptvarianten untersucht, um damit die Auswirkungen auf das Gesamtmodell zu ermitteln und die optimalen Grundlagen für die weitere Konzeptentscheidung zu besitzen. Dabei muß der Konflikt gelöst werden, ein ausreichend dimensioniertes Systems zur Erreichung minimaler Durchlaufzeiten und hoher Termintreue bei geringsten Umlaufbeständen im Gesamtsystem zu schaffen. Um letztendlich die Wirtschaftlichkeit der Konzeptalternativen aufzuzeigen, muß neben den oben bereits genannten Zielgrößen der dynamischen Systemplanung auch der Investitionsbedarf jeder weiterzuverfolgenden Konzeptvariante ermittelt werden. Zunächst gilt jene Alternative als erfolgversprechender, deren Investitionsaufwand den geringsten Betrag aufweist.

Im Rahmen der Investitionsbeurteilung wird die Nutzwertanalyse zur Bewertung nicht finanzieller Konsequenzen von Investitionsalternativen eingesetzt. Der sich ergebende Nutzwert einer jeden Alternative stellt einen quantitativen Ausdruck für den subjektiven Wert jeder Investitionsalternative hinsichtlich des Erreichens vorgegebener Zielgrößen dar. Zugleich erweist es sich als vorteilhaft, daß die damit durchgeführte Bewertung nachvollziehbar und überprüfbar ist (*Däumler 1989, Bick 1992*). Zur detaillierten Ablaufbeschreibung einer Nutzwertanalyse wird auf die entsprechende Literatur verwiesen (*Zangenmeister 1970, Rinza 1977*).

In der abschließenden Gesamtbewertung ist – ausgehend vom Nutzwert und dem Investitionsbedarf – die vorteilhafteste Alternative zu bestimmen. Dazu wird ein Quotient aus Nutzwert und Investitionsbedarf bestimmt. Je größer sich dieser darstellt, je größer erweist sich der Nutzen je Investitionseinheit.

7.3.2.7 Ausgestaltung der Systeme und deren Umsetzung

Als Ergebnis der dynamischen Systemplanung konnten die Kapazitäten und Dimensionen von Betriebsmitteln und Flächen der ausgewählten Alternative bestimmt werden. Aus den Abläufen und Strukturierungen der Systeme geht die Anordnung von Betriebseinrichtungen hervor. Mit der Vorgabe des Groblayouts der „Strategischen Planung“ kann in der untergeordneten Ebene der „Mittelfristigen Planung“ das Layout der Segmente weiter ausgearbeitet werden. Die daruntergelagerte Planungsebene wird anhand der eigenen Planungsergebnisse und den Vorgaben der darübergelagerten Ebene schrittweise das Layout des jeweiligen Bereichs verfeinern, bis schließlich in der untersten Planungsebene jeder Arbeitsplatz im Gesamtlayout präzisiert ist. Dabei wird für den Flächenbedarf von Betriebsmitteln in den höheren Ebenen auf Erfahrungswerte bzw. Kennzahlen zurückgegriffen, um für die noch nicht detaillierten Arbeitsplätze Näherungswerte der Flächenbedarfe vorzugeben (*Bissel 1997*).

Mit den Ergebnissen aus der dynamischen Planung und den Planungsprotokollen des bisherigen Planungsverlaufs werden die Arbeits- und Entscheidungsabläufe, sowie die einzelnen Arbeitsaufgaben des jeweiligen Systems detailliert. Dabei geht es insbesondere auch darum, neben den direkten Funktionen – nach denen man sich vorwiegend orientiert hat – die indirekten Funktionen zu detaillieren und zu entscheiden, ob diese jeweils zentral oder dezentral durchgeführt werden. Es ist zu beachten, daß bei einer Dezentralisierung die Gefahr der Überforderung besteht, wohingegen eine zentrale Durchführung den Gedanken selbstlernender Unternehmen behindert. Jedoch orientiert sich dies im einzeln nach der Qualifizierung der Mitarbeiter. Zudem unterstützt eine dezentrale Durchführung den Gedanken der Prozeßorientierung durch Reduzierung der Schnittstellen, „da jeder zentrale Eingriff die horizontale Harmonisierung der Prozeßkette unterbricht" (*Bissel 1997*).

Neben der Layoutdetaillierung der Montagebereiche werden in dieser Phase die Arbeitsinhalte für die ausgewählte Alternative weiter verfeinert. Die stetig erweiterten Planungsprotokolle können als Anforderungskataloge für die Auswahl und Gestaltung der einzusetzenden Technik und letztendlich als Entscheidungsgrundlage über manuelle, mechanische bzw. automatische Montageprozesse dienen. Im Anschluß werden Angebote eingeholt, um die Investitionskosten weiter zu detaillieren und einen letzten Nachweis der Wirtschaftlichkeit zu erbringen. Anschließend kann mit Hilfe der dezentralen Bereiche die Beschaffung von Betriebsmitteln und die Umsetzung der Planungsaktivitäten erfolgen.

Zur Unterstützung der direkten und indirekten Funktionen müssen Informationsflußstrukturen aufgebaut werden. In dem Zusammenhang ist aber wichtig, daß einfache Strukturen entstehen. Neben einer anwenderfreundlichen Bedienung muß auch die Betriebssicherheit durch eine gesicherte Leistungsfähigkeit der Informationsflußstrukturen garantiert werden. Bei der Konzeption und dem Aufbau der horizontalen und vertikalen Informationsstrukturen sollte immer nach dem Grundsatz verfahren werden, daß die richtige Information vollständig, zur richtigen Zeit, am richtigen Ort, auf dem richtigen Informationsträger zur Verfügung steht. Dies bedeutet nicht zwangsläufig den Einsatz von EDV-Lösungen (*Bissel 1997*).

In diesem Zusammenhang können bereits die Schritte und Maßnahmen zur Erreichung der qualifikatorischen Zielzustände aufgeführt werden. Da Hilfen zur Qualifizierung des Werkstattpersonals für den späteren Betrieb der Systeme aufgezeigt werden, sind die Voraussetzungen für eine bessere Unterstützung der Planungsarbeiten durch die dezentralen Mitarbeiter geschaffen.

7.4 Zeit als Wettbewerbsfaktor

Bei den weitgehend gesättigten Märkten lassen sich Wettbewerbsvorteile über eine Kostendegression infolge einer Erhöhung der Menge kaum mehr erzielen. Es gilt vielmehr, möglichst innovative Produkte frühzeitig auf den Markt zu bringen und so über die frühe Produktionserfahrung entsprechende Kostenvorteile zu erzielen (*Milberg 1988, Milberg 1991, VDI 1992*). Die Zeit entlang der gesamten Prozeßkette ist – von der Produktentwicklung bis zur Produktion und damit auch der Montageplanung – als knappe Ressource zu berücksichtigen (*Deutschländer 1989, Hechl 1994*). Die in der Praxis teilweise fehlenden Planungskapazitäten und die eng terminierten Planungsprojekte verstärken dieses Problem.

7.4.1 Maßnahmen zur Reduzierung der Planungszeiten

Es wurde bereits gezeigt, wie durch eine hierarchisch strukturierte Planungsmethode mit integriertem Problemlösungszyklus die Planungskomplexität und durch simultane Teamarbeit die Planungsdauer verringert werden kann. Mit der Integration des Expertenwissens produktionsnaher Mitarbeiter in den einzelnen Teams lassen sich die Einarbeitungszeiten und der hohe Datenerhebungsaufwand für die zentralen Planungsabteilungen weiter reduzieren. Jedoch muß dabei die oftmals fehlende Methodenkenntnis vor allem der dezentralen Bereiche berücksichtigt werden. Die in die Planungsmethode integrierten Kontrollstrukturen verkürzen die Reaktionszeit ab der Veränderung der Einflußfaktoren bis zur Auslösung von Planungsaktivitäten. Der kontinuierlich ablaufende Kontrollzyklus verschafft damit weitere Zeitvorteile für die Planung. Die entwickelte Planungsmethode bietet so die Voraussetzung für eine ständige Planungsbereitschaft in den Unternehmen.

Im Anschluß sollen weitere Einflußkriterien der einzelnen Planungsaufgaben untersucht werden, um daraus Rückschlüsse über mögliche Potentiale für weitere Reduzierungen der Planungsaufwände zu erzielen. Die im Rahmen der Montageplanung schwerpunktmäßig durchzuführenden Aufgaben lassen sich nach den hierarchischen Planungsebenen strukturieren. Die Abbildung 7.4-1 zeigt die wesentlichen Aufgaben, die in den einzelnen Planungsebenen durchgeführt werden und den zeitlichen Aufwand mitbeeinflussender Kriterien. Insbesondere der hohe Aufwand in der mittelfristigen Planung, der stark von den inneren Einflußfaktoren des Unternehmens geprägt ist, wird ersichtlich. Dabei ist der Planungsaufwand stark von der Anzahl der zu entwickelnden Planungsalternativen, den durch Produktänderungen hervorgerufenen Abstimmungen der Systeme, den eingesetzten Gestaltungslösungen und den Organisationsformen abhängig. Bereits *Thaler* (1993) greift die Problematik der Aufwandreduzierung bei der Ablaufplanung in der Montage auf. In einer Erhebung der Tätigkeitsanteile bei Montageplanern fand sich die Teilaufgabe „Arbeitsgang und -folge ermitteln" mit dem größten Zeitanteil von 24 Prozent wieder.

Planungsebene	**Planungsaufgabe**	**Hauptaufgaben in Ebene**	**Einflußkriterien**
Montagebereich	Segmentierung	Erfassung Grunddaten	Produktspektrum
		Analyse Absatz, Produktspektrum	Wettbewerber Marktsituation
		Ermittlung Gesamtkapazität, Anzahl der Systeme	Produktlebenszyklus
	Steuerung, Planung	Festlegen Produktionsimpuls	
	Bereichslogistik	Festlegen der Bevorratungsebenen	
Montagesegment	Kapazitätsteilung, Stationsbildung	Automatisierung Teilprozesse	Baureihenvarianten
		Leistungsabstimmung	Planungsalternativen
		Planungslayout	Qualifikation Mitarb.
		Investitionsaufwand	Organisationsprinzip
		Systemprinzip, -alternativen	Ratiopotential
	Dispositionsstrategie	Materialversorgung	Produktänderungen
	Verkettung	Reihenfolge bestimmen	Montagesystem
		Transportsysteme	
Montagearbeitsplatz /Zelle	Prozeßgestaltung, -synthese	Gestaltungsalternativen, Prozeßsicherheit. Kosten bestimmen	Qualitätsanforderung
	Taktzeitoptimierung	Optimierung Ablauf, Anordnung, Betriebsmittelgestaltung	
	Detaillayoutplanung	Optimierung Ablauf, Anordnung, Materialanlieferung	

Abb. 7.4-1: Aufgaben in der Montageplanung (Bernhart 1993)

Die geforderte Zeitreduzierung darf aber nicht auf Kosten einer adäquaten Alternativenberücksichtigung gehen. Des weiteren muß suboptimalen Lösungen aufgrund der

Vernachlässigung wesentlicher Kriterien, einer unzureichenden Detaillierung und einer mangelhaften Dokumentation entgegengewirkt werden (*Kummetsteiner 1994*).

7.4.2 Arbeitsteilung und Leistungsabstimmung

Im folgenden wird die im Rahmen der mittelfristigen Planung durchzuführende Stationsbildung und die damit verbundene Leistungsabstimmung vorgestellt. Es soll insbesondere auf die bei der Abstimmung von herkömmlichen Fließmontagen auftretenden Konflikte hingewiesen werden. Dabei wird aufgezeigt, inwieweit es Zusammenhänge oder Unterschiede zwischen den verschiedenen Montagesystemen bzw. Organisationslösungen gibt. In dem Zusammenhang ist auf eventuelle Zeitvorteile für die Montageplanung hinzuweisen, die sich aus den jeweils erforderlichen Planungsaufgaben ergeben.

7.4.2.1 Problemstellung in herkömmlichen Fließmontagen

In der Ebene der mittelfristigen Planung erfolgt für jedes Teilsystem im Zuge einer vertikalen Strukturierung eine Arbeitsstationsbildung. Dabei wird das Kapazitätsangebot jeder Kapazitätseinheit sowie die ablauforganisatorische Anordnung dieser Einheiten in Form von Arbeitsplatzgruppen definiert. Dieser Teilschritt stellt die Grundlage der nachfolgenden Leistungsabstimmung dar, bei der die einzelnen zur Montage des Produkts erforderlichen Teilvorgänge den im Rahmen der Arbeitsteilung definierten Arbeitsgruppen zugeordnet werden (*Braun 1995*).

Die Leistungsabstimmung, häufig auch Abtaktung genannt, besteht zum einen aus dem Ermitteln der Taktzeit eines Montagesubsystems und zum anderen aus der Zusammenfassung von Teilarbeitsvorgängen zu Arbeitsfolgen an einzelnen Arbeitsplätzen. Unter der Beachtung der Vorrangbeziehungen ist letztendlich die Anpassung bis maximal an die Taktzeit und das Leistungsangebot der Arbeitspersonen zu erreichen. Die Anpassung erfolgt in der Art, daß die benötigte Zeit an einer Arbeitsstationen dem Solltakt weitgehend entspricht. Die Taktzeit ist dabei die Zeit, in der jeweils eine Mengeneinheit das System verläßt, damit die Sollmengenleistung erbracht wird (*Fuhrmann 1983*). Da es in der Regel nicht gelingt, alle Arbeitsstationen eines Montagesystems mit Arbeitsfolgen im Vorgabetakt auszulasten und Teilverrichtungen nicht beliebig unterteilt werden können, entstehen in der arbeitsteiligen Fließmontage Taktverluste als Differenz zwischen der Takt- und Verrichtungszeit (Abb. 7.4-2). Werden in einem System verschiedene Varianten montiert, entstehen zusätzliche Modell-Mix-Verluste, die in einer variantenreichen Produktion verstärkt auftreten (*Koether 1985, Bullinger 1986*).

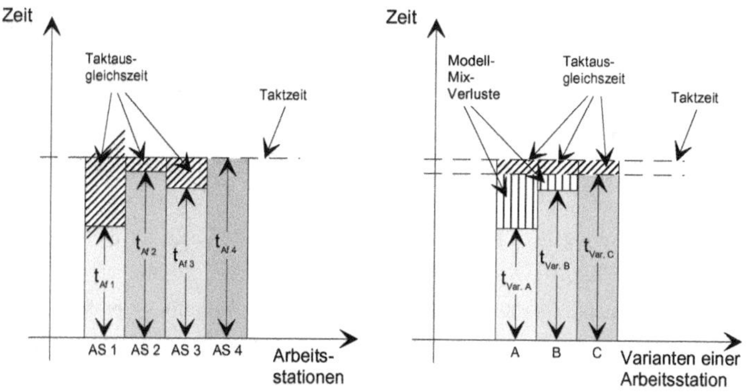

Abb. 7.4-2: Austaktung und Entstehung von Verlustzeiten

In einer von *Schmidt* (1990) in der manuellen Montage der Automobilindustrie durchgeführten Untersuchung betragen die Taktausgleichszeiten neun Prozent und die Modell-Mix-Verluste 13 Prozent der Gesamtarbeitszeit. Aufgrund des hohen Personalkostenanteils in der manuellen Montage muß die Verringerung der Verlustzeiten, die in Verbindung mit der Arbeitsteilung und Leistungsabstimmung in einem arbeitsteiligen Fließsystems entstehen, das Ziel entsprechender Maßnahmen sein.

Dabei steht zwischen den jeweiligen Teilschritten der Festlegung der Arbeitsteilung und der Leistungsabstimmung eine direkte Abhängigkeit, da die Ergebnisse der Festlegung der Arbeitsteilung die Anforderungen der Leistungsabstimmung beeinflussen. Die Bearbeitung erfolgt somit nicht sequentiell, sondern erfordert eine iterative Annäherung an die Endlösung.

Die Art der Arbeitsteilung kann prinzipiell durch zwei Parameter, die Art- und die Mengenteilung beschrieben werden. Unter einer vollständigen Artteilung wird dabei die Aufteilung einer Arbeitsaufgabe auf mehrere Arbeitsstationen verstanden, wobei jede Station nur eine Teilaufgabe der gesamten Arbeitsaufgabe ausführt, diese allerdings für die gesamte Produktionsmenge. Die vollständige Mengenteilung ist dagegen die Aufteilung einer Arbeitsaufgabe in der Art und Weise, daß jede Kapazitätseinheit für die gesamte Arbeitsaufgabe zuständig ist, jedoch nur für einen Teil der Produktionsmenge (*REFA 1991*). Durch die Variation dieser beiden Größen, dem zeitlichen Umfang der Arbeitsaufgabe und der auszubringenden Stückzahl, können unterschiedliche Mischformen der Arbeitsteilung gestaltet werden.

Bezüglich der Extremausprägungen führt eine reine Artteilung zu einer hohen Anzahl an nicht wertschöpfenden Sekundärvorgängen, wie z.B. Transport- und

Greifbewegungen, die bei zunehmender Mengenteilung nicht erforderlich sind (*Luczak 1986, Lotter 1994*). Die reine Artteilung weist eine hohe Anzahl an Schnittstellen zwischen den Arbeitsplätzen auf, so daß durch zusätzliche Liegezeiten die Durchlaufzeit erhöht wird. Je höher dieser Anteil an Sekundärvorgängen liegt, desto geringer ist der Wirkungsgrad des Montagesystems. Als Vorteil der Artteilung wird die sehr kurze Anlernzeit der Mitarbeiter gesehen. Als weitere Nachteile einer reinen Artteilung gelten die geringe Eigenverantwortlichkeit der Mitarbeiter, die damit verbundene geringere Qualität der Produkte und der hohe Aufwand für die Gestaltung des Arbeitsablaufs (*Luczak 1986*). *Sauer* (1987) weist in diesem Zusammenhang darauf hin, daß mit zunehmender Artteilung die bei der Leistungsabstimmung praktisch nicht vermeidbaren Abstimmungsverluste zunehmen. Demgegenüber stehen bei reiner mengenteiliger Ausführung mit geringen Sekundärzeiten die höheren Kosten für Montagebetriebsmittel.

Zur Bewältigung dieses Abtaktungsproblems wurden Algorithmen entwickelt, deren Anwendung zu einer erhöhten Auslastung der Mitarbeiter führen soll. Mit Hilfe exakter Methoden des „Operations Research“, heuristischer Verfahren sowie einfacher rechnerischer Probierverfahren werden die Auslastungsprobleme arbeitsteiliger Fließsysteme gelöst. Darüber hinaus wird zwischen Ansätzen zur Leistungsabstimmung für Einproduktmodelle mit homogenem Produktspektrum ohne Varianten und Mehrproduktmodellen mit verschiedenen Varianten unterschieden (*Domschke 1993, Görke 1978, Lutz 1973*). Die Verfahren sind aufgrund der Komplexität dieser Problematik nur unter Einschränkungen möglich, da sie jeweils nur eine Teilmenge der Vorgänge bzw. des Lösungsraums betrachten. Sie werden in der Praxis deshalb nur vereinzelt eingesetzt (*Braun 1995, Bick 1992, Schmidt 1990*).

Zusätzlich zu den rechnerunterstützten Maßnahmen können folgende Maßnahmen zur Reduzierung der Taktverluste aufgeführt werden:

- mehr Mengenteilung anstatt Artteilung bei der Arbeitsteilung
- montagegerechte Produktgestaltung
- Segmentierung der Montage
- Optimierung der Modellfolge eines Montagesystems
- Entkopplung der Systeme
- Montagemechanisierung bzw. –automatisierung.

Bislang versucht vor allem die Automobilindustrie, durch die Einführung von Gruppenarbeit mit kooperativen Arbeitsformen, die Verluste zu minimieren. Die vorliegende Literatur bietet jedoch keine gezielte Unterstützung zur Vermeidung von Verlustzeiten bei der Umsetzung einer kombinierten Fließmontage mit konsekutiver Arbeitsform.

Außerdem werden in der Praxis Hilfestellungen benötigt, die sich durch einen geringen Aufwand bei einfacher Anwendung auszeichnen.

7.4.2.2 Dynamische Simulation als Modellierungsgrundlage

Es lassen sich zwei Einsatzbereiche der dynamischen Simulation im Produktionsbereich unterscheiden:

- Steuerung von Produktionssystemen
- Planung von Produktionssystemen.

Dabei wird der erste Simulationstyp als Entscheidungsunterstützungssystem vor Ort und der zweite verstärkt zur Planung und Optimierung von Produktionssystemen eingesetzt (*Wiendahl 1990, Kuhn 1993*)

„Simulation ist die Nachbildung eines dynamischen Prozesses in einem Modell, um zu Erkenntnissen zu gelangen, die auf die Wirklichkeit übertragbar sind" (*VDI 1993*). Mit Hilfe der Simulation wird ein System erstellt, das ein anderes reales System und deren Abläufe abbildet und nachahmt (*Baetge 1974*). Die Abläufe stellen eine Folge von zeitabhängigen Zustandsänderungen der Systeme dar. Dabei werden in der Regel nur die Elemente und Relationen der Realität auf einem geeigneten Detaillierungsniveau abgebildet, die dem Modellbildner relevant erscheinen.

Bei der Modellierung können sowohl deterministische Simulationen erstellt werden, deren Ereignisse in fest vorgegebener Reihenfolge auftreten, als auch stochastische Simulationen von zufallsgesteuerten Ereignissen durch die Implementierung statistischer Verteilungsfunktionen. Damit ist einerseits die Darstellung einer ereignisorientierten, zeitdiskreten Systemsimulation, andererseits eine realzeitorientierte Prozeßsimulation in Abhängigkeit von der Art der Veränderung der Systemzustände zu unterscheiden (*Hauertmann 1998*). Nach der Verifikation des Simulationsmodells sind Versuche mit systematischer Parametervariation möglich, bei denen die charakteristischen Parameter in ihren verschiedenen Dimensionen abgeändert werden (*Steidel 1994*). Für die simulationsgestützten Untersuchungen soll in dieser Arbeit das Programm WITNESS der Firma Lanner Group Ltd. verwendet werden (*Witness 1996*).

7.4.2.3 Untersuchung ausgewählter Einflußfaktoren

Die kombinierte Fließmontage wird eingerichtet, um den steigenden Anforderungen an eine leistungsorientierte Arbeitsgestaltung und den gesteigerten Flexibilitätsanforderungen an die Unternehmen gerecht zu werden.

Für die Montageplanung von kombinierten Fließsystemen sind spezifische Kriterien im Zuge der Arbeitsteilung und der dazu erforderlichen Leistungsabstimmung relevant. Dazu sind die Besonderheiten bei der Gestaltung von leistungsorientierten Montageformen zu berücksichtigen. Die Eignung kombinierter Fließsysteme zur Erfüllung hoher Flexibilitätsanforderungen wurde bereits in Kapitel vier erläutert. Die vorliegende Problemstellung einer Aufwands- und Zeitreduzierung bei der Montageplanung von kombinierten Fließsystemen soll mit Hilfe der dynamischen Simulation und anhand ausgewählter Kriterien belegt werden.

Ein Mitarbeiter montiert in der kombinierten Fließmontage ein komplettes Produkt und wandert dazu von Station zu Station. Dabei muß beachtet werden, daß das Auflaufen eines Mitarbeiters auf die vor ihm montierende Arbeitsperson vermieden wird. Dies tritt ein, wenn die Arbeitsperson an der nächstfolgenden Arbeitsstation ihre Montagetätigkeiten noch nicht beendet hat. Das Vermeiden von Störungen des persönlichen Arbeitsablaufs soll dazu beitragen, keine Zeitverluste zu verursachen, den Mitarbeitern ein konzentriertes Arbeiten im System zu ermöglichen und damit eine bessere Qualität zu produzieren.

In der kombinierten Fließmontage muß deshalb eine höhere Anzahl an Arbeitsstationen als an Mitarbeitern vorhanden sein. Dies kann grundsätzlich dann erreicht werden, wenn eine Segmentierung des Produktspektrums eines Gesamtmontagesystems bzw. eine Mengenteilung von Arbeitsstationen durchgeführt wird. Bei der zuletzt genannten Möglichkeit werden sogenannte Parallelarbeitsplätze eingerichtet, an denen sich die Produktionsmengen teilen und am Produkt jeweils die gleichen Verrichtungen erfolgen. Um mehr Arbeitsstationen in kombinierten Fließsystemen zur Verfügung zu haben, gleichzeitig aber den Investitionsaufwand minimal zu halten, müssen vor allem Arbeitsstationen mit geringem Betriebsmittelbedarf, wie z.B. Verkabelungsstationen, als Parallelarbeitsplätze eingerichtet werden. Um keine überhöhten Ansprüche an die Qualifizierung der Mitarbeiter durch zu umfangreiche Montageumfänge in den kombinierten Fließsystemen zu stellen, muß zugleich eine Segmentierung des gesamten Produktspektrums in einzelne Teilsysteme berücksichtigt werden. Deshalb soll der Zusammenhang zwischen der Anzahl der einzurichtenden Arbeitsstationen und der benötigten Mitarbeiteranzahl in Bezug zu vorgegebenen Kapazitätsbedarfe untersucht werden. Mit Hilfe der dynamischen Ablaufsimulation wird für ein vorgegebenes Produktionsprogramm untersucht, welche Anzahl an Arbeitsstationen im System eingerichtet werden muß, um ein Auflaufen der Mitarbeiter und damit Störungen des Montageablaufs zu vermeiden.

Wie bereits oben erläutert, steht die Arbeitsteilung und damit auch die Bestimmung der Anzahl der Arbeitsstationen bei kombinierten Systemen in engem Zusammenhang mit der Leistungsabstimmung des Montagesystems. Zur Lösung dieses ereignisorientierten Problems werden die aus einem vorgegebenen Erzeugnis resultierenden Einzeltätigkeiten jeweils auf eine unterschiedliche Anzahl an Arbeitsstationen verteilt. Dies geschieht mit dem Ziel, jeden Montageablauf so aufzuteilen, daß ein günstiges Verhältnis von Nebenzeiten (Handhabung) zu Hauptzeiten (Fügen) entsteht.

Das Ergebnis der Simulation bestätigt, daß bei der Arbeitsteilung von kombinierten Fließmontagen eine höhere Anzahl an Arbeitsstationen als an Mitarbeiter im System zur Verfügung zu stellen ist, um ein Auflaufen der Mitarbeiter zu verhindern (Abb. 7.4-3). In dem aufgeführten Beispiel werden für ein gegebenes Produkt und einem Kapazitätsbedarf von vier Mitarbeitern sechs Arbeitsstationen im Montagesystem benötigt.

Im Anschluß werden die Anforderungen an die „Genauigkeit" einer Leistungsabstimmung in kombinierten Fließmontagen aufgezeigt. Der Montageablauf eines Erzeugnisses wird dazu auf eine festgeschriebene Anzahl an Arbeitsstationen aufgeteilt. Dabei werden verschiedene Montageabläufe mit jeweils unterschiedlichen Schwankungen der Ausführungszeiten an den einzelnen Arbeitsstation zusammengestellt. Es soll untersucht werden, inwieweit sich durch unterschiedliche Schwankungsbreiten bei den Verrichtungszeiten je Arbeitsstation Auswirkungen auf das Auflaufen von Mitarbeitern ergeben. Die Anzahl der Mitarbeiter wird im System hierzu konstant gehalten.

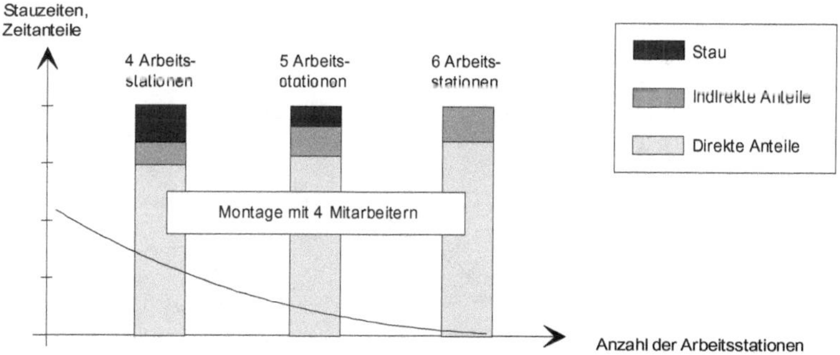

Abb. 7.4-3: Simulationsergebnis zur Ermittlung der Anzahl der Arbeitsstationen

Das Ergebnis der Untersuchung zeigt die Abbildung 7.4-4. Abhängig von den maximalen Schwankungsbreiten der Verrichtungszeiten der Arbeitsstationen sind die aufgetreten Stauzeiten der Mitarbeiter aufgetragen. Dabei zeigt sich, daß trotz hoher Schwankungsbreiten von ± 15 Prozent keine Ablaufstörungen im System auftreten. Erst bei höheren Abweichungen sind Verlustzeiten zu erkennen. In kombinierten Systemen besteht folglich ein geringer Zwang zur gleichmäßigen Austaktung aller Arbeitsstationen. Man kann daher von einem „Ausbalancieren" der Arbeitsstationen sprechen (Abb. 7.4-5).

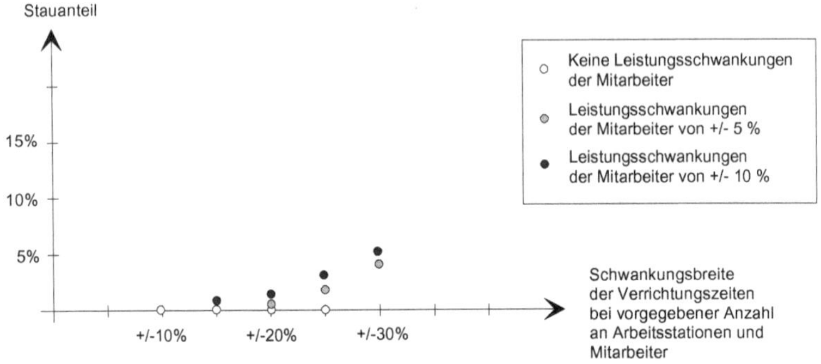

Abb. 7.4-4: Untersuchung der Schwankungsbreiten bei den Verrichtungszeiten

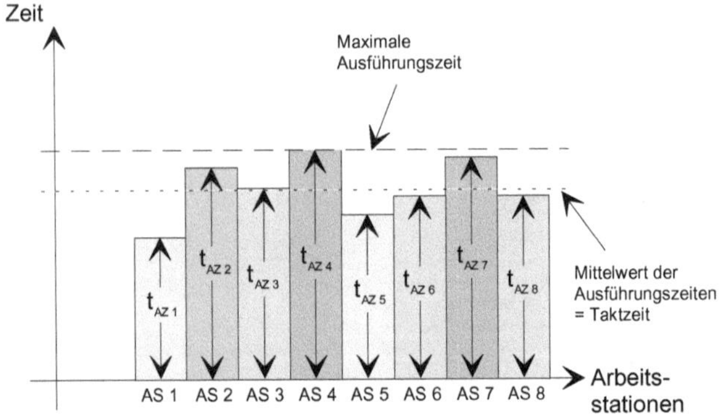

Abb. 7.4-5: Ausbalancieren der Arbeitsstationen in der kombinierten Fließmontage

Dieses Ergebnis wird durch weitere Simulationsläufe mit einer variierenden Stations- und Mitarbeiteranzahl sowie den Praxiserfahrungen aus der Umsetzung kombinierter Fließsysteme bestätigt.

Durch die Möglichkeit des Ausbalancierens können zusammenhängende Tätigkeiten an einer Arbeitsstation integriert werden, die bei herkömmlichen Fließmontagen aufgrund des Taktzwanges unterbrochen und an der nächsten Station wieder aufgenommen werden müssen. Da damit Zeiten für das Wiederaufnehmen und Ablegen der Werkstücke entfallen, treten in der kombinierten Fließmontage geringere Nebenzeiten durch das „Teilehandling" auf. Außerdem müssen Arbeitsstationen mit zu geringer Auslastung nicht mehr mit sogenannten „Fülltätigkeiten" versehen werden, die im weiteren Montageablauf nicht an der unmittelbar nachfolgenden Arbeitsstation bereitzustellen sind. Damit ist ein gerichteter Materialfluß in der kombinierten Fließmontage mit einer entsprechend hohen Transparenz im Montageablauf zu erreichen. Auch auf die Mithilfe von Mitarbeitern an benachbarten Arbeitsstationen bei deutlichen Unterschieden der jeweiligen Verrichtungszeiten, wie es in herkömmlichen Fließmontagen praktiziert wird, kann verzichtet werden. Die dabei auftretenden Koordinationsschwierigkeiten und Störungen einer konzentrierten Arbeitsweise werden somit vermieden.

Die Leistung der Mitarbeiter kann starken Schwankungen unterliegen. Je nach Tagesverlauf, der jeweiligen Tagesverfassung und dem Übungsgrad bezüglich einzelner Tätigkeiten fallen die Schwankungen sehr unterschiedlich aus und sind in herkömmlichen Systemen nur schwer zu kompensieren. Deshalb können neben den unregelmäßigen Verrichtungszeiten zusätzliche Schwankungen an den einzelnen Stationen auftreten. Um ein dadurch verursachtes Auflaufen zu verhindern, muß auch dieser Aspekt bei der Auslegung von kombinierten Fließsystemen berücksichtigt werden.

Zugleich spielt die Produktheterogenität – also der Einfluß von Modellvarianten mit jeweils unterschiedlichen Verrichtungszeiten – eine wesentliche Rolle bei der Systemauslegung. Bei einem variantenreichen Produktspektrum mit sehr unterschiedlichen Ausführungszeiten je Arbeitsstation und Modell treten in arbeitsteiligen Fließmontagen sogenannte Modell-Mix-Verluste auf. In kombinierten Fließmontagen zeigen sich trotz der Schwankungen bei den Montageeinzelzeiten je Arbeitsstation und Variante keine Verluste, wenn die vorgegebenen Schwankungsbreiten eingehalten werden.

Somit wird in kombinierten Systemen in Bezug auf die Arbeitsteilung und die Leistungsabstimmung erreicht, eine ablauforientierte Arbeitsteilung mit geringen Sekundärverlusten und nicht eine möglichst gleichmäßige Auslastung der Arbeitsstationen vorzunehmen. Es ist also lediglich ein Ausbalancieren der Verrichtungen je Arbeitsstation notwendig.

Bei einer „ausbalancierten" kombinierten Fließmontage treten neben den Sekundärtätigkeiten keine zusätzlichen Taktverluste auf, da ein Mitarbeiter unvermittelt zur nächsten Station wandert, sobald er die Montagetätigkeiten an einer Arbeitsstation abgeschlossen hat. Das Prinzip „Mitarbeiter zur Arbeit" verhindert das Auftreten von ablaufbedingten Verlustzeiten. Dadurch wird eine höhere Auslastung der Mitarbeiter erreicht.

In der Praxis hat es sich bewährt, die Systeme jeweils mit einer doppelt so hohen Anzahl an Arbeitsstationen als an Mitarbeitern auszulegen und dabei eine Schwankungsbreite der Verrichtungszeiten je Arbeitsstation von ± 20 Prozent um den Mittelwert zuzulassen. Diese Erfahrungswerte berücksichtigen bereits, daß die tatsächlichen Verrichtungszeiten einzelner Stationen Schwankungen unterliegen, die durch unterschiedliche Geübtheit und Formschwankungen der Mitarbeiter hervorgerufen werden. Zugleich werden damit die Arbeitsunterbrechungen aufgrund persönlicher Verteilzeiten mit dem anschließenden Wiedereinschleusen der Mitarbeiter in das System berücksichtigt.

Das Weitergehen zur nächsten Arbeitsstation erfordert zusätzliche Zeiten, die den Taktverlusten in herkömmlichen Systemen bei einer Bewertung gegenübergestellt werden müssen. Der Anteil der Gehwegverluste kann dadurch minimiert werden, daß an einer Station jeweils mehr als ein Erzeugnis bearbeitet wird. Damit treten die Wegverluste nur anteilig an einem Erzeugnis auf. Dagegen sind in den herkömmlichen Systemen bei jedem Erzeugnis Taktverluste hinzunehmen.

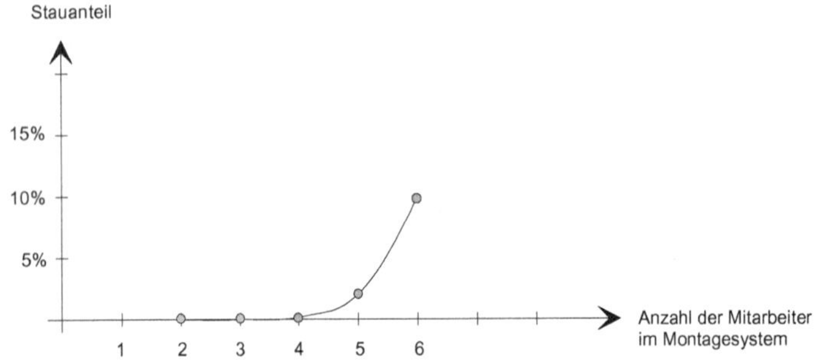

Abb. 7.4-6: Einsatzflexibilität von kombinierten Fließsystemen

In Zeiten stagnierender Absatzzahlen spielt ein erhöhter Flächenbedarf aufgrund einer gestiegenen Anzahl an Arbeitsstationen eine geringere Rolle, als die mit einer stärkeren Kundenorientierung verbundene Steigerung der Variantenvielfalt. Dabei muß der in solchen Märkten höhere Flexibilitätsbedarf zusätzlich berücksichtigt werden. Die Flexibilität bezieht sich in kombinierten Systemen auch auf die Möglichkeit eines flexiblen Mitarbeitereinsatzes, der von einer Person bis zur maximal ausgelegten Besetzungskapazität reicht (Abb. 7.4-6). Daraus lassen sich Anpassungen an unterschiedliche

Kapazitätsbedarfe vornehmen. Die Besetzungsflexibilität besteht dabei in herkömmlichen bzw. entkoppelten Fließmontagen zumeist nur über einen begrenzten Zeitraum.

7.4.2.4 Entlastung des Montageplaners

Mit dem Einsatz von kombinierten Fließsystemen treten neben der gesteigerten Flexibilität und den geringeren Montageverlusten weitere Vorteile bei der Montageplanung auf. Der Planer kann durch das Ausbalancieren der Arbeitsstationen eine ablauforientierte Planung bei der Stationsbildung vornehmen, bei der er einen Montageablauf in der Art und Weise bereits abstimmt, daß geringe Nebenzeiten auftreten. Durch Ablaufrestriktionen besteht bei einem Erzeugnis zumeist nur eine begrenzte Anzahl unterschiedlicher Montageabläufe, die vom Planer sehr eindeutig bestimmt werden können. Dabei ordnet er die Fülltätigkeiten jeweils der Arbeitsstation zu, so daß im Montageablauf insgesamt geringe „Handlingsverluste" auftreten. Für die Ausgestaltung wählt er zuletzt denjenigen Montageablauf mit den geringsten Sekundäranteilen.

In den arbeitsteiligen Fließmontagen sind die Verrichtungen bislang derart umzuschichten, daß eine geringe Abweichung des Stationstaktes vom Solltakt entsteht. Es muß dabei ein zusätzlicher Aufwand betrieben werden, um zusammenhängende Arbeitsverrichtungen aufzubrechen oder Arbeitsstationen mit „ungeeigneten" Fülltätigkeiten auszulasten. Die Planung kann dabei unter der fehlenden Transparenz des Montageablaufs leiden. In kombinierten Montagesystemen wird bei der Leistungsabstimmung durch das Ausbalancieren der Arbeitsstationen eine Entlastung des Montageplaners ermöglicht. Durch gerichtete Materialflüsse besteht für den Planer eine weitgehende Transparenz der Montageabläufe.

Der Planer hat außerdem einen geringeren Aufwand, wenn in einem System mehrere Baureihen und Modellvarianten auftreten. Bei Produktänderungen oder bei der Entstehung neuer Varianten werden Änderungen der Ausführungszeiten hervorgerufen. In kombinierten Fließmontagen muß dabei keine Umplanung von Montageabläufen bzw. -systemen erfolgen, wenn die zulässigen Schwankungsbreiten der Ausführungszeiten nicht überschritten werden. Das führt zu einer Entlastung des Planers.

Die Erfahrungen aus der Praxis haben außerdem gezeigt, daß das Montagepersonal bereits nach einer kurzen Schulungsphase in der Lage ist, selbständig bzw. mit geringer Unterstützung der zentralen Planungsabteilung die Einplanung von neuen Modellen und Varianten in das System vorzunehmen.

8 Praxisbeispiel

Bei der Gestaltung und Planung leistungsorientierter Montageformen müssen die bestehenden Verhältnisse in einem Unternehmen berücksichtigt werden. Dazu sind die in Abbildung 8-1 dargestellten Planungsschritte zu beachten.

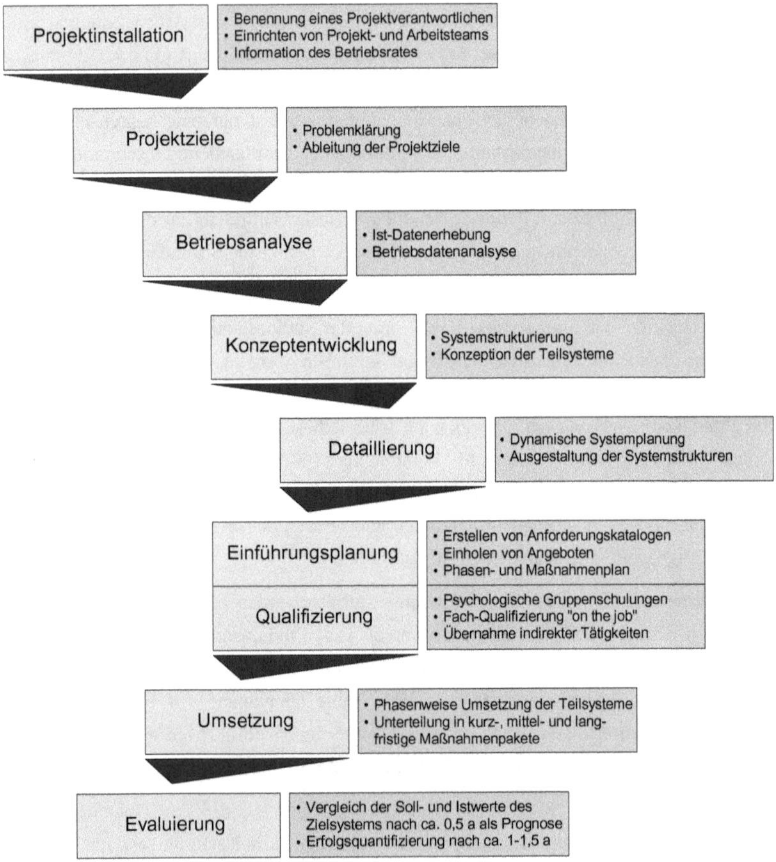

Abb. 8-1: Schritte zur Gestaltung und Planung leistungsorientierter Montageformen

8.1 Profil des Beispielunternehmens

Die Ergebnisse dieser Arbeit werden in den folgenden Kapiteln auf ein Beispiel aus der Praxis übertragen. Dazu wird ein Beispielunternehmen gewählt, in dem leistungsorientierte Montagesysteme eingeführt werden.

Das Unternehmen besitzt die Rechtsform einer GmbH und erwirtschaftet mit ca. 600 Mitarbeitern einen Jahresumsatz von 150 Mio. DM. Es werden ca. 120 standardisierte Baureihen aus größtenteils sechs untereinander verwandten Produktgruppen nach Katalog angeboten. Die Produkte bestehen aus jeweils 50 bis 100 Einzelbauteilen, wobei eine hohe Eigenfertigungsquote bei den Zeichnungsteilen erreicht wird. Die Fertigung und Montage der Einzelteile ist auf zwei Standorte verteilt. Neben den Standardprodukten, die als Lagerware produziert und verkauft werden, betreibt das Unternehmen die Herstellung kundenspezifischer Varianten, sogenannte Black-Label Produkte, die aus den eigenen Baureihen hervorgehen. Sie werden auftragsbezogen produziert und erreichen ca. 20 Prozent des Umsatzes. Aufgrund des hohen Preis- und Innovationsdrucks der Branche verfolgt das Unternehmen mit seinen Nischenprodukten für spezielle Anwendungsbereiche zusätzlich das Ziel, Produkte mit höchster Qualität und einer hohen Liefertreue anzubieten. Die durchschnittliche Losgröße beträgt in der Montage ca. 250 Stück, wobei sich ein Los in eine Vielzahl von Varianten aufgliedert, abhängig von den länder-, kunden-, ausstattungs- und anwendungsspezifischen Anforderungen. Die Beispielfirma entspricht somit dem in Kapitel zwei beschriebenen Variantenfertiger.

8.2 Projektinstallation

Umstrukturierungen im Bereich der Montage werden häufig initiiert, wenn die zu messenden Leistungen und Ergebnisse aus diesem Bereich nicht den gesetzten Erwartungen und Zielen entsprechen. Im gewählten Beispiel ist die neu eingesetzte Werksleitung der Projektinitiator. Sie ist der Ansicht, daß die Strukturen in der Montage nicht mehr zeitgemäß sind. Zudem wird die Vermutung durch offensichtliche Mängel, wie z.B. häufige Fehlzeiten und eine gewisse Unzufriedenheit auf Seiten der Mitarbeiter, bestärkt.

Aufgrund des zu erwartenden Projektumfangs und des intern teilweise fehlenden Know-hows werden externe Berater zur Unterstützung hinzugezogen. Von der Werksleitung wird ein Projektverantwortlicher benannt, der mit dem Einrichten von Projektgruppen durch die personelle Bestimmung der Mitglieder beauftragt wird. Sein Ziel ist die Bildung von Projekt- und Arbeitsteams. Zusätzlich werden die vorhandenen Budgets und die Befugnisse der einzelnen Projektteilnehmer geklärt sowie die notwendigen

Arbeiten abgestimmt. Dabei übernimmt der Projektverantwortliche die Dokumentation und das Projektmanagement. Er besitzt zudem die notwendige Kommunikations- und Kooperationsfähigkeit und trägt daher durch seine Person zum Fortschritt und Erfolg des Projekts bei.

Die Projektgruppe wird als stabiles Team über die gesamte Projektlaufzeit eingerichtet, das in regelmäßigen Treffen Ereignisse und Maßnahmen zu den einzelnen Projektschritten diskutiert. Der Erfolg eines Projekts beruht im wesentlichen auf der Unterstützung durch die Geschäftsleitung und als fachlich qualifiziert anerkannte Kollegen, die als Projektteammitarbeiter gewonnen werden sollten. Neben diesen „Fachpromotoren" sollten auch „Machtpromotoren" berücksichtigt werden. Diese sind meist Vorgesetzte, die aufgrund ihrer Führungsqualitäten, aber auch wegen ihrer Budgetgewalt, schnell Entscheidungen umsetzen können und damit zum Erfolg eines Projekts beitragen.

Ein Arbeitsteam mit Führungskräften der Montageabteilung und einem Vertreter aus der Projektgruppe – als Teamleiter – unterstützt das Projekt bei der Durchführung fachspezifischer Aufgaben. Zusätzlich wird ein Entscheidungsteam als eine Steuerungsgruppe mit Mitgliedern der Geschäftsleitung eingerichtet, das die strategischen Entscheidungen im Projektverlauf trifft, den Projektfortschritt begutachtet und das weitere Vorgehen auf Basis der Vorschläge des Projektteams bestimmt.

Bei der personellen Zusammensetzung der Teams wird auf den Bezug zur Projektthematik geachtet. Zusätzlich ist die Methodenkompetenz der Arbeitsteammitglieder zu beachten, d.h. die Fähigkeit zur Durchführung von Analysen, Auswertungen von Datenmaterial und die Darstellung von Ergebnissen. Falls notwendig, können projektvorbereitend oder -begleitend durch eine Methodenqualifizierung die Teammitglieder zu einer effizienten Projektarbeit befähigt werden.

Die Information des Betriebsrats wird als eine weitere Maßnahme gesehen, zum einen Akzeptanz und zum anderen konstruktive Mitarbeit zu fördern.

8.3 Projektziele

Zunächst wird durch eine Problemklärung geprüft, inwieweit die für die Projektinstallation ausschlaggebenden Gründe (vgl. Kapitel 8.2) ursächlich im Bereich der Montage liegen oder ob die Ursachen dafür von anderen Bereichen zu verantworten sind. In dieser Voranalyse können die Problembereiche und die darin vorzufindenden Schwachstellen herausgearbeitet werden. Durch diese Vorbereitung werden die

Grundlagen für die anschließende Analyse gelegt und damit die entscheidenden Schwerpunkte für die zu untersuchenden Problembereiche gesetzt.

Das Ziel des Projektes ist die Gestaltung zeitgemäßer und leistungsorientierter Montagestrukturen. Die mit dem Projekt verfolgten Ziele müssen sich in das Unternehmenszielsystem einordnen lassen. Gegebenenfalls sind die Unternehmensziele auf ihre Gültigkeit zu überprüfen, insbesondere in Bezug auf das vorliegende Projekt der Montageumgestaltung. Die gemeinsame Verständigung über konfligierende Zielgrößen führt zu einer unternehmensspezifischen Ausprägung und Priorisierung der Ziele, aus denen sich die Projektziele ableiten (Abb. 8.3-1).

Abgeleitete Projektziele der Montageumstrukturierung
1. Erhöhung der Produktivität durch eine höhere Auslastung der Mitarbeiter
2. Errichtung einer flexiblen Arbeitsorganisation mit qualifizierten Mitarbeitern
3. Erhöhung der Lieferbereitschaft bei gleichzeitiger Verringerung der Durchlaufzeiten
4. Verringerung der Fehlzeiten und der Fluktuation in der Montage
5. Geringere Anzahl an Montagefehlern und damit höhere Qualität der Produkte bei gleichzeitiger Verringerung der Kosten
6. Steigerung der Transparenz der Montageabläufe

Abb. 8.3-1: Ziele des Projekts der Montageumstrukturierung

8.4 Betriebsanalyse

Die Betriebsanalyse umfaßt die Teilschritte Ist-Datenerhebung und Betriebsdatenanalyse. Dabei orientiert man sich in der Datenerhebung an der Analyse bestehender Abläufe und Strukturen. Das Ergebnis ist die qualitative und quantifizierte Erkenntnis über Strukturen und Abläufe innerhalb der festgelegten Systemgrenzen, aus denen Schwachstellen abgeleitet werden und ein Vergleich mit den späteren Konzeptalternativen stattfindet.

Zu Beginn einer Analysephase ist es hilfreich, im Rahmen einer Auftaktveranstaltung einen Workshop mit Mitarbeitern aus dem Problembereich zu veranstalten. Das

Ergebnis sind Informationen über Problemthemen, mit denen zusätzlich die Schwerpunkte bei der Datenerhebung gesetzt werden.

In dem Beispielunternehmen führt die ungenügende Materialbereitstellung aus dem Produktionslager und Probleme mit den direkten „By-Pass-Lieferungen“ aus der Fertigung zu einer Verschiebung der Systemgrenze, so daß der Untersuchungsbereich auf die Schnittstelle zur Fertigung und zur Kommissionierung ausgeweitet wird. Die Ausweitung des Untersuchungsbereichs erlaubt es, ein Problem klarer erkennen zu können. Somit sind die Abläufe bzw. Zusammenhänge in der Montage und damit die Ursachen der auftretenden Probleme besser zu verstehen.

Für die Datenerfassung kann bei Bedarf nochmals eine systemtechnische Anpassung der Projektorganisation stattfinden. Dabei wird ein zu umfangreicher Gesamtprozeß in Teilprozesse zergliedert und von nachträglich zu bestimmenden Mitarbeitern oder Teams bearbeitet.

Zur qualitativen Identifikation und anschließenden quantitativen Beschreibung der Unternehmensprozesse kann auf unterschiedliche Methoden zurückgegriffen werden. So können für die jeweilige Problemstellung entweder Interviews mit Mitarbeitern, Beobachtungen von Vorgängen, Messungen durch Multimomentaufnahmen oder Zeitaufnahmen in der Montage von Vorteil sein. Zunächst werden in der Datenerhebung die Grunddaten aus Unterlagen des Unternehmens, wie z.B. das Layout der Montagehalle, Montagestrukturstücklisten, Montagepläne, Funktionsanforderungen der Baureihen und insbesondere die Verkaufszahlen der einzelnen Baureihen erfaßt und ausgewertet. Für eine detaillierte Aufstellung von Erfassungstechniken wird auf die Literatur verwiesen (*Milberg 1990*).

In der Betriebsdatenanalyse werden die Daten des Ist-Zustands mit den Zielwerten verglichen und Ursachenbetrachtungen bei entsprechenden Abweichungen durchgeführt.

Die Analyse der Erzeugnisse ergibt dabei in Verbindung mit den Montageplänen eine frühe Festlegung der Varianten bereits zu Beginn des Montageablaufs. Außerdem sind nur bedingt Möglichkeiten gegeben, Vormontagen auszugliedern. Die Untersuchung der monatlichen Verkaufszahlen pro Baureihe zeigt saisonale Schwankungen mit Spitzen im Frühjahr und Herbst auf, was unter anderem von den jeweils stattfindenden Fachmessen beeinflußt wird (Abb. 8.4-1). Diese Schwankungen treten ein, obwohl die geringen Stückzahlen pro Kundenbestellvorgang einen harmonischen Verlauf der Verkaufszahlen erwarten lassen. Um eine hohe Lieferbereitschaft bei gleichzeitig geringen Beständen im Fertigwarenlager zu erreichen, sind damit hohe Anforderungen an die Flexibilität der Montagesysteme zu stellen. Das Kapazitätsangebot ist dabei jeweils der schwankenden Nachfrage anzupassen.

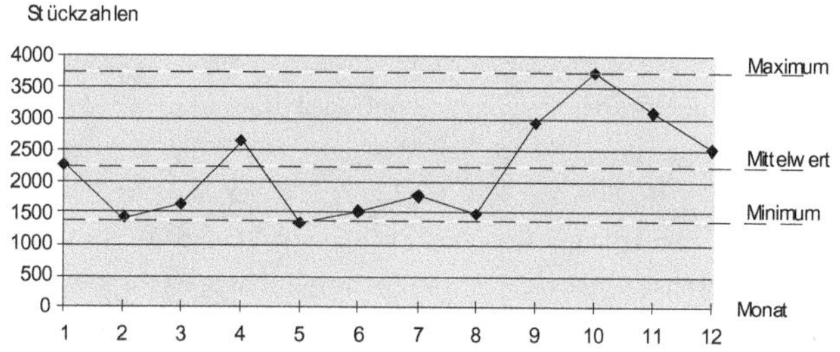

Abb. 8.4-1: Typischer Verlauf der Verkaufszahlen einer Baureihe

Die Untersuchung der Montagesysteme ergibt eine bislang rudimentäre Systemsegmentierung. Sämtliche Baureihen werden auf vier im Aufbau einander ähnlichen Systemen montiert, wobei ein System als sogenanntes Rüstband betrieben wird. Während an drei Systemen montiert wird, wird ein viertes System für die jeweils folgende Serie umgerüstet. Ein Montagesystem besteht aus mehreren Arbeitsstationen, die entlang eines Transportbandes angeordnet sind. Das Band gibt durch seine Transportgeschwindigkeit den Montagetakt vor und übernimmt dabei den Weitertransport der Montagebauteile zur jeweils nächsten Arbeitsstation. Zur Auslastung der Kapazitäten werden die Arbeitsstationen mit Füllarbeiten versehen, was zu Mehrfachhandhabungen im Montageablauf führt. Aufgrund einer fehlenden durchgehenden Bereitstellung der Montagebauteile an der jeweils nächstfolgenden Arbeitsstation treten kreuzende und rückwärtsgerichtete Materialflußströme in den Systemen auf (Abb. 8.4-2).

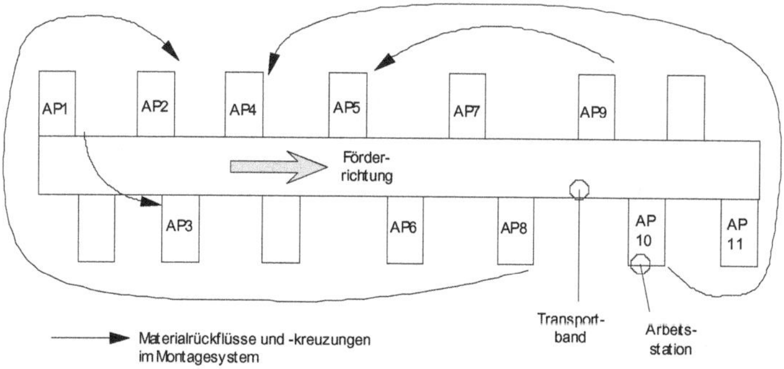

Abb. 8.4-2: Materialfluß des Montagesystems einer „Renner"-Baureihe im Ist-Zustand

Um Angaben über die Verteilung der Arbeitsanteile in der Produktion zu gewinnen, werden Multimomentaufnahmen im Bereich der Montage durchgeführt (Abb. 8.4-3). Ca. 55 Prozent der beobachteten Personen führen Arbeiten an einer Maschine durch, wobei der Gesamtanteil der direkten bzw. wertschöpfenden Tätigkeiten am Werkstück unter 50 Prozent liegt, da das Arbeiten an Maschinen auch die Reparatur von Maschinen beinhaltet. Ein Großteil der Zeit wird aufgrund der ungenügenden bzw. mehrstufigen Materialbereitstellung für die Suche von Bauteilen und deren Bereitstellung am Arbeitsplatz verwendet (ca. 14 Prozent). Auffällig ist der hohe Anteil an Diskussionen in der Montage, sowie die zusätzlich auftretenden Verteilzeiten (ca. vier Prozent).

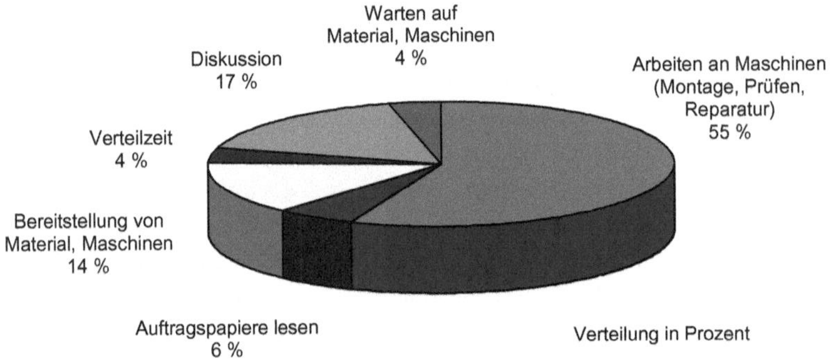

Abb. 8.4-3: Multimomentaufnahmen in der Montage

Für eine detaillierte Analyse der hohen Verlustzeiten wird die Auslastung der einzelnen Arbeitsstationen eines Montagesystems untersucht (Abb. 8.4-4). Bei den Zeitaufnahmen einer Baureihe stellt sich eine mittlere Auslastung von 73 Prozent heraus. Die starken Schwankungen der Auslastung ergeben sich durch die hohe Anzahl an Varianten einer jeweils montierten Baureihe und der fehlenden Möglichkeit weiter aufteilbarer Montagevorgänge.

Durch eine Umgestaltung des Montagekonzepts in Verbindung mit einer Neuausrichtung der Arbeitsorganisation wird eine gleichmäßigere und höhere Auslastung der Stationen sowie ein höherer Anteil wertschöpfender Tätigkeiten erwartet. Dies soll auch mit der Vermeidung von Handhabungsverlusten erzielt werden. Die Zusammenfassung von zusammenhängenden Montagevorgängen ist nur durch eine Abschaffung des starren Bandtakts möglich. Vor allem ist dabei auf eine Reduzierung ablaufbedingter Wartezeiten zu achten.

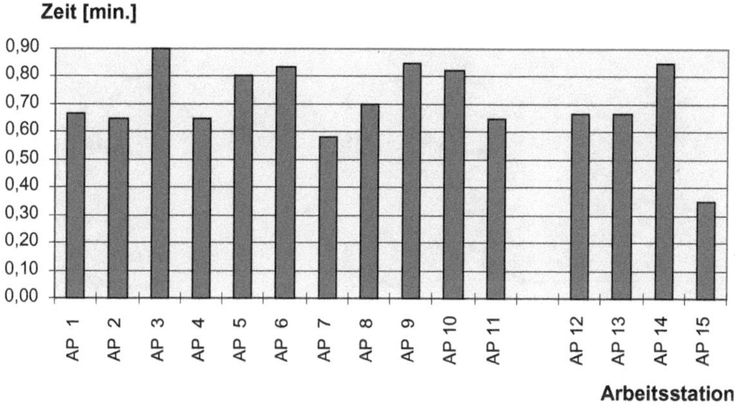

Abb. 8.4-4: Abtaktung eines Montagebands

Zur Messung der Produktqualität kann auf die Daten einer EDV-unterstützten Fehlererfassung zurückgegriffen werden, in der systematisch die Qualitätsmängel aus einer visuellen und akustischen Prüfung sowie einer Funktionsprüfung erfaßt sind. Die Auswertungen ergeben eine Fehlerquote von über neun Prozent, wobei etwa die Hälfte aller Qualitätsmängel in der Montage verursacht wird. Eine Ursache ist in den geringen Arbeitsumfängen pro Arbeitsstation von meist nur einer Minute zu sehen, wobei die qualitätsmindernde Monotonie in den Montagesystemen zusätzlich durch einen fehlenden Arbeitsplatzwechsel der Mitarbeiter verstärkt wird. Aufgrund der Taktgebundenheit ist keine Bereicherung der Arbeitsinhalte möglich. Insgesamt ist ein eingeschränkter Handlungsspielraum mit geringen Möglichkeiten zur Vergrößerung oder Bereicherung zu erkennen.

Die geringe Produktqualität läßt sich letztendlich auf die häufig auftretenden Störungen des Montageablaufs zurückführen. Damit entsteht ein Teufelskreislauf (Abb. 8.4-5), in dem sich die Folgen einer schlechten Qualität gegenseitig beeinflussen. Die vielfältigen Auswirkungen einer geringen Qualität erhöhen in letzter Konsequenz die Kosten eines Unternehmens und gefährden seine Konkurrenzfähigkeit. Dabei müssen Maßnahmen zur Qualitätssteigerung vor allem in Verbindung mit einer Steigerung der Qualifikation des Montagepersonals gesehen werden.

Eine Zusammenfassung der aufgezeigten Schwachstellen und ihrer möglichen Ursachen zeigt die Abbildung 8.4-6.

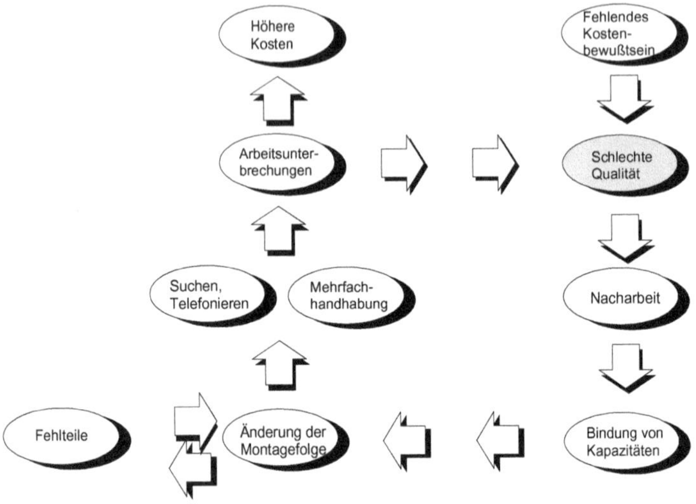

Abb. 8.4-5: Auswirkungen einer hohen Fehlerquote als Teufelskreis

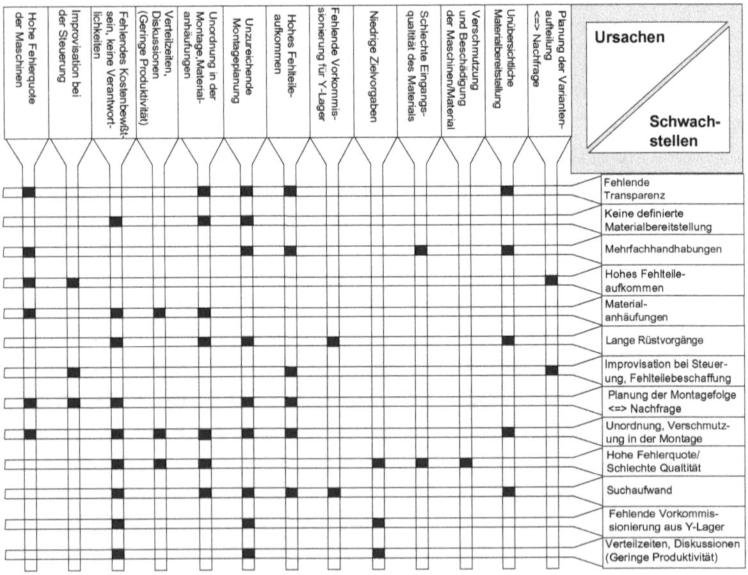

Abb. 8.4-6: Schwachstellen-Ursachen-Matrix

8.5 Systemkonzeptionierung

8.5.1 Systemstrukturierung

Bei den Montageaufträgen treten Strukturunterschiede dergestalt auf, daß in dem Beispielunternehmen einerseits Katalogware auf Lager produziert und andererseits eine Auftragsproduktion für Großkunden mit festen Lieferterminen betrieben wird.

Bei der Analyse der Montagestücklisten zeichnet sich der Motortyp bzw. das Motorgehäuse als der größte gemeinsame Nenner ab. Die Motorengröße bzw. der -typ werden deshalb als Kriterium für eine Systemstrukturierung herangezogen. Es werden sechs Montagelinien mit entsprechend abgestuften Motorgrößen aus den jeweils umsatzstärksten Motorgrößen gebildet. In diesen Linien wird das Fließprinzip verwirklicht, wobei insgesamt eine Lagerproduktion vorherrscht. Bei drei der sechs Linien werden jeweils weitere Baureihen aufgrund der einander ähnlichen Montageabläufe der Baureihen bzw. aufgrund der ähnlichen Bauform der Motoren hinzugenommen.

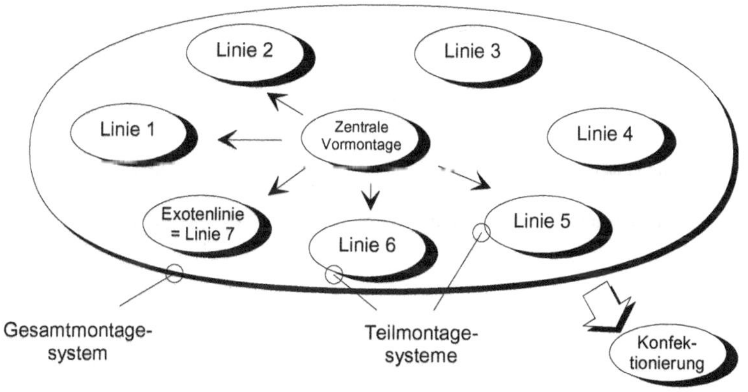

Abb. 8.5-1: Strukturierung der Montage des Beispielunternehmens

Zusätzlich werden den einzelnen Systemen kundenspezifische Baureihen mit gleicher Motorgröße zugeordnet. Die Produktion dieser Baureihen erfolgt auftragsbezogen. Damit wird ein Mix aus Lagerproduktion und kundenauftragsbezogener Produktion in den Systemen realisiert. Mit der Strukturierung und Schaffung fest installierter Systeme können Rüstverluste weitgehend vermieden werden. Zusätzlich wird das Know-how einer Motorbaureihe jeweils in einem Teilsystem konzentriert.

Mit der Exotenlinie wird eine siebte Montagelinie für das restliche Produktprogramm des Beispielunternehmens installiert, bestehend aus einer Vielzahl an Baureihen mit geringen Verkaufszahlen und diversen Motorgrößen. Hierbei wird ein Mix aus einer auftragsbezogenen Einzelmontage und einer Kleinserienmontage auf Lager verwirklicht. Dabei ist es vorteilhaft, die Exotenlinie in weitere kleinere Arbeitsplatzgruppen zu unterteilen, an denen verschiedene Baureihen parallel montiert werden können.

Durch eine horizontale Strukturierung der Gesamtmontage nach dem Kriterium „Produktionstechnologie" werden einzelne Vormontagen aus den Linien ausgegliedert (Abb. 8.5-1). Aufgrund der hohen Betriebsmittelkosten wird die Vormontage von Getriebeköpfen zentral zusammengefaßt. Die Teilsysteme „Linienmontage" und „Vormontage" weisen nur wenige Schnittstellen zwischen den zusammenhängenden Prozeßketten auf. Die Segmentierung der Montage nach entsprechenden Strukturierungskriterien führt trotz hoher Variantenvielfalt zu ähnlichen Montageabläufen in den einzelnen Montagesegmenten und zu einander ähnlichen Strukturen.

Das vorgegebene Hallenlayout ist eine wesentliche Randbedingung bei der Montageumgestaltung. Im vorliegenden Fall sind aber nur geringe Einschränkungen gegeben.

Die bisher in dem Unternehmen durchgeführte Verpackung von fremdgefertigten Baureihen, die sogenannte Konfektionierung, wird aus Kostengründen aus dem Unternehmen ausgelagert.

8.5.2 Konzeption der Teilsysteme

Aus den inneren und äußeren Einflußfaktoren ergeben sich die Anforderungen an das Gesamtkonzept der Montage. Dabei sind die Freiheitsgrade bei der weiteren Konzeptausgestaltung in den entsprechenden Dimensionen nach den Unternehmenszielen bzw. dem daraus abzuleitenden Planungszielsystem auszurichten.

Zugleich werden in das neue Gesamtkonzept der Montage die Ergebnisse aus der Schwachstellenanalyse eingearbeitet. Die Integration neuer Abläufe soll in Verbindung mit einer neuen Planungsvorgehensweise zu einer beständigen Wandlungsfähigkeit des Unternehmens an sich ändernde Anforderungen beitragen, um somit wiederum der Entstehung neuer Schwächen vorzubeugen.

Durch die Einführung der kombinierten Fließmontage können in dem Beispielunternehmen neue Aufgabengebiete auf das in den Linien arbeitende Personal übertragen werden. Es beinhaltet sowohl auftrags- und prozeßorientierte Aufgabengebiete zur Leistungserstellung als auch die mit der Dezentralisierung von Aufgaben verbundene Übernahme von Verantwortung für Qualität und

Mengenleistungen. Die neue Gestaltung des Handlungsspielraums ergibt somit eine Erweiterung durch mehr Montageumfänge und eine Bereicherung durch die Hinzunahme indirekter und dispositiver Tätigkeiten (Abb. 8.5-2).

Die Zusammenarbeit und Kommunikation der Mitarbeiter hat dabei einen maßgebenden Anteil am Erfolg der neuen Arbeitsform. Durch Kommunikation und Kooperation entsteht in den Gruppen das notwendige Engagement der Mitarbeiter und fördert den internen Verbesserungsprozeß der Gruppen. Die Dispositionsfreiheiten in den Montageteilsystemen und die Wahrnehmung dezentraler Aufgaben werden dabei sehr wesentlich durch die gewählte Produktionssteuerungsstrategie mitbestimmt.

Zur Bewältigung der Montageumfänge, aufgrund des Umfangs der Erzeugnisse und der Vielfalt an Produkttypen eines Teilsystems, ist ein hohes Maß an Flexibilität und Qualifikation der Mitarbeiter erforderlich. Deshalb ist eine systematische Qualifikations- und Organisationsentwicklung bei der Einführung kombinierter Fließmontagen zu betreiben. Zusätzlich wird mit der Einführung der kombinierten Fließmontage und den damit verbundenen flexibleren Einsatzmöglichkeiten des Personals die Einführung von flexiblen Arbeitszeitmodellen möglich. Erfahrungsgemäß werden dadurch die Mitarbeiter in hohem Maße zur Qualifizierung motiviert.

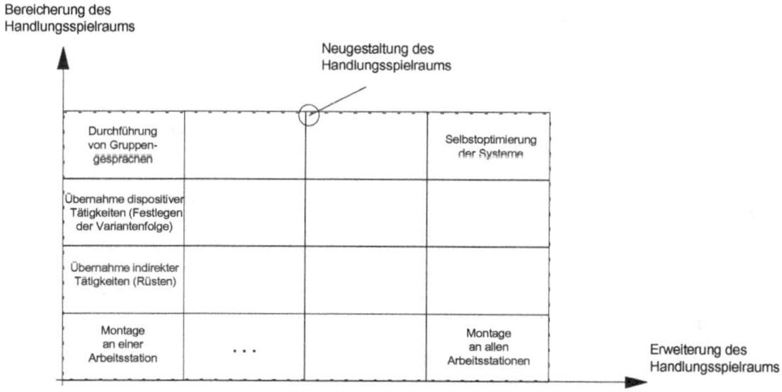

Abb. 8.5-2: Größere Handlungsspielräume der Mitarbeiter durch neue Aufgabengebiete

8.6 Konzeptdetaillierung

Das Ziel der Konzeptdetaillierung ist zunächst die Verfeinerung der Abläufe in der Montage und die anschließende Ausgestaltung der Montagesysteme. Zu diesem Zweck bietet sich das in Kapitel sieben vorgestellte Vorgehen zur Planung von Montagesystemen an. Die Konzeptdetaillierung gliedert sich demnach in die beiden Teilschritte:

- dynamische Systemplanung und
- Ausgestaltung der Systeme.

Insbesondere die dynamische Systemplanung wird mit der Unterstützung von Simulationsinstrumenten durchgeführt. Basierend auf den erarbeiteten Montagekonzepten wird das Montagematerial in unterschiedliche Kategorien eingeteilt, um entsprechend den Kategorien unterschiedliche Bereitstellungsstrategien auszuarbeiten. Dazu müssen auch Mechanismen zur Nachschubsteuerung innerhalb des Gesamtsystems Montage entwickelt werden. Dabei sind die unterschiedlichen Auftragsarten – auftragsabhängig und -unabhängig – zu berücksichtigen. Mit Hilfe der eingesetzten Simulationstechnik können Restriktionen bzw. kritische Abläufe ermittelt und zugleich die Funktionsfähigkeit des Gesamtkonzepts überprüft und nachgewiesen werden.

Das Ergebnis der Simulation ist die Grundlage für die Ausarbeitung einer optimalen Montagesteuerung, von Konzepten für die Materialbereitstellung und die Ermittlung der dafür notwendigen Bereitstellungsflächen. Mit den in der Simulation hinterlegten Montageaufträgen werden die Kapazitätsbedarfe und die für die Personalplanung notwendigen Arbeitszeitmodelle bestimmt. Aufbauend auf den Ergebnissen der dynamischen Simulation wird die Ausgestaltung der Montagesysteme durchgeführt. Dazu werden zunächst die Montageabläufe verfeinert und die Arbeitsinhalte der einzelnen Arbeitsstationen festgelegt. Dabei wird im Zuge der Leistungsabstimmung von kombinierten Fließmontagen ein Ausbalancieren der Stationen durchgeführt. Die bisher bei der Stationsbildung bestehende Gefahr einer ungenügenden Kapazitätsabstimmung mit nicht durchgängigem Materialfluß ist bei der kombinierten Fließmontage nicht mehr gegeben. Über das damit vorherrschende Organisationsprinzip „Mitarbeiter zur Arbeit“ ist weiterhin eine bessere Auslastung der Mitarbeiter möglich.

Die Festlegung und Detaillierung der Arbeitsinhalte erfolgt stets unter der Berücksichtigung von möglichen Mechanisierungen. Bei der Gestaltung der manuellen Arbeitsstationen werden die bekannten ergonomischen Grundlagen beachtet.

Für die Ergonomiebetrachtungen werden die arbeitsmedizinisch anerkannten Verfahren wie z. B. *OWAS* (1992) angewendet, die insbesondere auf das „Teilehandling“ an der Arbeitsstation ausgerichtet sind. Zusätzlich wird die materialflußtechnische Verkettung der einzelnen Arbeitsstationen durchgeführt. Die Ergebnisse der Arbeitsplatzgestaltung werden in Form von Arbeitsplänen dokumentiert. Mit den Ergebnissen der Detaillierung wird das Hallenlayout erstellt, indem die einzelnen Arbeitsstationen zu Montagesystemen bzw. zu einem Gesamtlayout (Abb. 8.6-1) zusammengeführt werden. Dabei erfolgt nochmals eine Optimierung der Anordnung sowie die Festlegung der Transportwege.

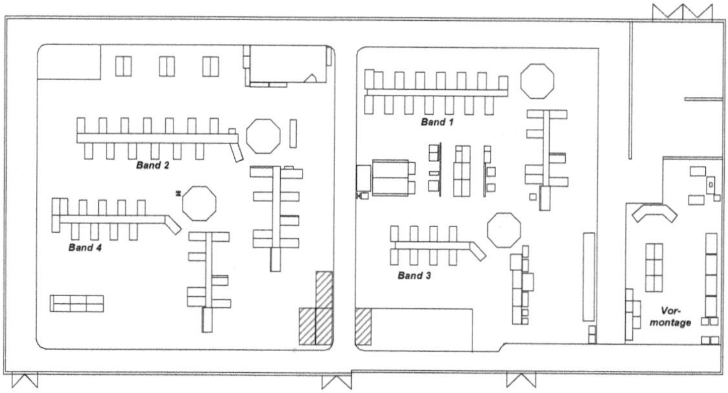

Ist-Zustand

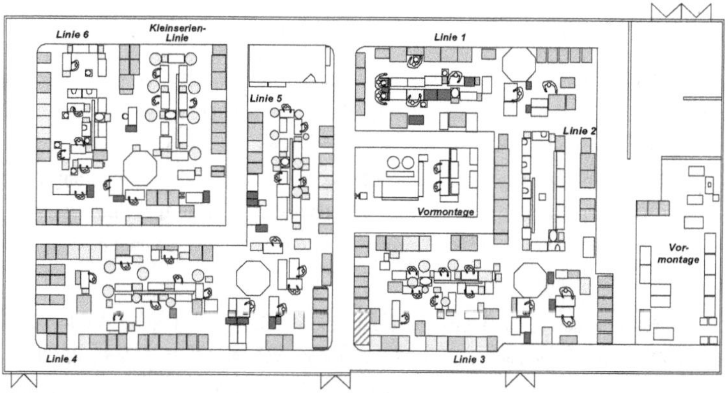

Ziel-Zustand

Abb. 8.6-1: Hallenlayout des Beispielunternehmens

Neben den direkten Funktionen werden mit gleicher Gründlichkeit und gleichem Detaillierungsgrad die indirekten Funktionen festgelegt. Dabei wird vor allem darauf geachtet, inwieweit diese zentral oder dezentral durchgeführt werden. Zur Unterstützung der direkten und indirekten Funktionen werden die Informationsflußstrukturen mit einer Anbindung an die der Montage vor- bzw. nachgelagerten Bereiche aufgebaut bzw. erweitert. Dabei wird eine rechnergestütze EDV-Lösung realisiert (Abb. 8.6-2). Die Anfertigung graphischer Darstellungen dient neben einer transparenten Visualisierung der Planungsergebnisse als eine geeignete Diskussionsgrundlage in den Planungsteams.

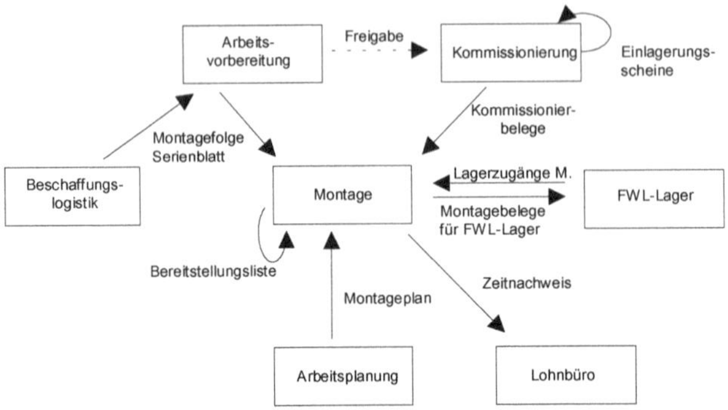

Abb. 8.6-2:Informationsflüsse des Beispielunternehmens

8.7 Einführungsplanung und Umsetzung

Im Anschluß werden die Anforderungskataloge für die zu beschaffenden Betriebsmittel erstellt, mit deren Hilfe Angebote bei möglichen Lieferanten eingeholt werden. Im Zuge der Beschaffung und Umsetzung der organisatorisch-technischen Gestaltungslösungen kann mit der Einführungsplanung begonnen werden. Das Ziel der Einführungsplanung ist ein Phasen- und Maßnahmenplan. Der Phasenplan sieht die Erarbeitung eines Zeitplans vor, der sich in eine Reihenfolge- sowie eine Zeitdauerplanung bezüglich der einzuleitenden Maßnahmen gliedert.

Die Einführung des Gesamtkonzepts sieht eine parallele Umstellung der technischen Systeme und der organisatorischen Maßnahmen vor. Damit verbunden sind fachliche Qualifizierungsmaßnahmen zur Erreichung der Zielzustände. Als Ausgangsbasis dienen hierzu die in der Analysephase festgelegten Qualifikationen und Fertigkeiten der Montagemitarbeiter. Der Qualifizierungsbedarf ermittelt sich aus der Differenz des Ziel- und Ist-Zustands, wobei auch die Bereitschaft und die Motivation der Mitarbeiter zu berücksichtigten ist. Damit werden der Einsatzort der Mitarbeiter und die Zusammensetzung der Gruppen festgelegt. Die Qualifizierung der Mitarbeiter wird in dem Beispielunternehmen mit der eigentlichen Arbeit vollzogen. Mit der Betreuung der Gruppe durch psychologisch geschulte Trainer findet eine begleitende bzw. schrittweise Übernahme von indirekten Tätigkeiten und neuen Aufgabengebieten (Abb. 8.7-1) statt. Durch die neu anvertrauten Aufgaben- und Verantwortungsbereiche erhöht sich die Motivation der Mitarbeiter, was zu einer geringeren Anzahl an meßbaren Montagefehlern, wie auch einer deutlich höheren Produktivität führt. Ein weiteres Ergebnis der Qualifizierung sind flexibel einsetzbare Mitarbeiter. Durch eine umfassende Vorabinformation der Mitarbeiter und die geleisteten Schulungen kann ein wesentlicher Beitrag zur Überzeugung der Mitarbeiter geliefert werden. Dadurch unterstützen die Mitarbeiter die Montageumgestaltung und den späteren Betrieb der Systeme besser.

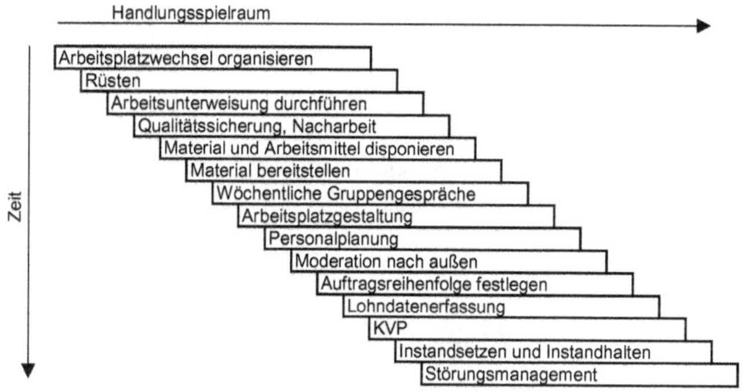

Abb. 8.7-1: Schrittweise Übernahme neuer Aufgabengebiete durch die Gruppen

Die in Kapitel 7.2.2 erwähnte Bildung von Planungsteams sieht eine Unterstützung von zentralen Planungsabteilungen durch dezentrale Bereiche vor. Damit kann eine kapazitive Ausweitung des Planungsstabs und zudem eine parallele bzw. zeitsparende Einführung der technischen Systeme erreicht werden. Durch das Delegieren von Aufgaben in die Gruppen werden nach der Einführung der Systeme Kapazitäten beim Montageführungspersonal frei, so daß in der Folgezeit von ihnen eine intensivere Unterstützung bei Planungsaufgaben zu erwarten ist.

Um Ausfälle und Anlaufprobleme der Systeme zu minimieren, wird nicht eine schlagartige Umstellung des Gesamtsystems beabsichtigt. Eine phasenweise Umsetzung dient somit der Vorbeugung und Minimierung von Kapazitätsausfällen. Es wird zunächst ein Pilotprojekt initiiert, mit dem Erfahrungen gesammelt werden können. In der weiteren Planung werden damit die Auswirkungen bislang vernachlässigter Details sowie Fehleinschätzungen korrigiert. Mit den Erfolgen des Pilotprojektes wird weiteres Vertrauen bei den betroffenen Mitarbeitern gewonnen.

Zur Beschleunigung der Zielerreichung werden die beschlossenen Maßnahmen in kurz-, mittel- sowie langfristige Pakete unterteilt. Die zügige Umsetzung der kurzfristigen Maßnahmen ermöglicht es, sehr frühe Erfolge aufzuweisen. In diesem Zusammenhang ist z.B. die Einführung einer Infotafel zu erwähnen, die das Ziel einer einheitlichen Informationsbasis verfolgt und durch die transparente Visualisierung des Betriebsgeschehens mittels Kennzahlen eine Stärkung des Kostenbewußtseins bei den Mitarbeitern hervorruft.

9 Durchführung der Evaluation

Eine objektive bzw. quantitative Bewertung der vorgestellten Planungsmethode kann nur durchgeführt werden, wenn das identische Planungsprojekt unter den gleichen Randbedingungen auch mit herkömmlichen Methoden abgewickelt wird. Nur durch redundante Planungsarbeiten können eindeutige Vergleichswerte z.B. hinsichtlich Planungsqualität und -zeiten generiert werden, das jedoch verständlicherweise nicht umzusetzen ist (*Lindermaier 1998*). In der Folge beschränken sich daher die Ergebnisse auf eine qualitative Bewertung technischer, organisatorischer, personalpolitischer und betriebswirtschaftlicher Kriterien bzw. auf quantifizierte Aussagen über den Erfolg des abgewickelten Pilotprojekts.

9.1 Bewertung der Planungsmethode

Aus betriebswirtschaftlicher Sicht haben sich durch die Einführung der neuen Planungsmethode die Planungsaufwände deutlich reduziert. Die Gleichzeitigkeit von Planungsarbeiten der einzelnen Teams trägt nicht nur dazu bei, die Gesamtzeit von der Installation bis zur Umsetzung des Projekts deutlich zu reduzieren. Die Integration von Problemlösungs- und Kontrollzyklen, sowie die Projektmanagementansätze fördern zugleich eine strukturierte und effiziente Arbeitsweise und liefern einen wesentlichen Beitrag zur Aufwandsreduzierung.

Die Ausrichtung der Methode nach einem einheitlichen Zielsystem fördert Entscheidungsprozesse und -transparenz, wobei die Strukturierung der Gesamtplanungsaufgaben eine Reduzierung der Komplexität bewirken. Durch den Einsatz von Protokollen wird eine kontinuierliche Wissenssicherung betrieben. Die transparenten und eindeutigen Abläufe innerhalb der Methode bieten eine Orientierungshilfe für die Teammitglieder an. Somit bewirkt der Einsatz dieser Methode zusätzlich eine Steigerung der Planungsqualität.

Bezogen auf die personalpolitischen Kriterien konnten durch die Übernahme von anspruchsvollen Planungs- und Gestaltungsaufgaben mehr Verantwortung und Abwechslung bei den „shop-floor"-Mitarbeitern erreicht werden. Damit wurde zur Zufriedenheit und Leistungsmotivation der Mitarbeiter beigetragen. Dabei lernten die Mitarbeiter Problemstellungen ihres Umfelds kennen und diese mit Ihrem Wissen und der bereitgestellten Methodik zu lösen bzw. zu beeinflussen.

Durch die verstärkte Integration von „shop-floor"-Mitarbeitern konnte der Ideenfluß verbessert und die Anzahl der generierten Ideen erhöht werden, das zu weiteren deutlichen betriebswirtschaftlichen Einsparungen führte. Zugleich erfolgte eine Entlastung der zentralen Planungsmitarbeiter von Routinearbeiten.

Eine abgestimmte Besetzung der Planungsteams aus zentralen, erfahrenen Planern und produktionsnahen Mitarbeitern bedeutet in Verbindung mit der Einführung der neuen Planungsmethode geringe Qualifizierungs- und Anlernkosten, die sich bei wiederholter Anwendung der Methode weiter verringern werden. Durch die Steigerung der Kommunikation in den Teams ergibt sich eine verbesserte Zusammenarbeit auf sozialer Basis.

Aus organisatorischer Sicht konnte durch die Verlagerung von Aufgaben nach unten eine dezentrale Organisationsstruktur mit selbständig handelnden Einheiten geschaffen werden. Mit der verstärkten Integration von „shop-floor"-Mitarbeitern bei der Gestaltung und Planung ihrer Montagesysteme konnten hochflexible Systeme bezüglich typenbedingter, kurzfristiger Änderungen erreicht werden. Damit wurde zusätzlich eine Verflachung der Organisation und die Beseitigung von Schnittstellen erzielt. Die Planungsmethode bildet zusätzlich die Basis für eine ständige Kommunikation und Information der Mitarbeiter. Die Rückmeldungen über Produktionszahlen und die bereitgestellten Planungsprotokolle binden die Mitarbeiter stärker in das Betriebsgeschehen ein.

Somit kann eine qualitative Bewertung der Planungsmethode nach wirtschaftlichen und nicht monetären Gesichtspunkten getroffen werden (vgl. Abb. 9.1-1).

Wirtschaftliche Bewertung	Organisatorische, personalpolitische Bewertung
- Verringerung der Planungsaufwände - Erhöhung der Planungsqualität (d.h. geringere Fehlerbeseitigungskosten) - Senkung der Gemeinkosten - Geringe Qualifizierungskosten	- Verringerung der „time to produce" - Zufriedene und leistungsmotivierte Mitarbeiter - Integration der Mitarbeiter - Kommunikation und Information - Höherqualifizierung der Mitarbeiter - Entlastung zentraler Planungsabteilung - Flexibilität bezüglich neuer Typen

Abb. 9.1-1: Bewertung der Planungsmethode

9.2 Bewertung des Montagesystems aus dem Pilotprojekt

Nach der Umsetzung der Montageplanung muß ein Soll-Ist-Vergleich anhand des zu Beginn aufgestellten Zielsystems durchgeführt werden.

Durch den eingeführten Kontrollzyklus sind betriebliche Kennwerte, wie etwa Stückzahlen und aufgewendete Mitarbeiterstunden bzw. Veränderungen aus dem Betrieb der Montagesysteme zu erfassen. Mit der datenorientierten Kontrolle werden quantifizierte Größen des Zielsystems daraufhin untersucht, inwieweit sich die Werte verbessert haben. Aus dem Differenzbetrag betrieblicher Kenngrößen und der Zeitdauer seit Einführung des Konzepts können quantifizierte Aussagen über den Erfolg des eingeführten Systems gemacht werden. Dabei ist die Evaluierung nicht der Nachweis der Wirtschaftlichkeit des technischen Systems, da dieser bereits mit der Verabschiedung des Gesamtkonzepts gefallen ist.

So kann nach wenigen Monaten eine Prognose über eine Tendenz – also eine Früherkennung – getroffen werden, wohingegen nach 12 bis 18 Monaten von einem „eingeschwungenen" Zustand des eingeführten Konzepts auszugehen ist. Mit den zu diesem Zeitpunkt veränderten Größen kann eine Aussage über einen entsprechend quantifizierbaren Erfolg der Veränderungen getroffen werden. Es kann festgestellt werden, ob organisatorische Vereinbarungen oder Veränderungen nicht eingehalten wurden bzw. sich nicht eingestellt haben. Wenn dadurch Ziele nicht erreicht oder Ziele negativ beeinflußt werden, ist über entsprechende Korrekturmaßnahmen zu entscheiden.

Bezüglich einer wirtschaftlichen Bewertung ist zu erwähnen, daß eine Ausrichtung der Abläufe mit dem Ziel geringer Nebenzeiten und eine Strukturierung der Systeme nach den Produkten (geringere Rüstkosten) zu einer deutlichen Reduzierung der Montageaufwände führte. So konnte in dem Beispielunternehmen circa acht Monate nach der Umsetzung, aufgrund geringerer Lohnkostenanteile, eine Verringerung der Stückkosten um 16 Prozent festgestellt werden.

Da die Höherqualifizierung der Mitarbeiter mit der Arbeit vollzogen wurde, waren damit nur geringe Anlern- und Qualifizierungskosten verbunden. Die mit der neuen Arbeitsform verbundene eindeutige Qualitätszuordnung führte zu einer Verringerung der Montagefehler von über 35 Prozent und bedeutete in wirtschaftlicher Hinsicht geringere Nacharbeitskosten.

Aus technischer Sicht konnte die ergonomische Arbeitsplatzgestaltung verbessert werden, da jeder Mitarbeiter in der kombinierten Fließmontage seinen eigenen Transportwagen erhält, auf dem er seine Werkstücke montiert und dieser genau auf seine Körperabmessungen angepasst wird.

Durch die Aufgabenerweiterung und die Erweiterung der Kompetenzen kann zunehmend Verantwortung in die einzelnen Systeme delegiert werden, das einen wesentlichen Beitrag zur Verflachung der Hierarchien liefert. Zum einen werden damit Gemeinkosten eingespart und zum anderen führt es zu einer Verringerung von Schnittstellenarbeit.

Die stärkere Beteiligung und Integration der Mitarbeiter an den allgemeinen Problemlösungsprozessen führte zu einem Anstieg der eingehenden Verbesserungsideen.

Durch die Installation einer flexiblen Arbeitsorganisation ist nach einer entsprechenden Einarbeitungs- und Qualifizierungsphase eine bessere Reaktion der Systeme auf Marktveränderungen möglich. Die Lieferbereitschaft erhöhte sich um zehn Prozent. Zugleich steigerte sich in den Systemen die Flexibilität gegenüber den zu produzierenden Varianten.

Mit der Komplexitätsreduzierung durch die Segmentierung der Gesamtmontage ist eine Steigerung der Transparenz bezüglich der Montageabläufe zu erkennen.

Die personellen Zielsetzungen wurden in der Gestalt erfüllt, daß mit der strukturellen Entkopplung der Mitarbeiter indirekte Aufgaben in die Gruppen und damit ganzheitliche Aufgabenstellungen übertragen wurden. Die Montage eines kompletten Produkts bedeutet eine Höherqualifizierung der Mitarbeiter. Die Übernahme von Sekundärtätigkeiten in Verbindung mit dem Anheben des Qualifikationsniveaus aller Mitarbeiter sowie eine damit verbundenen Übernahme von Verantwortung sorgt für zufriedene und leistungsmotivierte Mitarbeiter. Das hatte ein Absinken der Krankenquote von 9,7 auf 6,2 Prozent zur Folge. Die Qualifizierung der Mitarbeiter führte dabei auch zu einer Anhebung der Flexibilität bezüglich ihrer Einsatzfähigkeit.

Damit stellt sich mit dem eingerichteten Arbeitssystem eine deutlich höhere Produktivität gegenüber dem ursprünglichen System ein (Abb. 9.2-1).

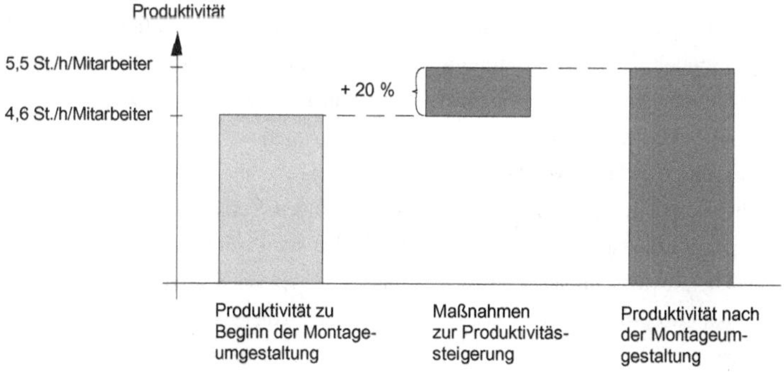

Abb. 9.2-1: Produktivitätssteigerung durch Umgestaltungsmaßnahmen in der Montage

10 Zusammenfassung

Hinter aktuellen Schlagwörtern, wie etwa „Lean Production", „Total Quality Management", „Reengineering" oder „fraktale Fabrik" verbirgt sich mehr als nur ein Modetrend. In den Unternehmen stellen sie die Leitbilder der Gegenwart dar. Sie setzen sich aus den verschiedensten Einzelelementen, wie z.B. aus Konzepten zur Logistik, Ausgliederung, Kosten, neuen Führungs- und Managementkonzepten, Unternehmenskultur oder Gruppenarbeit zusammen. Die Elemente bilden jeweils einen Teil eines Gesamtkonzepts und tragen – wie z.B. die Gruppenarbeit – dazu bei, tayloristische Arbeitsstrukturen zu ersetzen. In vielen Unternehmen ist ein Umdenkungsprozeß zu beobachten, wobei jedoch überwiegend die Automobilindustrie mit ihren spezifischen Arbeitsformen neue Wege geht. Zeitgemäße Arbeitsorganisationen erfordern neue Formen der Zusammenarbeit und Abläufe bei der Planung. Aber auch die Gestaltungsregeln jeweils betriebstypischer Ausprägungen müssen berücksichtigt werden.

Ein Ziel dieser Arbeit ist es zunächst, einen Beitrag zur leistungsorientierten Arbeitsgestaltung in der manuellen Fließmontage zu liefern. Dabei wird unter der Beachtung der Leistungsfaktoren ein Stufenplan erarbeitet, mit dem die Qualifizierung des Montagepersonals zur kombinierten Fließmontage mit konsekutiver Arbeitsform erfolgt.

Zu Beginn wird eine Charakterisierung der Montage vorgenommen, um die Bedeutung und die Funktion der Montage als einen Teilbereich des übergeordneten Produktionssystems hervorzuheben. Die Eingrenzung des Bereichs der manuellen Montage geschieht mit der Differenzierung der Montagesysteme nach dem Mechanisierungsgrad. In einer Situationsanalyse werden die Einflußfaktoren der Montage ermittelt. Der starke Einfluß des Marktes bestimmt das Produktionsprogramm und letztendlich den Fertigungstyp eines Unternehmens. Unter der momentanen Marktentwicklung – von einem Verkäufer- zu einem Käufermarkt – ist der verstärkte Einsatz manueller und flexibler Montagesysteme zu erkennen. In den hohen Lohnkosten menschlicher Arbeit liegt damit ein Zwang zur stetigen Verbesserung der Leistungsfähigkeit. Die Arbeitsgestaltung bietet die Methoden zur Beeinflussung der Leistungsdeterminanten. Menschliche Leistungspotentiale lassen sich durch die Wahl der Arbeitsorganisationsform, die Strukturierung der Arbeit, die Qualifikation der Mitarbeiter und die Beachtung motivationaler Zusammenhänge freisetzen.

Die bisherigen Arbeitsorganisationen berücksichtigen oft nur differentielle Ansätze und sind angesichts ihrer optionalen Arbeitsverteilung mit nach wie vor relativ arbeitsteiligen Strukturen nicht in der Lage, das vorhandene Leistungspotential der Mitarbeiter zu erschließen und freizusetzen. Neben den Arbeitsgestaltungsmaßnahmen zur Leistungssteigerung in der Montage wird die Planung von Montagesystemen behandelt. Ein Großteil bisheriger Arbeiten ist auf die Planung automatisierter Montagesysteme ausgerichtet oder nimmt eine Prozeßplanung spezifischer Probleme vor. Aus der Analyse der Planungsmethoden zeigen sich deren Grenzen, vor allem die überwiegend statische Denkweise. Um die Komplexität des Gesamtsystems zu beherrschen, fehlt den Methoden einerseits die Orientierung an den betrieblichen Abläufen, andererseits ist die Abstimmung mit der Systemhierarchie vorzunehmen. Zusätzlich ist bei der Planungsorganisation eine verstärkte Integration dezentraler Know-how-Träger zu betreiben.

In einer detaillierten Analyse der Leistungsfaktoren werden als erstes die Formen des Arbeitsablaufs in der Serienmontage aufgezeigt. Mit einer Strukturierung der Arbeit durch Arbeitsteilung und der Entkopplung der Mitarbeiter wird ein erweiterter Handlungsspielraum und damit die Grundlagen für eine leistungsgerechte Arbeitsgestaltung geschaffen. Aus einem Abgleich zwischen der angebotenen Arbeitsaufgabe und der vorliegenden Qualifikationsstruktur ergeben sich die Qualifikationsanforderungen für das Montagepersonal. Bei veränderten Anforderungen müssen die Qualifizierungsmaßnahmen auf die Leistungs- und Lernfähigkeit bzw. die Bereitschaft der Mitarbeiter abgestimmt werden. Um eine weitgehende Leistungsoptimierung zu erzielen, ist bei der Qualifizierung eine Homogenisierungsstrategie sowie eine einarbeitungs- bzw. qualifizierungsgerechte Arbeitsstruktur zu beachten. Zusätzlich sind die motivationalen Wirkungen von sozialen Einheiten und der empfundenen Arbeitsattraktivität zu bedenken. Letztendlich erweist sich dabei der Handlungsspielraum als die zentrale Gestaltungsgröße.

Die hohen Flexibilitätsanforderungen an zeitgemäße Montagen sind weder mit den traditionellen arbeitsteiligen Arbeitsorganisationen, noch mit der zusätzlichen Einführung elementarer Gestaltungsmaßnahmen, wie etwa Arbeitsbereicherungen bzw. Arbeitserweiterungen, in den bestehenden Arbeitsformen zu erfüllen.

Aus der vorangegangenen Analysephase werden die Anforderungen an leistungsorientierte Fließarbeitsformen abgeleitet. Diese beziehen sich auf die Schaffung paralleler Module, in die bislang zentral durchgeführte Aufgaben zurückverlagert werden. Die Mitarbeiterqualifizierung schafft die Voraussetzung für eine dynamische Entwicklung der Arbeitsformen. Bei der Gestaltung neuer Arbeitsformen muß eine Abkehr statischer Denkweisen stattfinden, um darin ein breites Spektrum an Zuständen zu verwirklichen. Die Arbeitsformen erfordern neue Führungsmethoden durch die Vorgabe von Zielen. Dabei dient die Visualisierung z.B. der Mitarbeiterqualifikation der gemeinsamen Verständigung und als Informationsbasis. Neben den intrinsischen Motivationsfaktoren sind zusätzlich extrinsische Motivatoren, wie z.B. das Angebot flexibler Arbeitszeiten, zu beachten.

Um kombinierte Fließmontagen in die Praxis umzusetzen, wird zuerst mit Hilfe einer Charakterisierung und Analyse primärer Merkmale der Fließmontage eine Betriebstypologie erstellt. Damit wird eine Abgrenzung des Einsatzbereichs kombinierter Systeme vorgenommen. Für zwei Vertreter, die sich in der Auftragsauslöseart und dem Erzeugnisspektrum unterscheiden, werden die entsprechenden Montagesysteme entwickelt. Unterschiedliche Rationalisierungspotentiale und die jeweiligen Flexibilitätskriterien erfordern spezifisch angepaßte Systemlösungen.

Zur Einführung einer leistungsorientierten Arbeitsgestaltung wird in der vorgestellten Systemlösung ein „Vier-Stufen-Plan“ vorgeschlagen. Die Mitarbeiter werden in einer schrittweisen Entwicklung ihres Handlungsspielraums an die kombinierte Fließmontage herangeführt. Damit wird das Ziel verfolgt, sie von den Kollegen und dem System vollständig zu entkoppeln. Nur mit der Entkopplung und der „inneren Flexibilität“ der Mitarbeiter wird die Voraussetzung für das Betreiben flexibler Arbeitsformen bzw. -systeme geschaffen. Durch die Umstellung von einer festen zu einer flexiblen Verkettung wird der Wechsel von der entkoppelten in die ablaufflexible, kombinierte Fließmontage ermöglicht. Damit werden in dynamischen Systemen die Entwicklungsmöglichkeiten der Mitarbeiter berücksichtigt und eine optimale Leistungsentfaltung gewährleistet. Zur Unterstützung des Wandels wird eine Visualisierung des Qualifikationsniveaus mittels "Viertelkreisdarstellungen" eingesetzt.

Aus den Analysen konventioneller Planungsmethoden werden die Anforderungen an eine neue Methode formuliert. Neben einer hierarchischen Aufbaustruktur muß jede Ebene abgeschlossene Planungsabläufe mit Regelungsprinzipien aufweisen. Eine geeignete Schnittstellengestaltung der Systemhierarchien muß für die Abstimmung der Planungsteams bzw. -ebenen sorgen. Damit sind die Voraussetzungen für einen abgestimmten Planungsablauf und eine fortlaufende Optimierung der Systeme auch während des Betriebs gewährleistet.

Die Planungsmethode sieht eine hierarchische Gliederung in drei Planungsebenen vor. Jede Ebene steht entsprechend seiner hierarchischen Stellung entweder für das Gesamt- oder für ein Teilsystem, die jeweils durch einzelne Planungsteams vertreten werden. Den Planungsteams sind konkrete und abgeschlossene Planungsaufgaben zuzuteilen. Die Teams setzen sich nach ihrer Hierarchie- und Aufgabenstellung aus den verschiedenen Unternehmensbereichen zusammen. Dazu ist in jeder Planungsebene ein prozeßorientierter Problemlösungszyklus integriert, der ausgehend von planungsvorbereitenden Maßnahmen und den weiteren Schritten „Zielfindung“, „Prozeßanalyse“, „Prozeßstrukturierung und Bildung von Teilsystemen“, „Dynamische Systemplanung“ sowie der „Ausgestaltung“ der einzelnen Systeme, die „Umsetzung“ der technisch-wirtschaftlichen Lösungen vorsieht. Die Gesamtmethode ist damit aus einander ähnlichen und in sich geschlossenen Kreisläufen aufgebaut. Die Strukturierung des Planungsprozesses erlaubt die Anpassung an eine jeweilige Problemstellung. Durch die Weitervererbung von Zielen werden Instrumente für eine effiziente Zusammenarbeit von zentralen und dezentralen Bereichen geschaffen. Damit die Planungsmethode die Nachhaltigkeit der Montagesysteme gewährleistet, wird der systematische Planungsablauf durch einen zyklisch ablaufenden Kontrollmechanismus fortlaufend überwacht. Mit diesen zusätzlichen Kontrollinstrumenten werden Zielvorgaben überprüfbar und die Grundlagen für eine ständige Planungsbereitschaft geschaffen. Die Voraussetzung hierfür ist die Dokumentation der Planungs- bzw. Kontrollergebnisse.

Wettbewerbsvorteile lassen sich in den Unternehmen unter anderem durch den optimalen Einsatz des Faktors Zeit erzielen. Auch bezüglich der Planung von Montagesystemen sind Maßnahmen zur Reduzierung der Planungszeiten bzw. -aufwände anzustreben. In der Montageplanung von arbeitsteiligen Fließmontagen sind die „Arbeitsteilung“ und „Leistungsabstimmung“ als besonders zeitaufwendige Arbeitsschritte bekannt. Bei der Arbeitsteilung entstehen in den Montagesystemen ablaufbedingte Verlustzeiten, die in der anschließenden Leistungsabstimmung zu minimieren sind.

Mit Hilfe der dynamischen Ablaufsimulation werden deshalb ausgewählte Einflußfaktoren der kombinierten Fließmontage untersucht. Um Ablaufstörungen zu vermeiden, ist in kombinierten Fließmontagen eine höhere Anzahl an Arbeitsstationen als an Mitarbeitern bereitzuhalten. Bei den Schwankungsbreiten der Verrichtungszeiten je Arbeitsstation ist festzustellen, daß in den kombinierten Systemen lediglich ein Ausbalancieren der Stationen erforderlich ist. Damit wird nicht nur eine Zusammenfassung zusammenhängender Tätigkeiten an einer Arbeitsstation, sondern auch eine Reduzierung von Handhabungs- bzw. Nebenzeiten erreicht. Zugleich erfährt der Montageplaner durch den gerichteten Montageablauf eine gesteigerte Transparenz des Montagegeschehens. Durch die geringere Anzahl iterativer Arbeitsschritte zur Verlustzeitoptimierung wird sein Planungsaufwand verringert. Die Beschäftigten können „vor Ort“ verstärkt in die Planung eines „logischen Montageablaufs“ einbezogen werden. In der Folgezeit ergeben sich somit geringere Aufwände für die zentrale Planungsabteilung. Die verstärkte Integration des Montagepersonals in die Planung der Systeme unterstützt wiederum die Motivation.
Anschließend erfolgt die beispielhafte Umsetzung der Planungsmethode zur Reorganisation der Montage eines mittelständischen Elektrogeräteherstellers. In konkretisierten Planungsschritten werden nach der Analyse der firmenspezifischen Schwachstellen mögliche Ursachen ermittelt. Unter den vorgegebenen Projektzielen wird die detaillierte Ausgestaltung und Umsetzung von leistungsorientierten und selbstlernenden Arbeitsformen vorgenommen. Die Evaluierung nach Abschluß des Projekts zeigt den Erfolg und die Nachhaltigkeit der durchgeführten Maßnahmen.

11 Literaturverzeichnis

Ackermann 1992 — Ackermann, B.: Qualifizierung und Motivation der Mitarbeiter als Wettbewerbsfaktor. In Lotter, B. (Hrsg.): Vortragssammelband des 10. Deutschen Montagekongreß am 24./25. März 1992. Landsberg: moderne Industrie, 1992

Adams 1963 — Adams, J.S.: Toward an understanding of inequity – Journal of abnormal and social psychology. Washington: American Psychological Association, 1963

Aggteleky 1990 — Aggteleky, B.: Fabrikplanung: Werksentwicklung und Betriebsrationalisierung, Band 1–3. München: Hanser, 1990

Ahrend 1994 — Ahrend, H.-W.; Pernitz, P.; Tabatzki, M.: Zum bewegungs- und informationsflußarmen Materialfluß. In: wt-Produktion und Management 84 (1994), S. 273–278

Albach 1989 — Albach, H.: Stärkung der Wettbewerbsfähigkeit durch Produkt- und Produktionsinnovation. Vortrag auf dem Produktionstechnischen Kolloquium, Berlin 1989. München: Hanser, 1989

Bader 1986 — Bader, A.: Personelle Flexibilität in manuellen Montagesystemen. TU Berlin: Dissertation, 1986

Baetge 1974 — Baetge, J.: Betriebswirtschaftliche Systemtheorie: Regelungstheoretische Planungs- und Überwachungsmodelle für Produktion, Lagerung und Absatz, Band 6. Opladen: Westdeutscher Verl., 1974

Bartölke 1992 — Bartölke, K.: Teilautonome Arbeitsgruppen. In Frese, E. (Hrsg.): Handwörterbuch der Organisation. Stuttgart: Poeschel, 1992

Bartsch 1990 — Bartsch, W.: Die berufliche Handlungsbereitschaft von ausländischen Beschäftigten – Eine Längsschnittuntersuchung. Wiesbaden: 1990

Bauer 1992 — Bauer, S.: Wirtschaftlichkeitsbetrachtungen in der flexibel automatisierten Serienmontage, Fortschritt-Berichte VDI Reihe 2 Nr. 264. Düsseldorf: VDI, 1992

Bauerdick 1993 — Bauerdick, J.; Eichener, V.; Wegge, M.: Qualifikationsanforderungen beim Einsatz von CIM und flexiblen Arbeitssystemen:

Zum Stand der sozialwissenschaftlichen Forschung. In Staudt, Erich (Hrsg.): Personalentwicklung für die neue Fabrik, S. 97–128. Opladen: Leske + Budrich, 1993

Bernhart 1993 Bernhart, W.: Beitrag zur Bewertung von Montagevarianten: Rechnergestützte Hilfsmittel zur kostenorientierten, parallelen Entwicklung von Produkt und Montagesystem. TH Karlsruhe: Dissertation, 1993 (wbk Forschungsberichte 49)

Beuche 1981 Beuche, E.: Alternative Teilungstiefen bei manueller Montage. TU Berlin: Dissertation. 1981

Bick 1992 Bick, W.: Systematische Planung hybrider Montagesysteme unter besonderer Berücksichtigung der Ermittlung des optimalen Automatisierungsgrades. Berlin: Springer, 1992 (iwb Forschungsberichte 46)

Bielinski 1979 Bielinski, H.: Barrieren gegen eine flexiblere Arbeitszeitgestaltung. In: MittAB 12(1979)3, S. 300–312

Bilger 1992 Bilger, B.: Montagetechnik: Planungshandbuch für die Praxis – Komponenten, Module, Systeme. Gräfelfing: Resch, 1992

Bissel 1997 Bissel, D.: Beitrag zur prozeßorientierten Planung dynamischer Fabriksysteme. Aus der Reihe: Kuhn, A. (Hrsg.): Fabrikorganisation. Dortmund: Praxiswissen, 1997

Bleicher 1961 Bleicher, K.: Grundsätze der Organisation. In: Schnaufer, E.; Agthe, K.: Handbuch der Organisation. Berlin: Dt. Betriebswirte, 1961

Bleicher 1978 Bleicher, K.: Grundzüge der Organisationsplanung. In Grochla, E. (Hrsg.): Elemente der organisatorischen Gestaltung. Hamburg: Poeschel 1978

Bonitz 1995 Bonitz , D.: Evaluation von Arbeitssystemen: zwei Instrumente zur Bewertung von Arbeitstätigkeiten und Organisationsstrukturen. Frankfurt am Main: Lang, 1995

Braun 1995 Braun, W. J.: Beitrag zur Festlegung der Arbeitsteilung in manuellen Montagesystemen. Universität Karlsruhe: Dissertation, 1995 (Institut für Arbeitswissenschaft und Betriebsorganisation, Forschungsberichte 9)

Breisig 1990	Breisig, Th.: Betriebliche Sozialtechniken – Handbuch für Betriebsrat und Personalwesen. Neuwied: Luchterhand, 1990
Buck 1999	Buck, H.; Reif, A.: Innovative Produktion bei veränderten Altersstrukturen. In: http://www-iao.fhg.de/ Info/pm, 1999
Bullinger 1986	Bullinger, H.-J. (Hrsg.); Ammer, D.; Dungs jr., K.; Seidel, U.A.; Weller, B.: Systematische Montageplanung. München: Hanser, 1986
Bullinger 1993	Bullinger, H.-J.; Rieth, D.; Euler, H.-P.: Planung entkoppelter Montagesysteme: Puffer in der Montage. Stuttgart: Teubner, 1993
Bunz 1988	Bunz, A.: Strategieunterstützungsmodelle für Montageplanungen: System Dynamics-Modelle zur Analyse und Gestaltung der Flexibilität von Montagesystemen (Schriften zur Unternehmensplanung, Band 11). Frankfurt am Main: Lang, 1988
Daenzer 1983	Daenzer, W. F. (Hrsg.): Systems Engineering: Leitfaden zur Durchführung umfangreicher Planungsvorhaben. Zürich: Industrielle Organisation, 1983
Däumler 1989	Däumler, K.: Grundlagen der Investitions- und Wirtschaftlichkeitsrechnung. Herne: Neue Wirtschaftsbriefe, 1989
Debuschewitz 1998	Debuschewitz, M.: Integrierte Methodik und Werkzeuge zur herstellkostenorientierten Produktentwicklung. Berlin: Springer, 1998 (iwb Forschungsberichte 118)
Deutschländer 1989	Deutschländer, A.: Integrierte rechnerunterstützte Montageplanung. TU Berlin: Dissertation, 1989
Deutschle 1995	Deutschle, U.: Prozeßorientierte Organisation der Auftragsabwicklung in mittelständischen Unternehmen. Berlin: Springer, 1995 (iwb Forschungsberichte 90)
Diess 1988	Diess, H.: Rechnerunterstützte Entwicklung flexibel automatisierter Montageprozesse. Berlin: Springer, 1988 (iwb Forschungsberichte 11)
Dilling 1975	Dilling, H.-J.: Rationalisierung und Automatisierung der Montage. Düsseldorf: VDI-Verlag, 1975
Domschke 1993	Domschke, W.; Scholl, A.; Voß, S.: Produktionsplanung. Berlin:

Springer, 1993

Dürrschmidt 1997 Dürrschmidt, S.; Dohmen, W.: Wandlungsfähigkeit im Layout. In: Logistik Heute 19 (1997) 11, S. 61–63

Dworatschek 1971 Dworatschek, S.: Management-Informations-Systeme. Berlin: Walter de Gruyter, 1971

Ehrlenspiel 1992 Ehrlenspiel, K.: Konstruktionslehre I: Grundlagen und Methodenbaukasten zum funktionsgerechten Konstruieren. TU München: Vorlesungsskript, 1992

Ehrlenspiel 1995 Ehrlenspiel, K.: Integrierte Produktentwicklung: Methoden für Prozeßorganisation, Produkterstellung und Konstruktion. München: Hanser, 1995

Eichener 1993 Eichener, V.: Personaleinsatz- und Qualifizierungskonzepte: Qualifizierungsanforderungen für teilautonome flexible Arbeitssysteme. In: IG Metall, Ruhr-Universität Bochum (Hrsg.): Flexible Arbeitssysteme und neue Informationstechniken: Veränderung der Produktionsarbeit, S. 87–107. Bochum, 1993

Elias 1982 Elias, H.-J.: Verfahren zur Reorganisation und Bewertung von Arbeitssystemen. TH Darmstadt: Dissertation, 1982

Elias 1985 Elias, H.-J.; Gottschalk, B.; Staehle, W.: Gestaltung und Bewertung von Arbeitssystemen. Frankfurt am Main. Campus, 1985

Ellinger 1970 Ellinger, Th.: Betriebswirtschaftlich-technologische Aspekte zur Fließbanddiskussion. In: Rationalisierung. München: Hanser, 25 (1974)1

Euler 1973 Euler, H.P.: Arbeitskonflikt und Leistungsrestriktionen im Industriebetrieb, Schriftenreihe: Studien zur Sozialwirtschaft, Band 6. Düsseldorf, 1973

Euler 1977 Euler, H.P.: Das Konfliktpotential industrieller Arbeitsstrukturen – Analyse der technischen und sozialen Ursachen, Studien zur Sozialwissenschaft, Band 12. Opladen, 1977

Euler 1987 Euler, H.P.: Neue Arbeitsstrukturen in der Elektroindustrie – Ergebnisse sozialwissenschaftlicher Untersuchungen, Schriftenreihe „Humanisierung des Arbeitslebens“, Band 83. Frankfurt: 1987

Euler 1990 Euler, H.P.: Arbeits- und organisationssoziologische Ansätze der Arbeitsgestaltung – Zur sozialen Attraktivität von industrieller Arbeit. In: Zeitschrift für Arbeitswissenschaft, 3/1990, S. 129–136

Eversheim 1987 Eversheim, W. (Hrsg.): VDI-Gesellschaft Produktionstechnik (ADB): Strategien zur Rationalisierung der Montage: Einzel- und Kleinserienproduktion komplexer Produkte. Düsseldorf: VDI, 1987

Eversheim 1989 Eversheim, W.: Organisation in der Produktionstechnik. Bd. 4: Fertigung und Montage, 2. Aufl., Düsseldorf: VDI, 1989

Eversheim 1996 Eversheim, W. (Hrsg.): Prozeßorientierte Unternehmens-organisation: Konzepte und Methoden zur Gestaltung „schlanker" Organisationen, 2. Aufl., Berlin: Springer, 1996

Fichtmüller 1995 Fichtmüller, N.: Rationalisierung durch flexible, hybride Montagesysteme. Berlin: Springer, 1995 (iwb Forschungsberichte 95)

Fisher 1993 Fisher, K.: Leading Self-Directed Work Teams. New York: McGraw-Hill, 1993

Frank 1991 Frank, G.; Schneider, H.: Innerbetriebliche Arbeitsmarkt-segmentation. In: AG Betriebliche Weiterbildungsforschung e. V. (Hrsg.): Perspektiven beruflich-betrieblicher Weiter-bildungsforschung, S. 21–36. Hochheim: Neres, 1991

Frieling 1996 Frieling, E.; Pfitzmann, J.; Pfaus, H.: Arbeitsorganisation und Arbeitszeitregelungen im F&E-Bereich. Bremerhaven: Wirtschaftsverlag NW, Verlag für Neue Wissenschaft, 1996

Fuhrmann 1983 Fuhrmann, K.-W.; Heisterkamp, H.; Schröter, K.: Methoden der Rationalisierung: Zweck – Kurzbeschreibungen – Besonderheiten. In REFA: Untersuchungsbericht des REFA (Betriebstechnische Reihe). Berlin: Beuth 1983

Gaitanides 1983 Gaitanides, M.: Prozeßorganisation – Entwicklung, Ansätze und Programme prozeßorientierter Organisationsgestaltung. München: Franz Mahlen, 1983

Ganghoff 1993 Ganghoff, P.: Wissensbasierte Unterstützung der Planung technischer Systeme: Konzeption eines Planungswerkzeuges und exemplarische Anwendung im Bereich der Montagesystemplanung. TH Karlsruhe: Dissertation, 1993 (wbk, Forschungsberichte 50)

Gebauer 1992 Gebauer, L.: Prozeßuntersuchungen zur automatisierten Montage von optischen Linsen. Berlin: Springer, 1992 (iwb Forschungsberichte 47)

Gerhardt 1982 Gerhardt, W.: Vorgehensweise beim Aufbau und der schrittweisen Einführung eines Frühwarnsystems im Produktionsbetrieb. In gfmt (Hrsg.): Frühwarnsysteme und technisches Controlling. München: gfmt, 1982

Görke 1978 Görke, M.: Rechnergestütztes Verfahren zur Leistungsabstimmung von Mehrmodell-Montagesystemen. Universität Stuttgart: Dissertation, 1978

Götz 1991 Götz, R.: Strukturierte Planung flexibel automatisierter Montagesysteme für flächige Bauteile. Berlin: Springer, 1991 (iwb Forschungsberichte 39)

Graumann 1965 Graumann, C.F.: Denken und Denkpsychologie. In Graumann, C.F. (Hrsg.): Denken. Köln: Neue wissenschaftliche Bibliothek 3, 1965

Grob 1982 Grob, R.: Planungsleitlinien Arbeitsstrukturierung: Systematik zur Gestaltung von Arbeitssystemen. Berlin: Siemens Aktiengesellschaft (Hrsg.), 1982

Grob 1986 Grob, R.: Flexibilität in der Fertigung. Organisation und Bewertung von Personalstrukturen. FIR-Reihe „Forschung für die Praxis“ Band 6, Berlin: 1986

Grochla 1978 Grochla, E.: Einführung in die Organisationstheorie. Stuttgart: Poeschel, 1978

Grochla 1982 Grochla, E.: Grundlagen der organisatorischen Gestaltung. Stuttgart: Poeschel, 1982

Grothus 1972 Grothus, H.. Motivation durch Arbeitsbereicherung. In: Industrial Engineering 2 (1972)5, S. 261–271

Gude 1999 Gude, D.; Frölich-Krummenauer, M.; Götze, M.: Neue Formen der Arbeitsorganisation – Neue Formen der beruflichen

Weiterbildung. In: fir+iaw Mitteilungen 31 (1999) 1

Günter 1992 Günter, A.: Flexible Kontrolle in Expertensystemen zur Planung und Konfigurierung in technischen Domänen. Sankt Augustin: infix, 1992 (Dissertation zur Künstlichen Intelligenz 3)

Hackstein 1977 Hackstein, R.: Arbeitswissenschaft im Umriß, Band 2, Grundlagen und Anwendung. Essen: Girardet, 1977

Hackstein 1991 Hackstein, R.; Hornung, V.: Produktinseln für Automobilzulieferindustrie. In: VDI-Z 133 (1991) Nr. 3, S. 111–115

Hauertmann 1998 Hauertmann, W.: Simulationsgestützte projektive Auslegung von Gruppenarbeitssystemen in bezug auf Flexibilität, Autonomie und Leistung. Aachen: Shaker, 1998 (RWTH Aachen, fir + iaw, Schriftenreihe Rationalisierung und Humanisierung 11)

Hauptmanns 1995 Hauptmanns, P.: Rationalisierung und Qualifikationsentwicklung, Eine empirische Analyse im deutschen Maschinenbau. Opladen: Leske + Budrich, 1995

HdA 1984 Schriftenreihe „Humanisierung der Arbeitslebens“ Band 53, Hrsg.: BMFT: Arbeitsgestaltung in der Serienfertigung: Erfahrungen zur Organisationsentwicklung aus einem Humanisierungsprojekt (Bosch-Siemens-Hausgeräte GmbH). Frankfurt/Main: Campus, 1984

Hechl 1995 Hechl, Ch.: Personalorientierte Montageplanung für komplexe und variantenreiche Produkte. Berlin: Springer, 1995 (iwb Forschungsberichte 92)

Heckhausen 1965 Heckhausen, H.: Leistungsmotivation. In Thomae, H. (Hrsg.): Handbuch der Psychologie, Bd. 2, S. 602–702. Göttingen: Verlag für Psychologie, 1965

Heeg 1983 Heeg, F.-J.: Phänomen Japan: Japanische Organisationsformen und ihre Übertragbarkeit auf deutsche Unternehmen. Köln: Dt. Wirtschaftsdienst, 1983

Heeg 1991 Heeg, F.-J.; REFA: Moderne Arbeitsorganisation: Grundlagen der organisatorischen Gestaltung von Arbeitssystemen bei Einsatz neuer Technologien. München: Hanser, 1991

Heiderich 1999 Heiderich, Th.: Schnellere Behebung von Störungen. In: fir+iaw

Mitteilungen 31 (1999) 2

Helfrich 1982 Helfrich, Ch.: Gemeinkostenfrühwarnsysteme als Steuerungsinstrument in der Personalwirtschaft. In gfmt (Hrsg.): Frühwarnsysteme und technisches Controlling. München: gfmt, 1982

Heusler 1989 Heusler, H.-J.: Rechnergestützte Planung flexibler Montagesysteme – Integration von Simulationsmodellen und Optimierungsverfahren in CAD-Systeme. Berlin: Springer, 1989 (iwb Forschungsberichte 19)

Hilf 1976 Hilf, H.H.: Einführung in die Arbeitswissenschaft. Berlin: de Gruyter, 1976

Hoeschen 1978 Hoeschen, R.-D.: Planung von Montagesystemen im Rahmen der Technischen Investitionsplanung – Ein Beitrag zur Montageplanung für Unternehmen mit Einzel- und Serienfertigung. RWTH Aachen: Dissertation, 1978

Homans 1978 Homans, G.C.: Theorie der sozialen Gruppe. Opladen: Westdeutscher Verlag, 1978

Huber 1995 Huber, Th.: Senken von Montagezeiten und -kosten im Getriebebau. München: Hanser, 1995

IAB 1998 N.N.: Strategien für mehr Beschäftigung und weniger Arbeitslosigkeit – Internationale Erfahrungen und ihre Übertragbarkeit auf Deutschland. Dokumentation eines Workshops der Bundesanstalt für Arbeit im April 1998. In: http://www.iab.de/mitt 298.htm, 1998

IPK 1999a N.N.: PadeS – Partizipative Gestaltung dezentraler Strukturen: Die Methode hinter den 8 PadeS Schritten. In: http://www-plt.ipk.fhg.de/ PadeS/pades_7, 1999

IPK 1999b N.N.: PadeS – Partizipative Gestaltung dezentraler Strukturen: PadeS Begriffsliste. In: http//: www-plt.ipk.fhg.de/PadeS/pades_1 /p_list.htm, 1999

Irle 1969 Irle, M.: Soziale Attitüden. In Irle, M. (Hrsg.): Texte aus der experimentellen Sozialpsychologie. Neuwied: Luchterhand, 1969

Jäger 1990 Jäger, A.: Systematische Planung komplexer Produktionssysteme. Berlin: Springer, 1990 (iwb Forschungsberichte 31)

Janisch 1979 Janisch, H.-W.: Optimierung der Puffer bei elastisch verketteten Fertigungssystemen. Universität Hannover: Dissertation, 1979

Jansen 1985 Jansen, M.: Montageorientierte Produktionsplanung und -steuerung: Ein Beitrag zur integrierten Auftragsabwicklung in Unternehmen mit variantenreicher Serienfertigung. RWTH Aachen: Dissertation, 1985

Kalde 1987 Kalde, M.: Methodik zur Festlegung der Flexibilität in der Montage. RWTH Aachen: Dissertation, 1987

Kaune 1995 Kaune, A.: Industrielle Gruppenarbeit in der Produktion: Eine Studie über den Einführungsprozeß gruppenorientierter Arbeitsstrukturen in der Automobilmontage unter Berücksichtigung sozial-kognitiver Dispositionen des Arbeitsverhaltens. Universität Göppingen: Dissertation, 1995

Kern 1985 Kern, H.; Schumann, M.: Industriearbeit und Arbeiterbewußtsein. Frankfurt a.M.: Suhrkamp, 1985

Klein 1975 Klein, L.: Die Entwicklung neuer Formen der Arbeitsorganisation. Göttingen: Schwartz, 1975

Klinger 1993 Klinger, H.: Die lernende Organisation: Integration von Mensch – Technik – Organisation. In: Office Management 11 (1993), S. 38–43

Klingstam 1999 Klingstam, P.: A methodology for developement of flexible shop-floor control systems. In: CIRP-Journal of manufacturing systems Vol.29 (1999) 3, S.229–233

Knoll 1976 Knoll, R.: Entkopplung von Mensch und Maschine am Beispiel von Montagestraßen in der Automobilindustrie, Vortrag Nr. 12. In: Tagungsunterlagen der 7. Arbeitstagung des Instituts für Produktionstechnik und Automatisierung der Fraunhofer Gesellschaft u.a., Stuttgart 1976

Koehrer 1998 Koehrer, J.: Prozeßorientierte Teamstrukturen in Betrieben mit Großserienfertigung. Berlin: Springer, 1998 (iwb Forschungsberichte 116)

Köster 1969 Köster, J.: Die Organisation und ihre Planung. Stuttgart: Haupt-

Verlag, 1969

Koether 1985 Koether, R.: Verfahren zur Verringerung von Modell-Mix-Verlusten in Fließmontagen. Universität Stuttgart: Dissertation, 1985

Konold 1977 Konold, P.; Kern, H.; Reger, H.: Elementekatalog: Hilfsmittel zur Planung von Arbeitssystemen. Mainz: Krausskopf, REFA, 1977

Kosmas 1988 Kosmas, I.: Strategien und Hilfsmittel für die Montagevorbereitung in Unternehmen der Einzel- und Kleinserienproduktion. RWTH Aachen: Dissertation, 1988

Kreikebaum 1975 Kreikebaum, H.: Die Anpassung der Betriebsorganisation. Wiesbaden: Gabler, 1975

Kugler 1992 Kugler, R.: Variantenbeherrschung durch Modularisierung bei der Produktion von Waschgeräten. In Lotter, B. (Hrsg.): Vortragssammelband des 10. Deutschen Montagekongreß am 24./25. März 1992 in München. Landsberg: moderne Industrie, 1992

Kuhn 1993 Kuhn, A.; Reinhardt, A.; Wiendahl, H.-P.: Handbuch Simulationsanwendungen in Produktion und Logistik. Braunschweig: Vieweg, 1993

Kummetsteiner 1994 Kummetsteiner, G.: 3D-Bewegungssimulation als integratives Hilfsmittel zur Planung manueller Montagesysteme. Berlin: Springer, 1994 (iwb Forschungsberichte 66)

Kutzner 1998 Kutzner, E.; Drinkuth, A.: Lernende Unternehmen: Lernen durch Beteiligung – Chancen der Gestaltung. In: IG-Metall (Hrsg.): http://www. igmetall .de / materialien / l_untern.html

Lempert 1969 Lempert, W.: Zur theoretischen und empirischen Analyse der Beziehungen zwischen Arbeit und Lernen. In Grosskurth, P. (Hrsg.): Arbeit und Persönlichkeit: berufliche Sozialisation in der arbeitsteiligen Gesellschaft. Reinbek: Reinbek bei Hamburg, 1969

Linner 1995 Linner, S.: Konzept einer integrierten Produktentwicklung. Berlin: Springer, 1995 (iwb Forschungsberichte 88)

Lindermaier 1998 Lindermaier, R.: Qualitätsorientierte Entwicklung von Montagesystemen. Berlin: Springer, 1998 (iwb Forschungs-

	berichte 115)
Loos 1991	Loos, U.: Änderungen im Managementverhalten und im Technologieeinsatz bei Segmentierungen. In Wildemann, Horst (Hrsg.): Fabrikstrukturierung Tagungsbericht 1991. München: gfmt, 1991
Lotter 1986	Lotter, B.: Wirtschaftliche Montage. Düsseldorf: VDI-Verlag, 1986
Lotter 1994	Lotter, B.; Schilling, W.: Manuelle Montage: Planung – Rationalisierung – Wirtschaftlichkeit. Düsseldorf: VDI, 1994
Luczak 1986	Luczak, H.: Manuelle Montagesysteme. In Stöferle, Th.; Spur, G. (Hrsg.): Handbuch der Fertigungstechnik. Band 5: Fügen, Handhaben und Montieren. München: Hanser, 1986
Lutz 1973	Lutz, L.: Abtakten von Montagelinien. Universität Stuttgart, Dissertation, 1973
Lutz 1987	Lutz, B.: Wie neu sind die „neuen Produktionskonzepte"? In Malsch, Thomas; Seitz, Rüdiger (Hrsg.): Die neuen Produktionskonzepte auf dem Prüfstand. Berlin: edition sigma, 1987
Lutz 1990	Lutz, B.: Trends in der Arbeitsorganisation in Anlagen mit hohem Automatisierungsgrad. In Henning, K.; Süthoff, M.; Mai, M. (Hrsg.): Mensch und Automatisierung, S. 75–90. Opladen: Westdeutscher Verlag, 1990
Maier 1998	Maier-Mannhart, H.: Hilfe, wir sind zu produktiv. In: Süddeutsche Zeitung Nr. 163 (18./19. Juli 1998), S. 21
Mann 1994	Mann, P. Th.: Rechnergestützte Planung flexibel automatisierter Montagestationen in der variantenreichen Serienmontage am Beispiel der Montage von Pkw-Motoren. TU Karlsruhe: Dissertation, 1994
Mann 1984	Mann, W. E.: Organisationsentwicklung in der Produktion: Wege zu Produktivität und Flexibilität. Grafenau: expert, 1984
Mann 1976	Mann, W. E.; Schäfer, D.; Metzger, H.: Auf dem Weg zu neuen Arbeitsstrukturen, In: Menschengerechte Arbeit – Erfahrungsaustausch zwischen Forschung und betrieblicher Praxis, Dokumentation zum RKW-Kongreß. Frankfurt a. M.: 1976

McClelland 1953 McClelland, D.C.; Atkinson, J.W.; Lowell, E.L.: The Achievement Motive. New York: Appleton-Century-Crofts, 1953

McGrath 1999 McGrath, M.: Looking for the next big thing in Management Advances. In: PRTM´S Insight 11 (1999) 3, S. 8–16

Merz 1987 Merz, K.-P.: Entwicklung einer Methode zur Planung automatisierter Montagesysteme. RWTH Aachen: Dissertation, 1987

Metzger 1977 Metzger, H.: Planung und Bewertung von Arbeitssystemen in der Montage. Universität Stuttgart: Dissertation, 1977

Miese 1973 Miese, M.: Systematische Montageplanung in Unternehmen mit Einzel- und Kleinserienproduktion. TH Aachen: Dissertation, 1973

Milberg 1988 Milberg, J.: Wettbewerbsvorteile durch Stärkung der Integration. In: Schriftliche Fassung der Vorträge des Münchner Kolloquiums 88 am 24./25.März 88. Berlin: Springer, 1988

Milberg 1990 Milberg, J.: Technische Betriebsführung I und II. Vorlesungsskript, Institut für Werkzeugmaschinen und Betriebswissenschaften, TU München, 1990

Milberg 1991 Milberg, J.: Wettbewerbsfaktor Zeit in Produktionsunternehmen. In: Schriftliche Fassung der Vorträge des Münchner Kolloquiums 91 am 28.02./01.03. 91. Berlin: Springer, 1991

Milberg 1992 Milberg, J.: Die schlanke Produktion – eine Herausforderung für die Montage. In: Schriftliche Fassung der Vorträge auf dem 10. Deutschen Montagekongreß am 24./25. März 92 in München. Landsberg: moderne Industrie, 1992

Müller 1993 Müller, S.: Entwicklung einer Methode zur prozeßorientierten Reorganisation der technischen Auftragsabwicklung komplexer Produkte. RWTH Aachen: Dissertation, 1993

Müller 1994a Müller, A.: Leitlinie zur Problemdefinition bei der Entwicklung von komplexen Montagesystemen. Universität des Saarlandes: Dissertation, 1994 (Lehrstuhl für Fertigungstechnik/CAM, Schriftenreihe Produktionstechnik 10)

Müller 1994b Müller, H.: Dauerbrenner Gruppenarbeit. In Müller, R.; Rupper,

P. (Hrsg.): Process Reeingineering: Prozesse optimieren und auf den Kunden ausrichten. Zürich: Verlag Industrielle Organisation, 1994

Müri 1986 Müri, P.: Der Fisch stinkt am Kopf zuerst. io Management Zeitung 55 (1986) Nr. 2, S. 75–79

Müri 1994 Müri, P.: Prozessorientierung – Der Schlüssel zum neuen Management. In Müller, R.; Rupper, P. (Hrsg.): Process Reeingineering: Prozesse optimieren und auf den Kunden ausrichten. Zürich: Verlag Industrielle Organisation, 1994

Neuberger 1974 Neuberger, O.: Theorien der Arbeitszufriedenheit. Stuttgart: Kohlhammer, 1974

Niefer 1993 Niefer, H.: Planung, Einführung und Optimierung von Gruppenarbeit in der Teilefertigung, Forschungsberichte für die Praxis Bd. 123, Berlin: Dissertation, 1993

Nührich 1982 Nührich, K.; Gerhardt, W.: Aufbau und Wirkungsweise von Frühwarnsystemen und technisches Controlling. In: gfmt (Hrsg.): Frühwarnsysteme und technisches Controlling. München: gfmt, 1982

Ochs 1989 Ochs, M.: Entwurf eines Planungssystems zur wissensbasierten Planung und Konfigurierung. TU Karlsruhe: Dissertation, 1989

OWAS 1992 Institute of Occupational Health (Hrsg.): OWAS – a method for the evaluation of postural load during work. Helsinki, 1992

Pack 1992 Pack, J.; Buck, H.: Arbeitssystemgestaltung in der Serienmontage – Fortschritt-Berichte VDI. Düsseldorf: VDI, 1992

Pauli 1987 Pauli, J.: So wird Ihr Unternehmen flexibel: Leitlinien und Maßnahmen. Zürich: Verlag Industrielle Organisation, 1987

Piper 1998 Piper, N.: Aufschwung mit Fragezeichen. In: Süddeutsche Zeitung Nr. 181 (8./9. August 1998), S. 4

Pornschlegel 1986 Pornschlegel, H.: Ausgewählte Theorien der Arbeitsorganisation – ihr Einfluß auf die betriebliche Stellung der Arbeitnehmer. In: AfA-Informationen 36 (1986) 2, S. 11–29

Porter 1968 Porter, L.W.; Lawler, E.E.: Mangerial attitudes and performance.

Homewood: Irwin, 1968

Reichwald 1983 Reichwald, R.; Behrbohm, P.: Flexibilität als Eigenschaft produktionswirtschaftlicher Systeme. In: Zeitschrift für Betriebswissenschaft, Heft 9, 1983, S. 831–851

Reichwald 1996 Reichwald, R.; Höfer, C.; Weichselbaumer, J.; Küpper, H.-U. (Hrsg.): Erfolg von Reorganisationsprozessen: Leitfaden zur strategieorientierten Bewertung (Controlling-Anwendungen). Stuttgart: Schäffer-Poeschl 1996

Reinhart 1998 Reinhart, G.; Dürrschmidt, S.; Krüger, A.: Bedarfsorientierte Montage mit flexiblen Systemen vermeidet Überkapazitäten. In: Maschinenmarkt 104 (1998) 38, S. 56–61

REFA 1984 REFA-Verband für Arbeitsstudien und Betriebsorganisation e. V. (Hrsg.): Methodenlehre des Arbeitsstudiums, Band 1 und 2. München: Hanser, 1984

REFA 1985a REFA-Verband für Arbeitsstudien und Betriebsorganisation e. V. (Hrsg.): Methodenlehre des Arbeitsstudiums, Teil 3: Kostenrechnung, Arbeitsgestaltung. München: Hanser, 1985

REFA 1985b REFA-Verband für Arbeitsstudien und Betriebsorganisation e. V. (Hrsg.): Methodenlehre der Planung und Steuerung Band 1: Grundbegriffe. München: Hanser, 1985

REFA 1990 REFA-Verband für Arbeitsstudien und Betriebsorganisation e. V. (Hrsg.): Methodenlehre der Betriebsorganisation: Planung und Gestaltung komplexer Produktionssysteme. München: Hanser, 1990

REFA 1991 REFA-Verband für Arbeitsstudien und Betriebsorganisation e. V. (Hrsg.): Methodenlehre der Betriebsorganisation: Planung und Steuerung. München: Hanser, 1991

REFA 1993a REFA-Verband für Arbeitsstudien und Betriebsorganisation e. V. (Hrsg.): Methodenlehre der Betriebsorganisation: Arbeitsgestaltung in der Produktion. 2. Aufl. München: Hanser, 1993

REFA 1993b REFA-Verband für Arbeitsstudien und Betriebsorganisation e. V. (Hrsg.): Methodenlehre der Betriebsorganisation: Grundlagen der Arbeitsgestaltung. 2. Aufl. München: Hanser, 1993

Reger 1976 Reger, H.: Lösungsansätze zur Entkopplung Mensch-Technik, Vortrag Nr. 11 in: Tagungsunterlagen der 7. Arbeitstagung des Instituts für Produktionstechnik und Automatisierung der Fraunhofer Gesellschaft, Stuttgart 1976

Rinza 1977 Rinza, P.; Schmitz, H.: Nutzwert-Kosten-Analyse – Eine Entscheidungshilfe zur Auswahl von Alternativen unter besonderer Berücksichtigung nicht monetärer Bewertungskriterien. Düsseldorf: VDI, 1977

Rühl 1973 Rühl, G.: Untersuchungen zur Arbeitsstrukturierung. In: Industrial Engineering, Nr. 3, 1973

Ruhnau 1997 Ruhnau, J.: Entscheidungshilfe zur Auswahl von Vorgehensweisen für die Einführung von Gruppenarbeit in Abhängigkeit von der Unternehmenssituation. Aachen: Augustinus, 1997 (RWTH Aachen, ABHR Band 28)

RWTH 1999 N.N.: Prozeßmodell. In: http://www.fir.rwth-aachen.de /pm/ veroeff/sodru/proz/proz_mod.html, 1999

Sames 1990 Sames, G.; Büdenbender, W.: Analyse und Interpretation von Auftragsabwicklungstypen. Sonderdruck FIR, Aachen 1990

Sander 1994 Sander, U.: Entwicklung eines Feinplanungsverfahrens zur simultanen Kapazitäts- und Reihenfolgeplanung bei variantenreicher Serienfertigung. RWTH Aachen: Dissertation, 1994

Sauer 1987 Sauer, H.: Mengen- und ablauforientierte Kapazitätsplanung von Montagesystemen. Berlin: Springer, 1987 (IPA-IAO Forschung und Praxis, Band 102)

Saynisch 1982 Saynisch, M.: Faktoren und Beispiele zur Beurteilung, Zeitplanung, Kostencontrolling und Fortschrittsüberwachung von Projekten. In gfmt (Hrsg.): Frühwarnsysteme und technisches Controlling. München: gfmt, 1982

Schäffer 1996 Schäffer, G.: Systematische Integration adaptiver Produktionssysteme. Berlin: Springer, 1996 (iwb Forschungsberichte 97)

Schilde 1982 Schilde, J.: Ermittlung und Bewertung von Rationalisierungsmaßnahmen im Produktionsbereich: Ein Beitrag zur rationellen Produktionsplanung. Berlin: Springer, 1982 (Fraunhofer-Institut

Stuttgart, Forschung und Praxis 60)

Schimke 1991 Schimke, E.-F.: Montageplanung: Methoden, Fallbeispiele, Praxiserfahrung. Düsseldorf: VDI, 1991

Schirmer 1980 Schirmer, A.; Ellinger, Th. (Hrsg.): Dynamische Produktionsplanung bei Serienfertigung – Betriebswirtschaftlich-technologische Beiträge zur Theorie und Praxis des Industriebetriebes 6. Wiesbaden: 1980

Schmidt 1990 Schmidt, V.: Entwicklung und Planung gruppenorientierter Arbeitsstrukturen für die Montage komplexer und variantenreicher Produkte in der Automobilproduktion. TU Braunschweig: Dissertation, 1990

Schmidt 1992 Schmidt, M.: Konzeption und Einsatzplanung flexibel automatisierter Montagesysteme. Berlin: Springer, 1992 (iwb Forschungsberichte 41)

Schmitz 1972 Schmitz, H.: Projektplanung. Düsseldorf: VDI, 1972

Schnauber 1979 Schnauber, H.: Arbeitswissenschaft. Braunschweig: Vieweg, 1979

Schneider 1987 Schneider, K.; Scherer, K.R.: Motivation und Emotion. In: Deutsches Institut für Fernstudien an der Universität Tübingen (Hrsg.), Funkkolleg Psychobiologie, Studienbegleitbrief 6, Weinheim: 1987, S. 57–98

Schneider 1994 Schneider-Winden, K.: Das neue Unternehmen: Der Weg zur Zukunftssicherung. Frankfurt am Main: FAZ Verlagsbereich Wirtschaftsbücher, 1994

Scholz-Reiter 1990 Scholz-Reiter, B.: Konzeption eines Werkzeugs zur Analyse und Modellierung integrierter Informations- und Kommunikationssysteme in Produktionsunternehmen. Berlin: Dissertation, 1990

Schott 1995 Schott, H.: Strukturelle Anpassung der Montage an den Markt. In: Reinhart, G. (Hrsg.): Innovative Montagesysteme: Anlagengestaltung, -bewertung und -überwachung, Seminarberichte iwb, München: Herbert Utz Verlag, 1997

Schuh 1988 Schuh, G.: Gestaltung und Bewertung von Produktvarianten – Ein Beitrag zur systematischen Planung von Serienprodukten. RWTH

Aachen: Dissertation, 1988

Schulte 1981 Schulte, B.; Armbruster, A.: Lehrunterlagen zur Vorlesung „Arbeitswissenschaft II". TU Berlin: 1981

Schuster 1992 Schuster, G.: Rechnergestütztes Planungssystem für die flexibel automatisierte Montage. Berlin: Springer, 1992 (iwb Forschungsberichte 55)

Segner 1984 Segner, M.: Untersuchungen zur Quantifizierung der personellen Flexibilität als technisch-wirtschaftliches Bewertungskriterium der Gestaltung von Arbeitssystemen in der Montage. TU Berlin: Dissertation, 1984

Seitz 1992 Seitz, D.: Arbeit und Organisation in der Serienmontage Fortschritt-Berichte VDI Reihe 2 Nr. 260. Düsseldorf: VDI 1992

Seliger 1988 Seliger, G.: Grundsätze, Ziele und Perspektiven der Montage. In 1. Chemnitzer Montagetage am 7./8. März 1991. München: Moderne Industrie, 1988

Seliger 1992 Seliger, G.: Welche Montagemethoden und Montageanlagen bestimmen die Zukunft. In Lotter, B. (Hrsg.): Vortragssammelband des 10. Deutschen Montagekongreß am 24./25. März 1992 in München. Landsberg: Moderne Industrie, 1992

Spath 1999 Spath, D.; Matt, D.; Riedmiller, S.; Selinger, G.: Productivity oriented process-planning and control for production. In: CIRP-Journal of manufacturing systems Vol.29 (1999) 2, S.179–183

Spur 1986 Spur, G. (Hrsg.): Handbuch der Fertigungstechnik – Fügen, Handhaben und Montieren, Band 5. München: Hanser 1986

Steidel 1994 Steidel, F.: Modellierung arbeitsteilig ausgeführter, rechnerunterstützter Konstruktionsarbeit – Möglichkeiten und Grenzen personenzentrierter Simulation. TU Berlin: Dissertation, 1994

Thaler 1993 Thaler, K.: Regelbasiertes Verfahren zur Montageablaufplanung in der Serienfertigung. TU Stuttgart: Dissertation, 1993

Topf 2000 Topf, C.: Wie begeistere ich mein Team. In: Motivation (2000) 1, S. 22–23

Ulich 1973 Ulich, E.; Grosskurth, P.; Bruggemann, A.: Neue Formen der

Arbeitsorganisation. Frankfurt a. Main: Europ. Verlagsanstalt, 1973

Ulich 1978 Ulich, E.: Über das Prinzip der differentiellen Arbeitsgestaltung. In: Management-Zeitschrift io 47(1978) 12, S. 566–568

Ulich 1989 Ulich, E.; Conrad-Betschart, H.; Baitsch, Ch.: Arbeitsform mit Zukunft: Ganzheitlich flexibel statt arbeitsteilig. Bern: Lang 1989

Ungeheuer 1986 Ungeheuer, U.: Produkt- und Montagestrukturierung: Methodik zur Planung einer anforderungsgerechten Produkt- und Montagestruktur für komplexe Erzeugnisse der Einzel- und Kleinserienproduktion. Düsseldorf: VDI, 1986

Utsch 1981 Utsch, J.: Flexible Arbeitszeit. Frankfurt: Verlag Harri Deutsch, 1981

Vähning 1984 Vähning, H.: Flexibilität von personalintensiven Montagesystemen bei Serienfertigung. TU Stuttgart: Dissertation, 1984

VDI-Richtlinie 2815 Norm VDI-Richtlinie 2815 05.78: Begriffe für die Produktionsplanung und Produktionssteuerung.

VDI 1977 Konstruktionsmethodik. VDI-Richtlinie 2222, Blatt 1. Düsseldorf: VDI, 1977

VDI 1982 Konstruktionsmethodik. VDI-Richtlinie 2222, Blatt 2. Düsseldorf: VDI, 1982

VDI 1983 N. N.: VDI-Berichte: 479, Praxis der Montageautomatisierung. Tagung Fellbach 1983. Düsseldorf: VDI, 1983

VDI 1992 VDI-Gemeinschaftsausschuss CIM (Hrsg.): Rechnerintegrierte Konstruktion und Produktion, Band 8: Flexible Montage. Düsseldorf: VDI, 1992

VDI 1993 VDI Richtlinie 3633: Simulation von Logistik-, Materialfluß- und Produktionssystemen – Grundlagen. VDI Handbuch Materialfluß und Fördertechnik, Band 8. Düsseldorf: VDI, 1993

Wagner 1975 Wagner, H.: Leistung und Leistungsdeterminanten. In Gaugler, E. (Hrsg.): Handwörterbuch des Personalwesens. Stuttgart, Poeschel 1975

Wahren 1994 Wahren, H.-K.: Gruppen- und Teamarbeit in Unternehmen.

Berlin: de Gruyter, 1994

Warnecke 1975 Warnecke, H.-J.; Löhr, H.-G.; Kiener, W.: Montagetechnik – Schwerpunkt der Rationalisierung. Mainz: Krausskopf, 1975

Warnecke 1992 Warnecke, H.-J.: Die fraktale Fabrik: Revolution der Unternehmenskultur. Berlin: Springer, 1992

Warnecke 1993 Warnecke, H.-J.: Der Produktionsbetrieb Band 1: Organisation, Produkt, Planung. Berlin: Springer, 1993

Warnecke 1994 Warnecke, H.-J.: Der Produktionsbetrieb Band 2: Produktion, Produktionssicherung. Berlin: Springer, 1994

Warnecke 1996 Warnecke, H.-J. (Hrsg.): Die Montage im flexiblen Produktionsbetrieb: Technik, Organisation, Betriebswirtschaft. Berlin: Springer, 1996

Weinert 1987 Weinert, A. B.: Lehrbuch der Organisationspsychologie: Menschliches Verhalten in Organisationen. München: Psychologie Verl.-Union, 1987

Widmaier 1992 Widmaier, U.; Schmid, J.: Zum Management von Heterogenität – arbeits- und tarifpolitische Schlußfolgerungen. In Schmid, J.; Widmaier, U. (Hrsg.): Flexible Arbeitssysteme im Maschinenbau, S. 239–252. Opladen: Leske + Budrich, 1992

Wiendahl 1990 Wiendahl, H.-P.: Simulationsmodelle in der Produktionsplanung und -steuerung. ZwF 85(1990)3, S. 137–141

Wildemann 1991 Wildemann, H.: Organisationsentwicklung in der Fabrik. In Wildemann, H. (Hrsg.): Fabrikstrukturierung Tagungsbericht 1991. München: gfmt, 1991

Wildemann 1992 Wildemann, H.: Arbeitsunterlagen zur Vorlesung Betriebswirtschaftslehre. Lehrstuhl für BWL mit Schwerpunkt Logistik. München: 1992

Wildemann 1996 Wildemann, H.: Produktivitätsmanagement: Handbuch zur Einführung eines kurzfristigen Produktivitätsprogrammes mit GENESIS. München: TCW-Transfer-Centrum, 1996

Wildemann 1998 Wildemann, H.: Die modulare Fabrik: Kundennahe Produktion durch Fertigungssegmentierung. 5. überarb. und erg. Auflage.

München: TCW-Transfer-Centrum, 1998

Willnecker 1997 Willnecker, U.: Kurzfristige Umstrukturierung der Wohnmöbelproduktion eines mittelständischen Unternehmens. In: Holz-Zentralblatt Nr. 140 (21.11.1997), S. 2123–2124

Wimmer 2000 Wimmer, R.: Teamarbeit fördert Unternehmensentwicklung. In: fir+iaw – Unternehmen der Zukunft 1 (2000) 1

Witness 1996 N.N.: Einführung in WITNESS – Buch 1, Version 7. Redditch: Lanner Group Ltd. Visual Interactive Systems, 1996

Wucherpfennig 1978 Wucherpfennig, D.: Zeitliche Bindung bei manueller Fließarbeit. Berlin: Beuth, 1978

Zangenmeister 1970 Zangenmeister, C.: Nutzwertanalyse in der Systemtechnik – Eine Methode zur multidimensionalen Bewertung und Auswahl von Projektalternativen. München: Wittemannsche Buchhandlung, 1970

Zink 1995 Zink, K. J. (Hrsg.): Erfolgreiche Konzepte zur Gruppenarbeit – aus Erfahrungen lernen. Neuwied: Luchterhand, 1995

Zülch 1984 Zülch, G.; Starringer, M.: Differentielle Arbeitsgestaltung in Fertigungen für elektronische Flachbaugruppen. In: Zeitschrift für Arbeitswissenschaft 38(1984)4, S. 211–216

Seminarberichte iwb

herausgegeben von Prof. Dr.-Ing. Gunther Reinhart und Prof. Dr.-Ing. Michael Zäh,
Institut für Werkzeugmaschinen und Betriebswissenschaften der Technischen Universität München

Seminarberichte iwb sind erhältlich im Buchhandel oder beim
Herbert Utz Verlag, München, Fax 089-277791-01, info@utzverlag.de, www.utzverlag.de

1 Innovative Montagesysteme - Anlagengestaltung, -bewertung und -überwachung
115 Seiten · ISBN 3-931327-01-9

2 Integriertes Produktmodell - Von der Idee zum fertigen Produkt
82 Seiten · ISBN 3-931327-02-7

3 Konstruktion von Werkzeugmaschinen - Berechnung, Simulation und Optimierung
110 Seiten · ISBN 3-931327-03-5

4 Simulation - Einsatzmöglichkeiten und Erfahrungsberichte
134 Seiten · ISBN 3-931327-04-3

5 Optimierung der Kooperation in der Produktentwicklung
95 Seiten · ISBN 3-931327-05-1

6 Materialbearbeitung mit Laser · von der Planung zur Anwendung
86 Seiten · ISBN 3-931327-76-0

7 Dynamisches Verhalten von Werkzeugmaschinen
80 Seiten · ISBN 3-931327-77-9

8 Qualitätsmanagement · der Weg ist das Ziel
130 Seiten · ISBN 3-931327-78-7

9 Installationstechnik an Werkzeugmaschinen · Analysen und Konzepte
120 Seiten · ISBN 3-931327-79-5

10 3D-Simulation - Schneller, sicherer und kostengünstiger zum Ziel
90 Seiten · ISBN 3-931327-10-8

11 Unternehmensorganisation - Schlüssel für eine effiziente Produktion
110 Seiten · ISBN 3-931327-11-6

12 Autonome Produktionssysteme
100 Seiten · ISBN 3-931327-12-4

13 Planung von Montageanlagen
130 Seiten · ISBN 3-931327-13-2

14 Nicht erschienen – wird nicht erscheinen

15 Flexible fluide Kleb/Dichtstoffe · Dosierung und Prozeßgestaltung
80 Seiten · ISBN 3-931327-15-9

16 Time to Market - Von der Idee zum Produktionsstart
80 Seiten · ISBN 3-931327-16-7

17 Industriekeramik in Forschung und Praxis - Probleme, Analysen und Lösungen
80 Seiten · ISBN 3-931327-17-5

18 Das Unternehmen im Internet - Chancen für produzierende Unternehmen
165 Seiten · ISBN 3-931327-18-3

19 Leittechnik und Informationslogistik - mehr Transparenz in der Fertigung
85 Seiten · ISBN 3-931327-19-1

20 Dezentrale Steuerungen in Produktionsanlagen – Plug & Play – Vereinfachung von Entwicklung und Inbetriebnahme
105 Seiten · ISBN 3-931327-20-5

21 Rapid Prototyping - Rapid Tooling - Schnell zu funktionalen Prototypen
95 Seiten · ISBN 3-931327-21-3

22 Mikrotechnik für die Produktion - Greifbare Produkte und Anwendungspotentiale
95 Seiten · ISBN 3-931327-22-1

24 EDM Engineering Data Management
195 Seiten · ISBN 3-931327-24-8

25 Rationelle Nutzung der Simulationstechnik - Entwicklungstrends und Praxisbeispiele
152 Seiten · ISBN 3-931327-25-6

26 Alternative Dichtungssysteme - Konzepte zur Dichtungsmontage und zum Dichtmittelauftrag
110 Seiten · ISBN 3-931327-26-4

27 Rapid Prototyping · Mit neuen Technologien schnell vom Entwurf zum Serienprodukt
111 Seiten · ISBN 3-931327-27-2

28 Rapid Tooling · Mit neuen Technologien schnell vom Entwurf zum Serienprodukt
154 Seiten · ISBN 3-931327-28-0

29 Installationstechnik an Werkzeugmaschinen · Abschlußseminar
156 Seiten · ISBN 3-931327-29-9

30 Nicht erschienen – wird nicht erscheinen

31 Engineering Data Management (EDM) · Erfahrungsberichte und Trends
183 Seiten · ISBN 3-931327-31-0

32 Nicht erschienen – wird nicht erscheinen

33 3D-CAD · Mehr als nur eine dritte Dimension
181 Seiten · ISBN 3-931327-33-7

34 Laser in der Produktion · Technologische Randbedingungen für den wirtschaftlichen Einsatz
102 Seiten · ISBN 3-931327-34-5

35 Ablaufsimulation · Anlagen effizient und sicher planen und betreiben
129 Seiten · ISBN 3-931327-35-3

36 Moderne Methoden zur Montageplanung · Schlüssel für eine effiziente Produktion
124 Seiten · ISBN 3-931327-36-1

37 Wettbewerbsfaktor Verfügbarkeit · Produktivitätssteigerung durch technische und organisatorische Ansätze
95 Seiten · ISBN 3-931327-37-X

38 Rapid Prototyping · Effizienter Einsatz von Modellen in der Produktentwicklung
128 Seiten · ISBN 3-931327-38-8

39 Rapid Tooling · Neue Strategien für den Werkzeug- und Formenbau
130 Seiten · ISBN 3-931327-39-6

40 Erfolgreich kooperieren in der produzierenden Industrie · Flexibler und schneller mit modernen Kooperationen
160 Seiten · ISBN 3-931327-40-X

41 Innovative Entwicklung von Produktionsmaschinen
146 Seiten · ISBN 3-89675-041-0

42 Stückzahlflexible Montagesysteme
139 Seiten · ISBN 3-89675-042-9

43 Produktivität und Verfügbarkeit · ...durch Kooperation steigern
120 Seiten · ISBN 3-89675-043-7

44 Automatisierte Mikromontage · Handhaben und Positionieren von Mikrobauteilen
125 Seiten · ISBN 3-89675-044-5

45 Produzieren in Netzwerken · Lösungsansätze, Methoden, Praxisbeispiele
173 Seiten · ISBN 3-89675-045-3

46 Virtuelle Produktion · Ablaufsimulation
108 Seiten · ISBN 3-89675-046-1

47 Virtuelle Produktion · Prozeß- und Produktsimulation
131 Seiten · ISBN 3-89675-047-X
48 Sicherheitstechnik an Werkzeugmaschinen
106 Seiten · ISBN 3-89675-048-8
49 Rapid Prototyping · Methoden für die reaktionsfähige Produktentwicklung
150 Seiten · ISBN 3-89675-049-6
50 Rapid Manufacturing · Methoden für die reaktionsfähige Produktion
121 Seiten · ISBN 3-89675-050-X
51 Flexibles Kleben und Dichten · Produkt-& Prozeßgestaltung, Mischverbindungen, Qualitätskontrolle
137 Seiten · ISBN 3-89675-051-8
52 Rapid Manufacturing · Schnelle Herstellung von Klein-und Prototypenserien
124 Seiten · ISBN 3-89675-052-6
53 Mischverbindungen · Werkstoffauswahl, Verfahrensauswahl, Umsetzung
107 Seiten · ISBN 3-89675-054-2
54 Virtuelle Produktion · Integrierte Prozess- und Produktsimulation
133 Seiten · ISBN 3-89675-054-2
55 e-Business in der Produktion · Organisationskonzepte, IT-Lösungen, Praxisbeispiele
150 Seiten · ISBN 3-89675-055-0
56 Virtuelle Produktion – Ablaufsimulation als planungsbegleitendes Werkzeug
150 Seiten · ISBN 3-89675-056-9
57 Virtuelle Produktion – Datenintegration und Benutzerschnittstellen
150 Seiten · ISBN 3-89675-057-7
58 Rapid Manufacturing · Schnelle Herstellung qualitativ hochwertiger Bauteile oder Kleinserien
169 Seiten · ISBN 3-89675-058-7
59 Automatisierte Mikromontage · Werkzeuge und Fügetechnologien für die Mikrosystemtechnik
114 Seiten · ISBN 3-89675-059-3
60 Mechatronische Produktionssysteme · Genauigkeit gezielt entwickeln
131 Seiten · ISBN 3-89675-060-7
61 Nicht erschienen – wird nicht erscheinen
62 Rapid Technologien · Anspruch – Realität – Technologien
100 Seiten · ISBN 3-89675-062-3
63 Fabrikplanung 2002 · Visionen – Umsetzung – Werkzeuge
124 Seiten · ISBN 3-89675-063-1
64 Mischverbindungen · Einsatz und Innovationspotenzial
143 Seiten · ISBN 3-89675-064-X
65 Fabrikplanung 2003 – Basis für Wachstum · Erfahrungen Werkzeuge Visionen
136 Seiten · ISBN 3-89675-065-8
66 Mit Rapid Technologien zum Aufschwung · Neue Rapid Technologien und Verfahren, Neue Qualitäten, Neue Möglichkeiten, Neue Anwendungsfelder
185 Seiten · ISBN 3-89675-066-6
67 Mechatronische Produktionssysteme · Die Virtuelle Werkzeugmaschine: Mechatronisches Entwicklungsvorgehen, Integrierte Modellbildung, Applikationsfelder
148 Seiten · ISBN 3-89675-067-4
68 Virtuelle Produktion · Nutzenpotenziale im Lebenszyklus der Fabrik
139 Seiten · ISBN 3-89675-068-2
69 Kooperationsmanagement in der Produktion · Visionen und Methoden zur Kooperation – Geschäftsmodelle und Rechtsformen für die Kooperation – Kooperation entlang der Wertschöpfungskette
134 Seiten · ISBN 3-98675-069-0
70 Mechatronik · Strukturdynamik von Werkzeugmaschinen
161 Seiten · ISBN 3-89675-070-4
71 Klebtechnik · Zerstörungsfreie Qualitätssicherung beim flexibel automatisierten Kleben und Dichten
ISBN 3-89675-071-2 · vergriffen
72 Fabrikplanung 2004 Ergfolgsfaktor im Wettbewerb · Erfahrungen – Werkzeuge – Visionen
ISBN 3-89675-072-0 · vergriffen
73 Rapid Manufacturing Vom Prototyp zur Produktion · Erwartungen – Erfahrungen – Entwicklungen
179 Seiten · ISBN 3-89675-073-9
74 Virtuelle Produktionssystemplanung · Virtuelle Inbetriebnahme und Digitale Fabrik
133 Seiten · ISBN 3-89675-074-7
75 Nicht erschienen – wird nicht erscheinen
76 Berührungslose Handhabung · Vom Wafer zur Glaslinse, von der Kapsel zur aseptischen Ampulle
95 Seiten · ISBN 3-89675-076-3
77 ERP-Systeme - Einführung in die betriebliche Praxis · Erfahrungen, Best Practices, Visionen
153 Seiten · ISBN 3-89675-077-7
78 Mechatronik · Trends in der interdisziplinären Entwicklung von Werkzeugmaschinen
155 Seiten · ISBN 3-89675-078-X
79 Produktionsmanagement
267 Seiten · ISBN 3-89675-079-8
80 Rapid Manufacturing · Fertigungsverfahren für alle Ansprüche
154 Seiten · ISBN 3-89675-080-1
81 Rapid Manufacturing · Heutige Trends – Zukünftige Anwendungsfelder
172 Seiten · ISBN 3-89675-081-X
82 Produktionsmanagement · Herausforderung Variantenmanagement
100 Seiten · ISBN 3-89675-082-8
83 Mechatronik · Optimierungspotenzial der Werkzeugmaschine nutzen
160 Seiten · ISBN 3-89675-083-6
84 Virtuelle Inbetriebnahme · Von der Kür zur Pflicht?
104 Seiten · ISBN 978-3-89675-084-6
85 3D-Erfahrungsforum · Innovation im Werkzeug- und Formenbau
375 Seiten · ISBN 978-3-89675-085-3
86 Rapid Manufacturing · Erfolgreich produzieren durch innovative Fertigung
162 Seiten · ISBN 978-3-89675-086-0
87 Produktionsmanagement · Schlank im Mittelstand
102 Seiten · ISBN 978-3-89675-087-7
88 Mechatronik · Vorsprung durch Simulation
134 Seiten · ISBN 978-3-89675-088-4
89 RFID in der Produktion · Wertschöpfung effizient gestalten
122 Seiten · ISBN 978-3-89675-089-1
90 Rapid Manufacturing und Digitale Fabrik · Durch Innovation schnell und flexibel am Markt
100 Seiten · ISBN 978-3-89675-090-7
91 Robotik in der Kleinserienproduktion – Die Zukunft der Automatisierungstechnik
ISBN 978-3-89675-091-4
92 Rapid Manufacturing · Ressourceneffizienz durch generative Fertigung im Werkzeug- und Formenbau
ISBN 978-3-89675-092-1
93 Handhabungstechnik · Innovative Greiftechnik für komplexe Handhabungsaufgaben
136 Seiten · ISBN 978-3-89675-093-8
94 iwb Seminarreihe 2009 Themengruppe Werkzeugmaschinen
245 Seiten · ISBN 978-3-89675-094-5
95 Zuführtechnik · Herausforderung der automatisierten Montage!
111 Seiten · ISBN 978-3-89675-095-2
96 Risikobewertung bei Entscheidungen im Produktionsumfeld · Seminar »Risiko und Chance«
151 Seiten · ISBN 978-3-89675-096-9
97 Seminar Rapid Manufacturing 2010 · Innovative Einsatzmöglichkeiten durch neue Werkstoffe bei Schichtbauverfahren
180 Seiten · ISBN 978-3-89675-097-6

98 Handhabungstechnik · Der Schlüssel für eine automatisierte Herstellung von Composite-Bauteilen
260 Seiten · ISBN 978-3-89675-098-3

99 Abschlussveranstaltung SimuSint 2010 · Modulares Simulationssystem für das Strahlschmelzen
270 Seiten · ISBN 978-3-89675-099-0

100 Additive Fertigung: Innovative Lösungen zur Steigerung der Bauteilqualität bei additiven Fertigungsverfahren
200 Seiten · ISBN 978-3-8316-4114-7

101 Mechatronische Simulation in der industriellen Anwendung
91 Seiten · ISBN 978-3-8316-4149-9

102 Wissensmanagement in produzierenden Unternehmen
ISBN 978-3-8316-4169-7

103 Additive Fertigung: Bauteil- und Prozessauslegung für die wirtschaftliche Fertigung
ISBN 978-3-8316-4188-8

104 Ressourceneffizienz in der Lebensmittelkette
ISBN 978-3-8316-4192-5

105 Werkzeugmaschinen: Leichter schwer zerspanen! · Herausforderungen und Lösungen für die Zerspanung von Hochleistungswerkstoffen
120 Seiten · ISBN 978-3-8316-4217-5

106 Batterieproduktion – Vom Rohstoff bis zum Hochvoltspeicher
108 Seiten · ISBN 978-3-8316-4221-2

107 Batterieproduktion – Vom Rohstoff bis zum Hochvoltspeicher
150 Seiten · ISBN 978-3-8316-4249-6

Forschungsberichte iwb

herausgegeben von Prof. Dr.-Ing. Gunther Reinhart und Prof. Dr.-Ing. Michael Zäh, Institut für Werkzeugmaschinen und Betriebswissenschaften der Technischen Universität München

Band 1–121, herausgegeben von Prof. Dr.-Ing. J. Milberg und Prof. Dr.-Ing. G. Reinhart, sind im Springer Verlag, Berlin, Heidelberg erschienen

Forschungsberichte iwb ab Band 122 sind erhältlich im Buchhandel oder beim Herbert Utz Verlag, München, Fax 089-277791-01, info@utzverlag.de, www.utzverlag.de

122 *Burghard Schneider:* Prozesskettenorientierte Bereitstellung nicht formstabiler Bauteile
183 Seiten · ISBN 978-3-89675-559-9

123 *Bernd Goldstein:* Modellgestützte Geschäftsprozeßgestaltung in der Produktentwicklung
170 Seiten · ISBN 978-3-89675-546-9

124 *Helmut E. Mößmer:* Methode zur simulationsbasierten Regelung zeitvarianter Produktionssysteme
164 Seiten · ISBN 978-3-89675-585-8

125 *Ralf-Gunter Gräser:* Ein Verfahren zur Kompensation temperaturinduzierter Verformungen an Industrierobotern
167 Seiten · ISBN 978-3-89675-603-9

126 *Hans-Jürgen Trossin:* Nutzung der Ähnlichkeitstheorie zur Modellbildung in der Produktionstechnik
162 Seiten · ISBN 978-3-89675-614-5

127 *Doris Kugelmann:* Aufgabenorientierte Offline-Programmierung von Industrierobotern
168 Seiten · ISBN 978-3-89675-615-2

128 *Rolf Diesch:* Steigerung der organisatorischen Verfügbarkeit von Fertigungszellen
160 Seiten · ISBN 978-3-89675-618-3

129 *Werner E. Lulay:* Hybrid-hierarchische Simulationsmodelle zur Koordination teilautonomer Produktionsstrukturen
190 Seiten · ISBN 978-3-89675-620-6

130 *Otto Murr:* Adaptive Planung und Steuerung von integrierten Entwicklungs- und Planungsprozessen
178 Seiten · ISBN 978-3-89675-636-7

131 *Michael Macht:* Ein Vorgehensmodell für den Einsatz von Rapid Prototyping
170 Seiten · ISBN 978-3-89675-638-1

132 *Bruno H. Mehler:* Aufbau virtueller Fabriken aus dezentralen Partnerverbünden
152 Seiten · ISBN 978-3-89675-645-9

133 *Knut Heitmann:* Sichere Prognosen für die Produktionsptimierung mittels stochastischer Modelle
146 Seiten · ISBN 978-3-89675-675-6

134 *Stefan Blessing:* Gestaltung der Materialflußsteuerung in dynamischen Produktionsstrukturen
160 Seiten · ISBN 978-3-89675-690-9

135 *Can Abay:* Numerische Optimierung multivariater mehrstufiger Prozesse am Beispiel der Hartbearbeitung von Industriekeramik
159 Seiten · ISBN 978-3-89675-697-8

136 *Stefan Brandner:* Integriertes Produktdaten- und Prozeßmanagement in virtuellen Fabriken
172 Seiten · ISBN 978-3-89675-715-9

137 *Arnd G. Hirschberg:* Verbindung der Produkt- und Funktionsorientierung in der Fertigung
165 Seiten · ISBN 978-3-89675-729-6

138 *Alexandra Reek:* Strategien zur Fokuspositionierung beim Laserstrahlschweißen
193 Seiten · ISBN 978-3-89675-730-2

139 *Khalid-Alexander Sabbah:* Methodische Entwicklung störungstoleranter Steuerungen
148 Seiten · ISBN 978-3-89675-739-5

140 *Klaus U. Schliffenbacher:* Konfiguration virtueller Wertschöpfungsketten in dynamischen, heterarchischen Kompetenznetzwerken
187 Seiten · ISBN 978-3-89675-754-8

141 *Andreas Sprenzel:* Integrierte Kostenkalkulationsverfahren für die Werkzeugmaschinenentwicklung
144 Seiten · ISBN 978-3-89675-757-9

142 *Andreas Gallasch:* Informationstechnische Architektur zur Unterstützung des Wandels in der Produktion
150 Seiten · ISBN 978-3-89675-781-4

143 *Ralf Cuiper:* Durchgängige rechnergestützte Planung und Steuerung von automatisierten Montagevorgängen
174 Seiten · ISBN 978-3-89675-783-8

144 *Christian Schneider:* Strukturmechanische Berechnungen in der Werkzeugmaschinenkonstruktion
180 Seiten · ISBN 978-3-89675-789-0

145 *Christian Jonas:* Konzept einer durchgängigen, rechnergestützten Planung von Montageanlagen
183 Seiten · ISBN 978-3-89675-870-5

146 *Ulrich Willnecker:* Gestaltung und Planung leistungsorientierter manueller Fließmontagen
194 Seiten · ISBN 978-3-89675-891-0

147 *Christof Lehner: Beschreibung des Nd:*YAG-Laserstrahlschweißprozesses von Magnesiumdruckguss
205 Seiten · ISBN 978-3-8316-0004-5

148 *Frank Rick:* Simulationsgestützte Gestaltung von Produkt und Prozess am Beispiel Laserstrahlschweißen
145 Seiten · ISBN 978-3-8316-0008-3

149 *Michael Höhn:* Sensorgeführte Montage hybrider Mikrosysteme
185 Seiten · ISBN 978-3-8316-0012-0

150 *Jörn Böhl:* Wissensmanagement im Klein- und mittelständischen Unternehmen der Einzel- und Kleinserienfertigung
190 Seiten · ISBN 978-3-8316-0020-5

151 *Robert Bürgel:* Prozessanalyse an spanenden Werkzeugmaschinen mit digital geregelten Antrieben
185 Seiten · ISBN 978-3-8316-0021-2

152 *Stephan Dürrschmidt:* Planung und Betrieb wandlungsfähiger Logistiksysteme in der variantenreichen Serienproduktion
194 Seiten · ISBN 978-3-8316-0023-6

153 *Bernhard Eich:* Methode zur prozesskettenorientierten Planung der Teilebereitstellung
136 Seiten · ISBN 978-3-8316-0028-1

154 *Wolfgang Rudorfer:* Eine Methode zur Qualifizierung von produzierenden Unternehmen für Kompetenznetzwerke
207 Seiten · ISBN 978-3-8316-0037-3

155 *Hans Meier:* Verteilte kooperative Steuerung maschinennaher Abläufe
166 Seiten · ISBN 978-3-8316-0044-1

156 *Gerhard Nowak:* Informationstechnische Integration des industriellen Service in das Unternehmen
208 Seiten · ISBN 978-3-8316-0055-7

157 *Martin Werner:* Simulationsgestützte Reorganisation von Produktions- und Logistikprozessen
191 Seiten · ISBN 978-3-8316-0058-8

158 *Bernhard Lenz:* Finite Elemente-Modellierung des Laserstrahlschweißens für den Einsatz in der Fertigungsplanung
162 Seiten · ISBN 978-3-8316-0094-6

159 *Stefan Grunwald:* Methode zur Anwendung der flexiblen integrierten Produktentwicklung und Montageplanung
216 Seiten · ISBN 978-3-8316-0095-3

160 *Josef Gartner:* Qualitätssicherung bei der automatisierten Applikation hochviskoser Dichtungen
165 Seiten · ISBN 978-3-8316-0096-0

161 *Wolfgang Zeller:* Gesamtheitliches Sicherheitskonzept für die Antriebs- und Steuerungstechnik bei Werkzeugmaschinen
192 Seiten · ISBN 978-3-8316-0100-4

162 *Michael Loferer:* Rechnergestützte Gestaltung von Montagesystemen
178 Seiten · ISBN 978-3-8316-0118-9

163 *Jörg Fährer:* Ganzheitliche Optimierung des indirekten Metall-Lasersinterprozesses
176 Seiten · ISBN 978-3-8316-0124-0

164 *Jürgen Höppner:* Verfahren zur berührungslosen Handhabung mittels leistungsstarker Schallwandler
144 Seiten · ISBN 978-3-8316-0125-7

165 *Hubert Götte:* Entwicklung eines Assistenzrobotersystems für die Knieendoprothetik
258 Seiten · ISBN 978-3-8316-0126-4

166 *Martin Weißenberger:* Optimierung der Bewegungsdynamik von Werkzeugmaschinen im rechnergestützten Entwicklungsprozess
210 Seiten · ISBN 978-3-8316-0138-7

167 *Dirk Jacob:* Verfahren zur Positionierung unterseitenstrukturierter Bauelemente in der Mikrosystemtechnik
200 Seiten · ISBN 978-3-8316-0142-4

168 *Ulrich Roßgoderer:* System zur effizienten Layout- und Prozessplanung von hybriden Montageanlagen
175 Seiten · ISBN 978-3-8316-0154-7

169 *Robert Klingel:* Anziehverfahren für hochfeste Schraubenverbindungen auf Basis akustischer Emissionen
164 Seiten · ISBN 978-3-8316-0174-5

170 *Paul Jens Peter Ross:* Bestimmung des wirtschaftlichen Automatisierungsgrades von Montageprozessen in der frühen Phase der Montageplanung
144 Seiten · ISBN 978-3-8316-0191-2

171 *Stefan von Praun:* Toleranzanalyse nachgiebiger Baugruppen im Produktentstehungsprozess
252 Seiten · ISBN 978-3-8316-0202-5

172 *Florian von der Hagen:* Gestaltung kurzfristiger und unternehmensübergreifender Engineering-Kooperationen
220 Seiten · ISBN 978-3-8316-0208-7

173 *Oliver Kramer:* Methode zur Optimierung der Wertschöpfungskette mittelständischer Betriebe
212 Seiten · ISBN 978-3-8316-0211-7

174 *Winfried Dohmen:* Interdisziplinäre Methoden für die integrierte Entwicklung komplexer mechatronischer Systeme
200 Seiten · ISBN 978-3-8316-0214-8

175 *Oliver Anton:* Ein Beitrag zur Entwicklung telepräsenter Montagesysteme
158 Seiten · ISBN 978-3-8316-0215-5

176 *Welf Broser:* Methode zur Definition und Bewertung von Anwendungsfeldern für Kompetenznetzwerke
224 Seiten · ISBN 978-3-8316-0217-9

177 *Frank Breitinger:* Ein ganzheitliches Konzept zum Einsatz des indirekten Metall-Lasersinterns für das Druckgießen
156 Seiten · ISBN 978-3-8316-0227-8

178 *Johann von Pieverling:* Ein Vorgehensmodell zur Auswahl von Konturfertigungsverfahren für das Rapid Tooling
163 Seiten · ISBN 978-3-8316-0230-8

179 *Thomas Baudisch:* Simulationsumgebung zur Auslegung der Bewegungsdynamik des mechatronischen Systems Werkzeugmaschine
190 Seiten · ISBN 978-3-8316-0249-0

180 *Heinrich Schieferstein:* Experimentelle Analyse des menschlichen Kausystems
132 Seiten · ISBN 978-3-8316-0251-3

181 *Joachim Berlak:* Methodik zur strukturierten Auswahl von Auftragsabwicklungssystemen
244 Seiten · ISBN 978-3-8316-0258-2

182 *Christian Meierlohr:* Konzept zur rechnergestützten Integration von Produktions- und Gebäudeplanung in der Fabrikgestaltung
181 Seiten · ISBN 978-3-8316-0292-6

183 *Volker Weber:* Dynamisches Kostenmanagement in kompetenzzentrierten Unternehmensnetzwerken
230 Seiten · ISBN 978-3-8316-0330-5

184 *Thomas Bongardt:* Methode zur Kompensation betriebsabhängiger Einflüsse auf die Absolutgenauigkeit von Industrierobotern
170 Seiten · ISBN 978-3-8316-0332-9

185 *Tim Angerer:* Effizienzsteigerung in der automatisierten Montage durch aktive Nutzung mechatronischer Produktkomponenten
180 Seiten · ISBN 978-3-8316-0336-7

186 *Alexander Krüger:* Planung und Kapazitätsabstimmung stückzahlflexibler Montagesysteme
197 Seiten · ISBN 978-3-8316-0371-8

187 *Matthias Meindl:* Beitrag zur Entwicklung generativer Fertigungsverfahren für das Rapid Manufacturing
236 Seiten · ISBN 978-3-8316-0465-4

188 *Thomas Fusch:* Betriebsbegleitende Prozessplanung in der Montage mit Hilfe der Virtuellen Produktion am Beispiel der Automobilindustrie
190 Seiten · ISBN 978-3-8316-0467-8

189 *Thomas Mosandl:* Qualitätssteigerung bei automatisiertem Klebstoffauftrag durch den Einsatz optischer Konturfolgesysteme
182 Seiten · ISBN 978-3-8316-0471-5

190 *Christian Patron:* Konzept für den Einsatz von Augmented Reality in der Montageplanung
150 Seiten · ISBN 978-3-8316-0474-6

191 *Robert Cisek:* Planung und Bewertung von Rekonfigurationsprozessen in Produktionssystemen
200 Seiten · ISBN 978-3-8316-0475-3

192 *Florian Auer:* Methode zur Simulation des Laserstrahlschweißens unter Berücksichtigung der Ergebnisse vorangegangener Umformsimulationen
160 Seiten · ISBN 978-3-8316-0485-2

193 *Carsten Selke:* Entwicklung von Methoden zur automatischen Simulationsmodellgenerierung
137 Seiten · ISBN 978-3-8316-0495-1

194 *Markus Seefried:* Simulation des Prozessschrittes der Wärmebehandlung beim Indirekten-Metall-Lasersintern
216 Seiten · ISBN 978-3-8316-0503-3

195 *Wolfgang Wagner:* Fabrikplanung für die standortübergreifende Kostensenkung bei marktnaher Produktion
208 Seiten · ISBN 978-3-8316-0586-6

196 *Christopher Ulrich:* Erhöhung des Nutzungsgrades von Laserstrahlquellen durch Mehrfach-Anwendungen
192 Seiten · ISBN 978-3-8316-0590-3

197 *Johann Härtl:* Prozessgaseinfluss beim Schweißen mit Hochleistungsdiodenlasern
148 Seiten · ISBN 978-3-8316-0611-5

198 *Bernd Hartmann:* Die Bestimmung des Personalbedarfs für den Materialfluss in Abhängigkeit von Produktionsfläche und -menge
208 Seiten · ISBN 978-3-8316-0615-3

199 *Michael Schilp:* Auslegung und Gestaltung von Werkzeugen zum berührungslosen Greifen kleiner Bauteile in der Mikromontage
180 Seiten · ISBN 978-3-8316-0631-3

200 *Florian Manfred Grätz:* Teilautomatische Generierung von Stromlauf- und Fluidplänen für mechatronische Systeme
192 Seiten · ISBN 978-3-8316-0643-6

201 *Dieter Eireiner:* Prozessmodelle zur statischen Auslegung von Anlagen für das Friction Stir Welding
214 Seiten · ISBN 978-3-8316-0650-4

202 *Gerhard Volkwein:* Konzept zur effizienten Bereitstellung von Steuerungsfunktionalität für die NC-Simulation
192 Seiten · ISBN 978-3-8316-0668-9

203 *Sven Roeren:* Komplexitätsvariable Einflussgrößen für die bauteilbezogene Struktursimulation thermischer Fertigungsprozesse
224 Seiten · ISBN 978-3-8316-0680-1

204 *Henning Rudolf:* Wissensbasierte Montageplanung in der Digitalen Fabrik am Beispiel der Automobilindustrie
200 Seiten · ISBN 978-3-8316-0697-9

205 *Stella Clarke-Griebsch:* Overcoming the Network Problem in Telepresence Systems with Prediction and Inertia
150 Seiten · ISBN 978-3-8316-0701-3

206 *Michael Ehrenstraßer:* Sensoreinsatz in der telepräsenten Mikromontage
180 Seiten · ISBN 978-3-8316-0743-3

207 *Rainer Schack:* Methodik zur bewertungsorientierten Skalierung der Digitalen Fabrik
260 Seiten · ISBN 978-3-8316-0748-8

208 *Wolfgang Sudhoff:* Methodik zur Bewertung standortübergreifender Mobilität in der Produktion
300 Seiten · ISBN 978-3-8316-0749-5

209 *Stefan Müller:* Methodik für die entwicklungs- und planungsbegleitende Generierung und Bewertung von Produktionsalternativen
260 Seiten · ISBN 978-3-8316-0750-1

210 *Ulrich Kohler:* Methodik zur kontinuierlichen und kostenorientierten Planung produktionstechnischer Systeme
246 Seiten · ISBN 978-3-8316-0753-2

211 *Klaus Schlickenrieder:* Methodik zur Prozessoptimierung beim automatisierten elastischen Kleben großflächiger Bauteile
204 Seiten · ISBN 978-3-8316-0776-1

212 *Niklas Möller:* Bestimmung der Wirtschaftlichkeit wandlungsfähiger Produktionssysteme
260 Seiten · ISBN 978-3-8316-0778-5

213 *Daniel Siedl:* Simulation des dynamischen Verhaltens von Werkzeugmaschinen während Verfahrbewegungen
226 Seiten · ISBN 978-3-8316-0779-2

214 *Dirk Ansorge:* Auftragsabwicklung in heterogenen Produktionsstrukturen mit spezifischen Planungsfreiräumen
150 Seiten · ISBN 978-3-8316-0785-3

215 *Georg Wünsch:* Methoden für die virtuelle Inbetriebnahme automatisierter Produktionssysteme
238 Seiten · ISBN 978-3-8316-0795-2

216 *Thomas Oertli:* Strukturmechanische Berechnung und Regelungssimulation von Werkzeugmaschinen mit elektromechanischen Vorschubantrieben
194 Seiten · ISBN 978-3-8316-0798-3

217 *Bernd Petzold:* Entwicklung eines Operatorarbeitsplatzes für die telepräsente Mikromontage
234 Seiten · ISBN 978-3-8316-0805-8

218 *Loucas Papadakis:* Simulation of the Structural Effects of Welded Frame Assemblies in Manufacturing Process Chains
260 Seiten · ISBN 978-3-8316-0813-3

219 *Mathias Mörtl:* Ressourcenplanung in der variantenreichen Fertigung
228 Seiten · ISBN 978-3-8316-0820-1

220 *Sebastian Weig:* Konzept eines integrierten Risikomanagements für die Ablauf- und Strukturgestaltung in Fabrikplanungsprojekten
252 Seiten · ISBN 978-3-8316-0823-2

221 *Tobias Hornfeck:* Laserstrahlbiegen komplexer Aluminiumstrukturen für Anwendungen in der Luftfahrtindustrie
150 Seiten · ISBN 978-3-8316-0826-3

222 *Hans Egermeier:* Entwicklung eines Virtual-Reality-Systems für die Montagesimulation mit kraftrückkoppelnden Handschuhen
230 Seiten · ISBN 978-3-8316-0833-1

223 *Matthäus Sigl:* Ein Beitrag zur Entwicklung des Elektronenstrahlsinterns
200 Seiten · ISBN 978-3-8316-0841-6

224 *Mark Harfensteller:* Eine Methodik zur Entwicklung und Herstellung von Radiumtargets
198 Seiten · ISBN 978-3-8316-0849-2

225 *Jochen Werner:* Methode zur roboterbasierten förderbandsynchronen Fließmontage am Beispiel der Automobilindustrie
210 Seiten · ISBN 978-3-8316-0857-7

226 *Florian Hagemann:* Ein formflexibles Werkzeug für das Rapid Tooling beim Spritzgießen
244 Seiten · ISBN 978-3-8316-0861-4

227 *Haitham Rashidy:* Knowledge-based quality control in manufacturing processes with application to the automotive industry
226 Seiten · ISBN 978-3-8316-0862-1

228 *Wolfgang Vogl:* Eine interaktive räumliche Benutzerschnittstelle für die Programmierung von Industrierobotern
248 Seiten · ISBN 978-3-8316-0869-0

229 *Sonja Schedl:* Integration von Anforderungsmanagement in den mechatronischen Entwicklungsprozess
176 Seiten · ISBN 978-3-8316-0874-4

230 *Andreas Trautmann:* Bifocal Hybrid Laser Welding · A Technology for Welding of Aluminium and Zinc-Coated Steels
314 Seiten · ISBN 978-3-8316-0876-8

231 *Patrick Neise:* Managing Quality and Delivery Reliability of Suppliers by Using Incentives and Simulation Models
226 Seiten · ISBN 978-3-8316-0878-2

232 *Christian Habicht:* Einsatz und Auslegung zeitfensterbasierter Planungssysteme in überbetrieblichen Wertschöpfungsketten
204 Seiten · ISBN 978-3-8316-0891-1

233 *Michael Spitzweg:* Methode und Konzept für den Einsatz eines physikalischen Modells in der Entwicklung von Produktionsanlagen
180 Seiten · ISBN 978-3-8316-0931-4

234 *Ulrich Munzert:* Bahnplanungsalgorithmen für das robotergestützte Remote-Laserstrahlschweißen
176 Seiten · ISBN 978-3-8316-0948-2

235 *Georg Völlner:* Rührreibschweißen mit Schwerlast-Industrierobotern
232 Seiten · ISBN 978-3-8316-0955-0

236 *Nils Müller:* Modell für die Beherrschung und Reduktion von Nachfrageschwankungen
286 Seiten · ISBN 978-3-8316-0992-5

237 *Franz Decker:* Unternehmensspezifische Strukturierung der Produktion als permanente Aufgabe
180 Seiten · ISBN 978-3-8316-0996-3

238 *Christian Lau:* Methodik für eine selbstoptimierende Produktionssteuerung
204 Seiten · ISBN 978-3-8316-4012-6

239 *Christoph Rimpau:* Wissensbasierte Risikobewertung in der Angebotskalkulation für hochgradig individualisierte Produkte
268 Seiten · ISBN 978-3-8316-4015-7

240 *Michael Loy:* Modulare Vibrationswendelförderer zur flexiblen Teilezuführung
190 Seiten · ISBN 978-3-8316-4027-0

241 *Andreas Eursch:* Konzept eines immersiven Assistenzsystems mit Augmented Reality zur Unterstützung manueller Aktivitäten in radioaktiven Produktionsumgebungen
226 Seiten · ISBN 978-3-8316-4029-4

242 *Florian Schwarz:* Simulation der Wechselwirkungen zwischen Prozess und Struktur bei der Drehbearbeitung
282 Seiten · ISBN 978-3-8316-4030-0

243 *Martin Georg Prasch:* Integration leistungsgewandelter Mitarbeiter in die variantenreiche Serienmontage
261 Seiten · ISBN 978-3-8316-4033-1

244 *Johannes Schilp:* Adaptive Montagesysteme für hybride Mikrosysteme unter Einsatz von Telepräsenz
192 Seiten · ISBN 978-3-8316-4063-8

245 *Stefan Lutzmann:* Beitrag zur Prozessbeherrschung des Elektronenstrahlschmelzens
242 Seiten · ISBN 978-3-8316-4070-6

246 *Gregor Branner:* Modellierung transienter Effekte in der Struktursimulation von Schichtbauverfahren
230 Seiten · ISBN 978-3-8316-4071-3

247 *Josef Ludwig Zimmermann:* Eine Methodik zur Gestaltung berührungslos arbeitender Handhabungssysteme
186 Seiten · ISBN 978-3-8316-4091-1

248 *Clemens Pörnbacher:* Modellgetriebene Entwicklung der Steuerungssoftware automatisierter Fertigungssysteme
280 Seiten · ISBN 978-3-8316-4108-6

249 *Alexander Lindworsky:* Teilautomatische Generierung von Simulationsmodellen für den entwicklungsbegleitenden Steuerungstest
294 Seiten · ISBN 978-3-8316-4125-3

250 *Michael Mauderer:* Ein Beitrag zur Planung und Entwicklung von rekonfigurierbaren mechatronischen Systemen – am Beispiel von starren Fertigungssystemen
220 Seiten · ISBN 978-3-8316-4126-0

251 *Roland Mork:* Qualitätsbewertung und -regelung für die Fertigung von Karosserieteilen in Presswerken auf Basis Neuronaler Netze
228 Seiten · ISBN 978-3-8316-4127-7

252 *Florian Reichl:* Methode zum Management der Kooperation von Fabrik- und Technologieplanung
224 Seiten · ISBN 978-3-8316-4128-4

253 *Paul Gebhard:* Dynamisches Verhalten von Werkzeugmaschinen bei Anwendung für das Rührreibschweißen
220 Seiten · ISBN 978-3-8316-4129-1

254 *Michael Heinz:* Modellunterstützte Auslegung berührungsloser Ultraschallgreifsysteme für die Mikrosystemtechnik
302 Seiten · ISBN 978-3-8316-4147-5

255 *Pascal Krebs:* Bewertung vernetzter Produktionsstandorte unter Berücksichtigung multidimensionaler Unsicherheiten
244 Seiten · ISBN 978-3-8316-4156-7

256 *Gerhard Straßer:* Greiftechnologie für die automatisierte Handhabung von technischen Textilien in der Faserverbundfertigung
290 Seiten · ISBN 978-3-8316-4161-1

257 *Frédéric-Felix Lacour:* Modellbildung für die physikbasierte Virtuelle Inbetriebnahme materialflussintensiver Produktionsanlagen
222 Seiten · ISBN 978-3-8316-4162-8

258 *Thomas Hensel:* Modellbasierter Entwicklungsprozess für Automatisierungslösungen
184 Seiten · ISBN 978-3-8316-4167-3

259 *Sherif Zaidan:* A Work-Piece Based Approach for Programming Cooperating Industrial Robots
212 Seiten · ISBN 978-3-8316-4175-8

260 *Hendrik Schellmann:* Bewertung kundenspezifischer Mengenflexibilität im Wertschöpfungsnetz
224 Seiten · ISBN 978-3-8316-4189-5

261 *Marwan Radi:* Workspace scaling and haptic feedback for industrial telepresence and teleaction systems with heavy-duty teleoperators
172 Seiten · ISBN 978-3-8316-4195-6

262 *Markus Ruhstorfer:* Rührreibschweißen von Rohren
206 Seiten · ISBN 978-3-8316-4197-0

263 *Rüdiger Daub:* Erhöhung der Nahttiefe beim Laserstrahl-Wärmeleitungsschweißen von Stählen
182 Seiten · ISBN 978-3-8316-4199-4

264 *Michael Ott:* Multimaterialverarbeitung bei der additiven strahl- und pulverbettbasierten Fertigung
220 Seiten · ISBN 978-3-8316-4201-4

265 *Martin Ostgathe:* System zur produktbasierten Steuerung von Abläufen in der auftragsbezogenen Fertigung und Montage
278 Seiten · ISBN 978-3-8316-4206-9

266 *Imke Nora Kellner:* Materialsysteme für das pulverbettbasierte 3D-Drucken
208 Seiten · ISBN 978-3-8316-4223-6

267 *Florian Oefele:* Remote-Laserstrahlschweißen mit brillanten Laserstrahlquellen
238 Seiten · ISBN 978-3-8316-4224-3

268 *Claudia Anna Ehinger:* Automatisierte Montage von Faserverbund-Vorformlingen
252 Seiten · ISBN 978-3-8316-4233-5

269 *Tobias Zeilinger:* Laserbasierte Bauteillagebestimmung bei der Montage optischer Mikrokomponenten
220 Seiten · ISBN 978-3-8316-4234-2

270 *Stefan Krug:* Automatische Konfiguration von Robotersystemen (Plug&Produce)
208 Seiten · ISBN 978-3-8316-4243-4

271 *Marc Lotz:* Erhöhung der Fertigungsgenauigkeit beim Schwungrad-Reibschweißen durch modellbasierte Regelungsverfahren
220 Seiten · ISBN 978-3-8316-4245-8

272 *William Brice Tekouo Moutchiho:* A New Programming Approach for Robot-based Flexible Inspection systems
232 Seiten · ISBN 978-3-8316-4247-2

273 *Matthias Waibel:* Aktive Zusatzsysteme zur Schwingungsreduktion an Werkzeugmaschinen
158 Seiten · ISBN 978-3-8316-4250-2

274 *Christian Eschey:* Maschinenspezifische Erhöhung der Prozessfähigkeit in der additiven Fertigung
216 Seiten · ISBN 978-3-8316-4270-0

275 *Florian Aull:* Modell zur Ableitung effizienter Implementierungsstrategien für Lean-Production-Methoden
270 Seiten · ISBN 978-3-8316-4283-0

276 *Marcus Hennauer:* Entwicklungsbegleitende Prognose der mechatronischen Eigenschaften von Werkzeugmaschinen
214 Seiten · ISBN 978-3-8316-4306-6

277 *Alexander Götzfried:* Analyse und Vergleich fertigungstechnischer Prozessketten für Flugzeugtriebwerks-Rotoren
220 Seiten · ISBN 978-3-8316-4310-3

278 *Saskia Reinhardt:* Bewertung der Ressourceneffizienz in der Fertigung
232 Seiten · ISBN 978-3-8316-4317-2

279 *Fabian J. Meling:* Methodik für die Rekombination von Anlagentechnik
192 Seiten · ISBN 978-3-8316-4319-6

280 *Jörg Egbers:* Identifikation und Adaption von Arbeitsplätzen für leistungsgewandelte Mitarbeiter entlang des Montageplanungsprozesses
192 Seiten · ISBN 978-3-8316-4328-8

281 *Max von Bredow:* Methode zur Bewertung der Wirtschaftlichkeit und des Risikos unternehmensübergreifender Wertschöpfungskonfigurationen in der Automobilindustrie
208 Seiten · ISBN 978-3-8316-4337-0

282 *Tobias Philipp:* RFID-gestützte Produktionssteuerungsverfahren für die Herstellung von Bauteilen aus Faserverbundkunststoffen
142 Seiten · ISBN 978-3-8316-4346-2

283 *Stefan Rainer Johann Braunreuther:* Untersuchungen zur Lasersicherheit für Materialbearbeitungsanwendungen mit brillanten Laserstrahlquellen
232 Seiten · ISBN 978-3-8316-4348-6

284 *Johannes Pohl:* Adaption von Produktionsstrukturen unter Berücksichtigung von Lebenszyklen
202 Seiten · ISBN 978-3-8316-4358-5

285 *Mathey Wiesbeck:* Struktur zur Repräsentation von Montagesequenzen für die situationsorientierte Werkerführung
194 Seiten · ISBN 978-3-8316-4369-1

286 *Sonja Huber:* In-situ-Legierungsbestimmung beim Laserstrahlschweißen
206 Seiten · ISBN 978-3-8316-4370-7